新时代高等职业院校
管理创新研究

鲍高峰　著

中国原子能出版社
China Atomic Energy Press

图书在版编目（CIP）数据

新时代高等职业院校管理创新研究 / 鲍高峰著. —

北京：中国原子能出版社，2023.5

ISBN 978-7-5221-2707-1

Ⅰ. ①新… Ⅱ. ①鲍… Ⅲ. ①高等职业教育–学校管

理–研究–中国 Ⅳ. ①G718.5

中国国家版本馆 CIP 数据核字（2023）第 083554 号

内 容 简 介

随着改革开放的不断深入，我国高等职业教育发展中的质量和规模、结构和效益等方面的问题也随之浮现，影响着高等职业院校教育的持续健康发展。本书立足于我国高职教育发展的现状，通过分析新时代高等职业院校人才培养模式创新、学生工作管理创新、师资队伍管理创新、院校教育质量创新、院校校园文化与信息化管理创新等内容，抓住高等职业院校教育管理工作的重点，展开全面的实践研究，为高职教育人才培养提供理论支持。本书结构合理，逻辑严谨，值得广大读者仔细品鉴。

新时代高等职业院校管理创新研究

出版发行	中国原子能出版社（北京市海淀区阜成路 43 号　　100048）
责任编辑	王　蕾
责任印制	赵　明
印　　刷	北京天恒嘉业印刷有限公司
经　　销	全国新华书店
开　　本	787 mm×1092 mm　1/16
印　　张	15
字　　数	254 千字
版　　次	2023 年 5 月第 1 版　2023 年 5 月第 1 次印刷
书　　号	ISBN 978-7-5221-2707-1　　　　定　价　**74.00 元**

作者简介

鲍高峰，男，浙江安吉人，1973 年 6 月生，汉族，硕士研究生学历，副研究员，长期从事高等职业教育的管理与研究。现任浙江宇翔职业技术学院校长，居住于浙江省安吉县。

前　　言

　　随着高职院校教育教学改革的不断深入，社会对高职院校教育教学质量提出了更高的要求，加强对高职院校教育教学的管理对提高人才培养质量至关重要。要想培养高质量的高技能人才，在新时代背景下，高职院校应该不断加强管理，不断建立和完善符合高职教育接班规律的学校管理体质和运行机制，使高职教育与社会接轨，通过鲜明的办学特色、过硬的人才质量，不断赢得社会的认可。只有这样，才能保证高等职业教育的可持续健康发展。

　　当前，我国的高等职业教育起步较晚，缺乏成熟的理论作为指导，因此如何构建具有中国特色的高等职业教育理论，以引导高职教育的健康发展，是当前高等职业教育工作者关心的话题。基于此，作者精心策划并撰写了本书，以期为我国高等职业教育的改革与发展略尽绵力。

　　本书共包含八章。第一章对新时代高等教育及高等教育管理的相关知识展开分析，并考虑到"三全育人"是实现高等教育根本目的的关键，因此重点探讨高职院校"三全育人"的实践路径。第二章至第八章为本书的分述章，探讨新时代高职院校管理的方方面面。其中第二章从专业建设、课程建设与教学实践三大层面分析高职院校人才培养的模式。第三章从学生心理、生活、创业就业三大层面分析了学生工作管理。第四章分析了高职院校师资队伍管理，即教师专业发展的现状、创新模式、优化路径，努力构建"双师型"教师队伍。第五章对高职院校教育质量评估管理进行研究，包括质量目标系统的建立、质量提升的路径，以及评估、监控、保障三大体系的创新发展。第六章从体制与机制两大层面分析高职院校管理，即体制改革与完善、政策与制度建设等。第七章论述了高职院校管理的相关策略，即实施校企合作、构建产教融合平台、建立实训基地。第八章从校园文化与信息化管理层面分析高职院校的管理创新，如营造书香校园、科学管理图书馆、搭建校园文化平台、加强社团管理、创建数字校园、加强信息化管理等。

我国高职院校教育管理的改革与创新需要在借鉴国外经验的基础上，充分吸收有益的经验，也要从我国高职院校教育发展的实际出发，去芜存菁，对那些不合理、不适应高职院校教育管理实际的环节和部分进行改革和完善，不断实现中国特色社会主义的高职院校教育管理改革，从而培养担当民族复兴大任的社会主义建设者和可靠接班人。

　　本书在撰写的过程中，参阅了大量资料和文献，同时为了保证论述的全面性与合理性，本书也引用了许多专家、学者的观点。在此，表示最诚挚的谢意，并将相关参考文献列于书后，如有遗漏，敬请谅解。由于作者写作水平有限，书中难免存在疏漏之处，恳请广大读者不吝指正。

作　者

2023 年 3 月

目　　录

第一章 绪 论

在中国特色社会主义高等教育已经进入新时代、肩负新任务的时代背景下，我国高等教育的发展思路必须从对数量规模的注重转向对质量提升的要求，从大众化教育转向普及化教育，通过内涵式发展逐渐推进教育现代化，实现由高等教育大国向高等教育强国的转型发展。这是当前我国高等教育发展的时代课题。本书主要研究的是高职院校管理创新的相关内容，但是作为开篇，首先对新时代背景下高等教育的相关内容展开探讨，以期了解当前高等教育的形势与现状。

第一节 新时代高等教育的影响因素分析

一、全球化与高等教育

与世界高等教育的发展相比，我国高等教育起步较晚，但是发展迅猛，具有鲜明的中国特色。全球化对我国高等教育的冲击可以从经济全球化、政治全球化、文化全球化和科技全球化四个方面概括。

（一）经济全球化对我国高等教育的影响

在全球化背景下更多跨国公司入驻我国境内，这些公司不仅需要相关专业优秀的人才，还需要从业者具有良好的对外沟通能力，因此学生在高校内学习的课程就会根据具体需要进行扩充。知名的国际性公司成为许多大学生毕业后的目标，其工资标准高福利待遇好吸引了大部分求职者，这样这些境外公司就能从众多应聘者中选拔出有能力者加入，从而极大地提升公司的综合实力。

1. 经济全球化对我国高等学校人才培养目标提出了更高的要求

新时代人才培养目标定位不断提高，传统单向灌输式教育模式已不符合我国的发展要求和国际形势。仅仅依靠书本知识和课堂学习的教学形式会使学生不具备前瞻性、大局观和发展性意识，无法迎接和应对新时代的新挑战，长此以往将导致我国人才缺失、人才储备不足，不利于我国人才战略发展。因而，学生需要与社会接轨，与时代接轨。注重理论与实践的结合将更加凸显教育改革的力度，培养创新型人才。

2. 经济全球化对我国高校的教学内容和方法必然产生影响

全球化是最先在西方国家中产生影响的，所以当其他国家进入全球化大潮中时，西方发达国家已经成为全球化标准的制定者。这些要求对经济发展尚不完善的国家来说压力较大，但是我们也不能拒绝与其接触，隔离于世界形势之外，所以我们要通过新时代下的高层次的专业教育来培养出熟练应用这些规则的大学生，帮助我国更好地融入全球化的模式。

（二）政治全球化对我国高等教育的影响

政治全球化是指政治在全球各国和地区互动、交流、渗透的过程。受政治全球化的影响，国家内部所发生的政治事件会在全球内引起各国广泛关注，一国涉及的问题可能会引起其他国家的共性，进而会形成一些国际化的准则和标准。

我们应该从传统民主制度和观念中解放出来，将其中的优秀成分予以继承、吸收、发展和创新，形成符合时代发展要求的科学民主观。这种科学民主观是传统文明与当代文化相互作用孕育出来的果实，带有浓厚的民族特点和历史沉淀。同时，它也能积极引导学生树立科学民主意识和主人翁意识，形成社会责任感。科学民主观为我国新经济体制下的新政治观提供了思想保障，为高等教育改革提供了新契机。科学民主观进入教育领域对高校的教育管理提出了新要求，高校教育不能仅依据政府安排制定学校的教育课程，更要听取社会各方面对学校管理的意见，促进高校教育走向高质量发展。

全球化发展既有机遇也有挑战，对此要全面分析、正确判断。我国在传统文化的熏陶下，在经济、政治和外交上均以"大道之行，天下为公"体现大国担当。但西方国家的价值体系与我国的主流价值观念和道德素养标准存在冲突，因而在现实教育教学中要积极引导学生树立正确价值观，始终以社会主义核心价值观作为主流价值引导，让学生爱家、爱校、爱祖国，实现全面发展。

（三）文化全球化对我国高等教育的影响

在世界文化相互碰撞的当下，存在多种形式的文化互动，这种文化交流互动影响着各个国家、地区自身文化的发展。文化全球化的进程是不对等的，每个国家文化底蕴不同，追求的文化高度不一，在这一基础上进行的文化互动也是不平等的，但各种性质不一的文化充斥于全球环境之中，仍影响着文化互动过程，在互动过程中的世界性文化和民族性文化并存的规律也在发挥着作用。

高校是立德树人、人才培养的重要基地。以往高校国际化视野不够开阔，过于强调学生书本知识的灌输、外国文化课程开设不足、学生国外交流机会少、学生出国留学率较低、宣传效果不佳等，都导致学生的国际交流能力和国际化视野不足。随着全球化发展，国外文化涌入中国，高校人才培养目标和学生发展路径有了更广阔的平台和空间。学生们的眼界不断开阔，有更多的机会选择出国留学深造，进一步提高了我国高等教育质量和人才培养质量。但面对国外众多思潮，高校需要注重思想和价值引领，提高学生的价值辨别力，坚定文化自信。

文化全球化是不同性质文化的交流互动，每个国家的文化历史积淀不同，代表文化也不同，在高校的文化交流则是各个地区、国家的文化思想通过课本展示、教师讲授的方式，增加学生对外域文化的了解；与此同时，相对应的了解他国文化的外籍教员和想学习中国文化的外国留学生人数大幅度增加；在校园生活和课堂环境的接触中，我国学生与外籍学生会交流并且合作完成学习活动；原本仅在校园内学习生活的大学生接触的事物丰富了起来，对生活、世界的思考也更加广阔；这对于价值观逐渐成熟的大学生来说既是机遇，也是挑战。从上面我们可以看出，我国旧有的集中单一教育模式已经不能顺应文化全球化发展的大潮，具有一定教育局限性，所以关于如何在校园文化中让学生了解多元文化、拓展文化知识面是目前高等教育工作者急需解决的问题。

随着世界格局加速演变，多变外交逐渐深化，全球化为发达国家的价值输出和文化输出提供了便利。发展中国家的民众一旦在潜移默化中接受、认同了发达国家的价值观念便会使国家主流和传统价值受到威胁，影响国家稳定、民族团结。例如，著名的华纳兄弟公司，实质上是默克多的新闻出口，输出的不仅是作品，更是价值倾向。高校要严守思想政治教育的主阵地，提高大学生的价值观念和文化素养，不断弘扬中华民族优秀传统文化，建设中国特色社会主义文化强国。在物欲横流和思潮汹涌的今天，取其精华、去其糟粕，讲好中国故事、传播好中国声音，为提高我国综合实力和国际影响力提供有效手段。

经济全球化加速了文化的融合发展，也对高等教育提出了更高要求。需要高等教育不断传承和发扬中华优秀传统文化，打破原始封闭观念，发展更具生命力的中国特色社会主义文化，是提高我国文化软实力，提升国际地位的重要途径。

我国的文化全球化进程应该兼顾中国特色社会主义制度和社会主义市场经济体制，汲取优秀西方文化，将中西文化衔接，不能满盘皆收，在充分体现我国民族精神的前提下，将优秀西方文化融入我国传统文化组成现代的、民族的、开放的中华文化，面对开放式的文化格局，只有我国文化与他国文化能够融合交流，我们才能更好地顺应文化全球化浪潮[①]。

（四）科技全球化对我国高等教育的影响

我国国际地位虽然有所提升，但在国际话语权方面仍处于相对弱势。要通过提高社会生产力，加强科学技术水平，积极应对和解决国际社会中存在的问题，才能不断提高我国国际竞争力和文化软实力。在高校急需提升教育质量，顺应时代发展潮流，实现传统单向灌输教学模式向双向互动教学模式的转变，进一步提升学生能力，实现人才高质量培育目标。

---

① 谭顶良. 高等教育心理学［M］. 南京：南京师范大学出版社，2018.

科技全球化对我国国情、教育、文化、律法、人的组织行为习惯和价值观等都产生深远影响。为了确保我国国防科技实力不被国外技术所制衡，应发挥好我国科技创新的支撑引领作用，降低科技全球化负面影响。

传统教育模式以校园为根据地，以课程学习与复习为主要内容，无法实现学生生活化的学习要求，也无法从根本上解决教育的普及化问题，不利于教育的高质量发展。同时，过去因地域和空间限制，偏远地区无法实现教学资源共享，出现教育不公平等现象。而科学技术发展打破了时间空间的壁垒，使教育资源得以共享，日常学习成为可能，促进了教育的改革与发展。

"互联网+"教育模式对教育资源均等化和师生关系平等化产生了巨大的新影响，促使新的教育格局的形成，如何实现教育均衡发展成为现代教育急需解决的问题。

传统教育注重教育计划和教学进度的推进，对教育效益数据建模的重视程度不够。这会导致教育软实力缺失，无法形成良性生态环境，不利于国内外的文化交流，影响我国文化强国建设和国际地位提升。一定的文化反作用于一定的政治经济。因此，为了促进经济发展，就必须充分利用教育资源，设立新的教育目标和人才培养方案，提升国际影响力和文化软实力，加强我国国际教育服务体系和国际文化体系，为提升我国国际竞争力提供长久的人才储备和新鲜力量。

二、知识经济与高等教育

知识经济的具体含义可以从以下几方面分析：

（1）知识经济本质上是信息经济；

（2）知识经济的核心元素是知识；

（3）知识经济是智慧的创造、实践的果实，是以高科学技术为基础环境的长久可持续性经济。

通过对其含义的具体分析，不难看出其内在规律和本质特征，是对知识和信息的生产、分配和使用，是对知识成果的实践、配置和产生价值的经济属性。

知识经济是抽象化概念的经济体系，它是对人的价值、知识价值和科技创新等价值的使用和开发，不是对具体实物价值的使用和开发，这种经济体系体现出了前瞻性价值。

人才是创造价值、实现价值的根本。人才通过为企业创造价值从而促进知识经济的进步。知识经济通过 App、知识产权和共享而服务于使用者，这种传播使知识经济创造的价值无限扩大。在信息技术不断发展中，知识经济的价值体系会被人们反复使用或永久存储，对使用者会产生深远影响。知识和无形资产的实质化输出，既满足使用者的需求，又在无形中改变了行为习惯，为其自身的全面发展提供了现实基础。

知识经济对知识产品的生产既包含抽象概念化的具体实质化输出，也涵盖了技术性产品的运行使用和运营维护，从而形成客户关系和间接价值。

（1）理论类和经验类知识产品。在传统环境中，人们对创造出的新鲜事物的认同度和接受度都比较低，他们更注重传统实物的生产，对于抽象概念的物化产物有排斥心理，因此对创新事物的价值评判不够准确，无法实现知识产品的价值最大化。当前科技水平不断提高，作为智慧成果的物化载体可以不断放大和共享知识产品的价值。

（2）技术类知识产品。传统技术类产品主要是指工业革命的相关技术，如汽车技术、飞机技术等，而随着科技发展，出现了生命科学技术、新能源技术、核能技术和影像技术等新技术类产品。

传统技术更加注重技术的实践结果，并且这种技术的单一价值高，生产成本高，周期长。新技术恰恰相反，它是智慧价值与生产力相结合的产物，其经济价值属性更加明显，展现的经济效益更持久。

当知识成为一种产品的时候就具备了商品属性，而产品是具有周期性的。根据价值规律，人会充分利用产品的周期性，而价值就体现在人利用知识和共享知识过程中，使知识形成新的发明创造或者是新的认知高度。产品的周期性规律可作用于生产力，也可用于升华自我，而产生的间接价值又产生深远影响。当产品生命周期进入衰退期后，知识的产品价值也随之下降。

传统商品由于生产周期长、生产成本高、折旧费用高等问题导致其生命周期较短。知识产品正好与之相反，知识产品在科技下呈现的可复制性、可传播性的特点，都为其延长了生命周期。

分析知识经济的内在规律及其特点，可以说是一种新的经济范式，这种新经济范式产生出以知识为生产资料的生产力，是科技创新和创造的结果。高校教育是知识产生和发展的源泉地，同时，知识也是高校教育发展的根基，二者相辅相成、相互促进。

知识经济张力扩大到教育范围中，教育为了顺应时代需要和发展就必须做出改变，这既是高等教育迎来的重要机遇，也是高等教育即将面临的重大挑战。

（一）知识经济给我国高等教育发展带来的机遇

以知识为主要核心元素就意味着高等教育成为核心承载体，那么获取机会的成本就会降低，主要体现在以下五个维度。

1. 知识的经济化与经济的知识化趋势，使高等教育的地位提升

传统经济中高等教育以知识传递为主，不强调经济核心，人的作用比较小，人的知识张力较弱，能够作用于经济的价值较少。以劳动力和资本为主的经济方式对知识的需求较弱，对廉价劳动力的需求非常大，所以教育只是作为学习的一种途径，是获取知识的一种手段。信息时代中知识经济成为经济发展的中流砥柱，意味着高校教育走向了经济中心，成为经济发展的核心竞争力。这种地位转变使得高等教育更加重要，软实力输出更加被重视。

知识经济成为经济发展的核心要素后，个人获取知识的门槛降低，对知识素养的提高提出了新要求，也就意味着要改变经济分配要素——高素质人才职业方向由实体转为科技公司。这种资金流入导向也就是价值驱动力导向，意味着文化素养差异已经转变为经济收入差异。

2. 大众化与国际化趋势，使高等教育的市场拓展

国家提倡实现教育大众化，人民的文化素养需要提升，这就奠定了教育在国家战略中的地位。高等教育作为经济的核心竞争力就更加重要。它不仅呈现了经济价值，更重要的是对外的软实力输出，为我国国际地位的巩固作出了重大贡献。由于世界格局的转变，我国在国际上扮演的角色日益重要，但是国际形势瞬息万变，所以就更加要求高等教育变革，为实现科技强国奠定基础。高等教育的国际竞争力张力和经济价值促使它获得了更广阔的市场空间。

3. 高教、科技、经济一体化与学习终身化趋势，使高等教育的功能扩张

高等教育随时代发展不断完善，功能性特征不断凸显，主要体现在以下

三个方面。

第一，时间上的延长。高等教育原来是有固定时间学习的，在规定时间可以进行专业课程学习，但这已经不适应当代社会的学习需求。目前，学习已经向开放式学习转变，学习时间不断扩充，社会学习机会的增加，增加了老年学习的时间，实现了向终身学习的转变。

第二，空间上的扩大。传统高等教育是固定在课堂和校园中的，受教育者和学习空间有限。信息技术的融合使得教育能够实现碎片化学习，线上课程等方式的出现为教育的扁平式发展提供了契机。空间壁垒被打破，全民学习的环境正在被优化。

第三，内容上的丰富。传统高等教育中，知识的来源是教师、教材和图书馆。学生需要通过读取大量纸质文献才能形成一定的知识积累并构建知识体系。科技的反作用力使得知识资源被扩展，知识获取和共享门槛降低，信息的传递更加丰富多彩。高校教育逐步走向了社会，形成了社会教育和导向，为企业和社会发展起到了积极教育作用，利用科技作用力形成了企业—社会良性教育生态态势。

高校对企业的明显作用力体现在企业大学的建立。企业针对性人才需求的提出和教育机构的成立为企业获得专业精英人才降低了门槛，实现了企业优质化人才储备力量战略，为企业生产和技术支持提供了保障。企业在发展中能够取得更加广阔的生产和合作空间，为我国企业国际化发展提供了人才竞争力。

传统高等教育主要侧重于知识传播、科研试验等，并没有真正实现其价值和效益最大化。我国国防力量和综合国力不足，主要是教育力量缺失导致的。当前知识经济成为主导，也就意味着国防和综合国力要不断凸显教育力量。我国国际软实力被不断输出，全民素质的提高对社会健康发展和自然生态建设都起到了促进作用，为我国国际地位的提升提供智慧力量，这种新局面的转变为我国综合发展提供了先导作用。

4. 综合化与信息化趋势推动高等教育的改革深化

"互联网＋"教育的方式为高校改革提供技术支持。这种技术的融合和推动使得教育改革更加综合化和全面化，形成了教育新局面。传统教育中知识的传播范围受到地域和时间的约束。传统教育的单一性和阶段性较为明显，课程设置始终是专业性较强，知识交叉程度较低。在知识经济技术的影响和推动下打破了各种壁垒，知识边际效益和成本效益都得到了改变，成为经济核心竞争力，这就要求教育必须从单一性走向交叉性，学生学习结构需要被改变和发展，综合作用张力要进行更加全面和透彻的延伸。

从目前世界形势对高等教育方向的要求来看，高层次的专业教育不能再局限于只对学生的知识理解的传授，要对学生进行多方面的能力培养，也结合这一时期国际培养人才的目标培育出全方面、多领域的人才。为此学校可以根据市场的需求设置专业类型、调整学生教育模式等来改进高校教育质量。

随着信息技术革命的发展，将网络与专业化教育联系起来提高教育质量，形成自上至下立体式改革教育发展模式，学校教育也不再以培养知识型学生为主要发展动力，而是将培育多层次的专业人才作为高校教育的最高追求。高等院校主张教师在教育的过程中尊重学生学习的合理要求，注重让学生发表关于学习内容的意见和借助于网络媒体建立新型课堂。对授课教师进行定期的教学观念培训，使教师也能及时适应新环境下的上课方式，从根本上改变学校的办学理念。

5. 产业化与社会化趋势使高等教育发展的环境不断优化

在市场需求对高校教育培养人才的方向影响越来越大的情况下，我国政府教育部门针对这种形式制订了相应的教育改革计划，让专业化教育从根本上改变培养人才的类型，这些新型人才在社会上创造的物质财富也为高等院校的进一步发展提供了改革资金。

随着社会上部分企业依靠技术型人才在各行业拔得头筹，人们开始对专业化教育寄予厚望，社会中各企事业单位逐渐对高层次专业化教育机构投入培养资金和教学设备，人们对于人才能够发挥的作用有了更深刻的认识，人才主导经济发展也是世界范围内认同的经济理念，整体的社会环境使教育行业进入了快速发展阶段。

（二）知识经济对我国高等教育发展的一系列挑战

1. 国际竞争加剧对高等教育培养目标的挑战

现代网络环境下企业之间的竞争已经不再是制造加工水平之间的比较，

而是企业核心技术。核心技术所能创造的价值远超过人工劳动力加工的价值，所以高校要据此不断更新学生培养模式，增强学生的创造力。

根据最近就大学生的教育质量问题在全国范围内进行的一次抽样调查结果看，我国高等教育在培养目标及培养方式上存在着以下"六重六轻"：

重成才教育，轻做人教育；

重专业教育，轻基础教育；

重书本教育，轻实践教育；

重科技教育，轻人文教育；

重共性教育，轻个性教育；

重继承教育，轻创新教育。

社会对毕业生的评价是创新能力不强；敬业精神、合作精神不足；身体素质、心理素质相对较差。

2. 知识高度综合对高等教育人才培养模式的挑战

现今技术型人才培养的先决基础是学生要具有一定的知识基础，没有人能够全部依靠实践和技术完成日常工作，在某一方面极其精通的学者一定是还对其他方面有所研究，因为每一个专业领域都不是完全独立于其他学科之外的，所以学习内容的涉猎范围也要尽可能拓展，这种新型学习理念对我国专业化教育提供了一定的启示。

3. 网络自由传输对高校德育的挑战

高层次院校对学生进行全方位的培养不仅包括知识和实践能力的培养，还包括学生道德素质的提升，道德知识的学习比学生专业知识的把握更加重要。一个人只有具有良好的道德品质，才能保障他人生前进的方向是正确的，不至于因为一些人生路上的小障碍就走上违法犯罪的道路，尤其是我们当今的教育处于网络媒体下，更要求对学生的道德品质进行一定的培养。

以网络为载体，各国的文化在不同环境下不断地接触和交流，外国文化大量进入高层次院校的课堂教育，学生在浏览网上的不同文化信息时会潜移默化地受其影响，但外国文化与我国文化有不同的地方，这需要高校对学生自身把握能力进行培养，因为新型社会环境下对学生的道德素质要求更高。

4. 教育资源共享对高等教育市场的挑战

我国高校将教育材料和课堂教学方式与国外其他高校进行分享，可以减少部分院校独立探索改进教育模式的时间，与他校交流还可以拓展学生的知识领域，但凡事都有利弊两面，因此也要辩证看待。

各高层院校之间在学生们高考结束的那一刻便开始了人才的竞争，高校会对高考时成绩优异的学生给予一定入学优惠，吸引优秀学生加入本校。不仅在国内各学校之间有这种现象，在我国与其他国家之间同样存在人才抢夺，近些年发达国家不断颁布各种留学优惠政策，吸引发展中国家的人才加入他们国家的精尖行业共同进行技术突破。目前，外国已经将人才争夺的目标集中于高校教师队伍，因为从事高校教育的人员都是具有一定学历和优秀实践能力的高层次人才。

目前，西方国家的高层次教育形势发展不是很乐观，许多学生在读完大学教育后不再继续深造，取得更高学历，因为外国许多国家鼓励学生顺应自己个性化的未来选择，不对学生日后是否继续学习做出严格要求。所以导致西方高校高层次人才数量日渐减少，国家只能对外招收博士人才。如美国、日本大多将目标集中于中国人才市场，使我国高层次人才逐年外流。

第二节 新时代高等教育管理的问题

全球多边外交政治关系和全球化知识经济发展，促进了国际教育新发展趋势的出现。主要体现在它的范围扩大化、组织形式转变、融入资金方式多样化、绩效评价体制和经济价值实现化等多维度。

一、高等教育规模的持续增长

高等教育规模的增长速度各地区都不相同，高等教育增速最慢的西欧地区与增速较快的东亚地区相差较多，高等教育普遍在发展中国家增长较快，但就总体增长来说，高等教育的发展情况在各国都不是很好，还有很大的发展空间。由于发展中国家经济发展水平也相对迟缓，面对经济发展形式的压

力，也迫使这些国家大力发展高等教育，培养专业化的人才①。

通过对世界教育格局的分析，能够促进高等教育发展的主要原因包括："二战"战后格局及世界经济的恢复，多边外交政治局面的形成，世界文化的碰撞和发展，以及经济和政治对人才的迫切需求。工业经济转变为知识经济的国际导向力量，对高技术人才以及精英人才的需求比例大幅度增加，这种人才需求导向对教育形成了新的影响和发展方向，以及"构成新型福利国家、可持续发展和法制化民主社会重要因素之一的教育自身的吸引力"等。

二、高等教育结构与形式的多样化

国际高等教育形成的多边发展模式，促使吸收更多国际化元素，这种多元素国际化被许多国家吸收。现在高等教育的发展模式是公立学校仍占据主要地位，随着民间社会力量在高等教育机构中发挥更重要的作用，民办大学和私立学校也成为高等教育变革过程中的重要影响力量，民办大学较公立大学更加注重人才的个性化发展。在互联网改革大趋势下，网络大学的数量凭借其方便快捷的独特优势正在以不可预计的速度迅猛增加。根据教育结构形式的多样化，各高等院校开始积极探索对自身进行多方面改变，如增加职业性技术培训课程、改进教育方式等。

（一）新兴类大学教育内容丰富化

如众多国家新建了教育培训机构、职业技术学校、民办应用技术学校等教育机构，同样发挥教育作用，并且由于学生入学人数少，因此可以对学生进行个性化的教育，发掘潜力，促进了新兴类大学的发展。

（二）私人课后培训机构大量出现

由于高等教育大众化趋势所迫，人们对于接受高等教育有较大需求，但是公立学校教育受到名额和地区等多方面的限制，产生的差额学生入学问题的解决就导致了私立教育机构的兴起与发展。

---

① 韩猛，冯利英. 国外统计高等教育发展趋势及其启示 [J]. 内蒙古财经大学学报，2013，11（4）：13-15.

（三）学生学习方式更加多样

学生学习可以在网上进行，也可以通过视频连线与指导教师面对面学习，学习方式更加多样，更多学生也在互联网的操作中了解到高等教育的重要性，在社会生活中产生更多受教育的新想法和学习新需求。

高等教育模式的变化使众多地区的高校学生开始在家进行拓展学习。在其变革过程中，有部分历史文化底蕴深厚的学校对这种突发性的新型教育改革并不看好，有抵触情绪，但是高等教育改革的总体趋势是前进的，是有利于社会经济增长的，同时也促使我国高等教育结构多样化的形成。

除此之外，因为高等教育模式发生改变导致学生前期教育也发生了变化。当前，高等教育机构中新入学了大量非传统的学生，这类学生前期教育并不是学校教育，可能未从中学毕业直接步入社会，没有接受完整的全日制课堂式教育。这种受教育群体的多样化是社会需求发生变化的产物，同时也对高等学校教育能力和教育方式提出高层次要求。

（四）促进高等教育多样化的原因

高等教育发生变革的推动力是内外共有的，如下文所谈的诸多要素均是多样化变革的推动力。

社会生活中人们对接受高等教育产生了更高层次的需求，促使高等教育的发展方向要不断突破，从全面普及到适应不同人们的需要走向专业化的发展方向，尤其是满足对自我要求高的专业性人士对终身学习的需要。同时，就业的劳务市场的需求在随着各种新兴产业的发展而不断变化，这样相对应高校也要结合全球形势和经济发展趋势，对新兴职业技术进行及时关注，结合互联网信息，采用新兴教育传播技术，让高等教育的各种职能适应力在实际生活中不断得到提升。另外，政府对高等教育投入的资金减少，使部分高校由原来的公益性服务型办学改成了商业化的学校运作模式。

三、高等教育绩效责任效益被重视

从高等教育大众化普及以后，高质量教育这一话题逐步被人们提起，接

受过高等教育的人和接受了好的高等教育的人区别显著，二者实际操作和应用能力相差较大，因此教出高质量人才成为高等教育发展的重要方向。为减少高等教育人才数量与质量之间的差值，美国率先做出行动，将高等教育学校分成不同等级。英国紧接着成立教育质量保障机构，以加强教育监管的方式，提高学校教学标准。韩国也开始调整高等教育政策，推行毕业生限额，对学生是否能正常毕业进行考核，改革教学管理，进而培养高质量毕业生。

根据高等教育统计资料显示，保障高等教育教学质量不仅与培养精英式人才和严格的教育模式有关，还与高等教育投入资金有很大联系。高等教育从社会吸纳的资金逐步增长能够保证高等教育持续稳定的发展。

在高等教育高质量发展的路上，存在许多障碍，如政府关于高等教育资金投入有限，可教育发展一旦减少预算会严重影响学生学习效果和实践水平，还有劳动力市场需求制约着高校的人才培养方案。在美国面对高等学校学费逐渐增加的情况，很多家长和学生出现了抵制情绪，这就要求学校不仅要收集教育资金，更要让教育资金的使用更有效率，做好成本核算。由此可见，高等教育发展的情况与高等教育的消费者联系密切。

第三节　新时代高等教育管理的发展趋势

在新形势下，高校的办学模式进行了较大改革，不同国家的高校有各自的教育发展特点，但世界高等教育发展趋势是有共同性的。其基本趋势包括高等教育从大众化到终身化、与社会人才市场企业联系密切、课程设置多样化等。

一、高等教育社会化功能愈加突出

随着高等教育从社会的边缘走向社会的中心，与社会各领域融合发展，为行业发展提供了新机遇，并承担了相应的社会作用：教育人才可在制定改革决策前提供政策咨询、为市场经济发展培养专业技术人才服务社会、为社会生活和社会建设提供需求性服务，促进高等教育在社会服务过程中创新教育课程教育理念，更新学校教育组织架构，完善自身，从而在更高层次上树立社会发展的使命感和责任感，增强全面服务社会、引领社会的自觉性和前瞻能力。

二、高等教育办学体制由单一向多元转变

在当代经济全球化背景下，科技、教育、人才和综合国力是决定经济发展的主要因素，而培养人才的高等教育学校旧有发展格局已经无法满足经济发展对高层次人才的需要。传统的高等教育由政府主要出资拨款，学校教育形式以全日制学校为主，无法培养出会新兴技术的专业型人才。在各国普及大众化教育的过程中，多以兴建新型学校为主要手段，与民间力量合作，建立如开放大学、广播电视大学、成人继续教育学院，以及跨国界联合办学等。可以预见，高等教育大众化的趋势不可避免，社会对人受教育水平的认可、中等教育的普及和发展都在持续地推动着高等教育向前发展。

还有，互联网技术的革新使网络信息查询更加便利，这种新技术的广泛应用也促进高等教育发展，使人们更加了解高等教育的实质及重要性。高等教育的大众化意味着人们接受更多更高质量的教育，给了每个公民获得学习更高级技术和知识的机会，也为社会培养出了更多专业技术人才，而且高等教育普及方式会随着社会的发展变化更加多样。

三、高等教育将成为终身教育的组成部分

随着科学技术和经济的飞速发展，科学和知识也在快速增长。通过查阅国际资料，可以看出目前国际学科有上千种，学科更新换代快，人的知识体系更新换代更快，这说明学生在校学习的知识，到毕业时就已经跟不上新的知识体系。所以高校毕业不意味着个体教育的结束，而只是另一种学习的开始，接受不同形式的高等教育将贯穿人类终身。

目前，在欧美和亚洲一些国家和地区，终身学习体系已颇为成熟且被人们认同。所以，高等教育与社会生活结合必须更加紧密，教育形式必须更加灵活多变才能满足当代人关于教育的新需求。以此为要求的高等教育发展理

念必然要求学校也具备相应教育能力：教育结构要灵活适应社会需要，能够准确预测人才市场新缺口，在进行新生录取时增加关注在个人技能方面的内容等。现代学校创新的学习方法和新媒体技术的应用增加了高等教育在日常生活中的应用。

四、高等教育将进一步国际化

高等教育离不开教学与科研，而知识普遍存在于大众视野，随着人们对知识理解的不断深化、对理论概念研究的更加透彻，便离不开与他人交流经验成果，所以一些学术组织和研讨会开始有了国际化的特点。高等教育也具有国际化特征，主要表现为国内外各国之间教学经验交流、科研教学资料分享、教学课程国际化、国与国之间合作进行科研项目、互派留学生和学者进行文化交流活动、建立国际互联网等。高等教育的发展经验在全世界范围内交流共享会缩小发达国家和发展中国家之间的差距，增进各国科技交流促进世界整体科技水平发展，增进各民族文化融合。

第四节 高职院校"三全育人"的实践路径

一、"三全育人"视域下网络教育模式存在的不足

（一）网络教育多方位联动机制不够完善

部分网络教育活动在组织开展的过程中，对于网络教育与传统教育的共性和差异缺乏完整的总结，没有对不同方式的教学模式进行融合途径的探索，导致多维度联动机制无法具备有利的构建基础，难以在网络信息技术的相关资源得到充分应用的基础上更好地满足"三全育人"理念的贯彻需要，也使得网络教育模式的运行无法具备理想的基础条件。

一些网络教育联动途径在探索构建的过程中，对于不同类型教育模式的

特点调查分析存在不足，缺乏对网络信息技术与传统思想政治教育工作方法的精准结合，导致线上直播和短视频等教学形式难以得到创新性应用，无法在构建多方位联动体系方面取得理想的成效。部分网络教育模式在探索创新的过程中，对于线上沟通平台的建设工作缺乏必要的研究，未能实现对线上谈话及网文撰写相关需求的有效总结，导致符合网络教育工作开展需求的合作帮扶学习活动未能得到有效组织，不利于多方位联动机制的进一步完善。

（二）网络教育内容的创新存在不足

一些网络教育工作在组织创新的过程中，没有充分按照"三全育人"的理念处理教学内容的设计工作，尤其对于现有网络平台之上的诸多信息缺乏充分的调查研究，导致网络教育工作的开展难以具备足够的吸引力，无法通过教学内容的创新改良更好地满足网络教育工作的创新改革需要。

一些教育工作者虽然具备创新网络教育工作内容的愿望，但对于教育主体内容的构成和衔接情况研究得不够详细，没有结合"三全育人"理念的要求制定教学内容的改革方案，最终导致网络信息所具备的知识性和价值性难以优化，不利于网络教育相关工作的改革优化。

一些网络教育在设计过程中，对于网络平台之上的信息丰富性缺乏足够的重视，导致网络教育实现了对课堂内容的照搬，虽然凭借网络平台实现了对教学空间的突破，但在教学内容缺乏高水平创新的情况下，网络平台在信息整合与发布方面的突出优势无法得到显现。

（三）网络教育评估体系缺乏有效创新

现有的一些网络教育工作在开展过程中，缺乏对教学评估体系完善程度的考察，没有充分按照"三全育人"的理念制定与网络教育具体开展情况相适应的教学评价策略，导致影响教学效果的各方面因素无法实现重要性的科学评估，难以为教学方案的改良提供有利的经验支持。

一些网络教育评估体系的建设工作缺乏对各方面实际意图的关注，在处理思政教育具体手段和标准设计工作的过程中，对于参与教育和接受教育双方的实际需求考察研究存在不足，导致网络教育工作的实施难以在个体价值得到充分关照的基础上，更好的满足新型教学方法的创新普及需要。

二、"三全育人"视域下网络教育模式的优化策略

（一）提高网络教育多方位联动机制完善程度

教育工作者一定要对传统教育模式与网络教育模式的共同点和不同点进行总结，以此作为多位联动机制构建的基础，使网络教育所具备的优势得到充分开发，并在与传统教育模式实现有机结合的情况下，更好地满足"三全育人"理念的要求，促进教学联动机制的构建。网络教育的相关工作在组织设计过程中，需要加强对线上直播和短视频等多种教学形式的整合，尤其要对网络课堂与线下课堂进行创新性衔接，使技术因素的应用可以在构建起类似面对面交流的讨论平台，为网络教育全面提高教学联动水平提供有利支持。

要在"三全育人"教学理念的指引下充分实现对教学帮扶机制的建设，尤其要使用网文撰写与线上交流的方式，提高教学帮扶工作的针对性，使教育工作中的各类困难可以得到有效化解，并保证学生的潜能得到有效激发。多方位教学联动机制的建设还需要使用网络平台进行家校联合渠道的构建，充分利用家庭环境的影响力构建教育工作的实施策略，使网络教育工作的突出价值可以得到更大程度的显现，为网络教育平台的进一步创新建设提供精准支持。网络信息技术的应用还必须实现对实践课程内容及文体活动等因素的研究，使课内、课外联合学习模式得到成熟的构建，提升多方位联动教学机制的实效性。

（二）提高网络教育内容的创新水平

网络教育工作在设计过程中一定要将内容创新作为基础性工作，凭借网络平台制定教育内容的改革策略，尤其要结合学生的兴趣特征和个性需求，制定更具吸引力的教学方案，确保网络教育工作可以与正规的教育模式相适应，进而实现对传统教育工作内容的全方位调整。在网络教育平台构建的过程中，课程教师一定要对教学相关内容的使用程度加以总结，保证有利于教育开展的各项内容得到科学分类，并使教育结果具备更高的针对性，进而满

足网络教育工作的创新性开展需要。

网络思政教育工作的开展还必须保证具备足够的灵活性，尤其要分析网络教育环境的各方面影响因素，使限制网络教育水平的各方面因素能充分明确自身价值，更好地满足教学内容的革新需求。教师还需要对网络平台中的教学资源进行分类处理，从知识性和价值性两个维度展开对教育内容的分析，以便网络平台的应用能够全面地把握教学资源的多方面价值，充分提升教育课程的设计和开展质量。

（三）提高网络教育评估体系的完善程度

教师一定要结合"三全育人"理念的要求，对网络教育的先进性和局限性进行考察，使教学评估体系建设的重要意义可以借此得到明确，更好地适应网络教育工作的创新开展需要。一定要全面地进行教育课程质量影响因素的总结，尤其要对参与网络教育主体人员的实际意图加以分析，并对网络教育开展过程中的标准设置合理性进行总结，使教学评估体系的构建可以为教学效果的精准识别提供帮助，进一步提高网络教育方法的选择和创新水平。

第二章 新时代高职院校人才培养模式创新

高职院校人才培养模式一直以来都是人们研究的对象，研究的内容包括培养目标、培养的质量与评价等。人才培养模式是指在一定的教育思想和教育理论的指导下，为实现培养目标（含培养规格）而采取的教育教学组织样式和运行方式。在具体的教育活动当中，人才培养具有明显的系统性和计划性。它包括许多要素，如教学组织形式、教学计划模式、专业设置模式、知识发展方式等，各个要素之间互相联系，彼此关系密切，具有一定的内在逻辑关系。它们都是人才培养过程中，为实现培养目标而带有一定方向性的管理内容。

第一节 高职院校专业建设管理

一、高职院校专业设置的基本要求

（一）行业性与地方性的统一

培养技术应用性人才，为本地区、本行业的生产、建设、管理、服务提供充足的人才，是进行高职院校的出发点和归宿。因此，高职院校在专业设置中要特别重视行业性和地方性的统一。

1. 继续设置为行业服务的专业

我国高职院校主要以市场为导向，面向企业。许多高职院校实行由行业办、行业管或企业办、企业管的办校模式，在办学方向和专业设置上体现出明显的行业性。也就是说，高职院校的设置是为行业服务的。

随着社会经济的不断发展，高职院校更应加强与行业之间的联系，明确办学方向和专业设置方向，体现为行业服务的特色。

需要注意的是，高职院校为行业服务，要求高职院校在专业设置上要具有长远的战略眼光，充分利用传统主干专业这一长期积累的专业优势和办校特色。同时，还要避免高职院校资源的流失。

另外，行业和企业应依法不得以任何理由推卸职业教育的义务，放弃职业教育的责任。

2. 设置地方需要的专业

由于普通高校所培养的人才的层次和规格不符合地方急需的大量技术操作型人才，再加上不可能从外地、外国去引进这些技术应用型人才，于是，发展职业教育的重任就落在了地方身上。可以说，发展职业教育，为当地培养人才是地方义不容辞的责任。

既然高职院校要为地方经济服务，那么它在专业设置上必须体现出一定的地方性。而且高等职业学校的生源主要来自于地方，学生毕业后也会继续在本地工作。因此，地方不仅要为高职院校提供校园空间与教育资源，还要对其进行行政管理。反过来，高等职业学校应建立为地方服务的意识，促进地方的经济建设和社会的进步。只有以地方需要为依据进行专业设置，高职院校才能发挥其推动地方经济发展中的人才支撑作用。

（二）宽广性与窄专性的统一

工业化初期的专业设置大多数以综合性和宽广性为主，这主要源于当时的各行各业对于技术的层次和含量的要求并不高。到了工业化中、后期阶段，由于社会分工、职业分类的细化以及科学技术的进一步要求，专业设置逐渐趋于细分化、窄专化。后来，工业化后期以至后工业化时期，科学技术日趋综合化，专业设置又体现出鲜明的综合化和宽广化。这说明专业设置经历了"宽—窄—宽"（"综合—分化—综合"）的发展历程。

在发达国家，为了使更多的人接受高职院校，培养"多专多能"的人才，高职院校逐渐建立了较宽广范围的课程结构。

在我国，高职院校实行初期，专业（工种）一般是按行业、产品、岗位进行设置的，专业范围比较窄。随着社会经济的不断发展，窄深专业的"专才"面临着淘汰和挑战。许多企业在录用人才的时候，青睐于持多种证书、具有较宽知识面和拥有广泛职业能力的"通才"。

由于我国经济发展水平的不平衡，传统的技术和传统的生产方式仍有一定的市场。劳动密集型企业依然需要大量的技术含量低、握有"一技之长"的专门人才。因此，高职院校在专业设置过程中，应该坚持以宽为主，宽窄结合，实现宽广性和窄专性的统一。

1. 针对职业岗位设置专业方面

高职院校与企业联办或受行业委托而设置的专业，其毕业生通常有着比较明确的就业方向和较强的职业针对性。因此，设置高职院校的这类专业时，就要强调其窄专性。也就是说，高职院校要根据职业岗位的要求，培养大量企业所需的专门人才。

2. 针对职业岗位群设置专业方面

如果高职院校不受企业委托而办专业，而是面向就业市场进行专业设置，就要针对职业岗位群，淡化以往只为行业服务的界限。当前，技术的综合化和普遍化使社会职业逐渐向综合化的方向发展，职业技能也不断综合化。为了应对这一情况，必须拓宽专业口径，增强专业的覆盖面。同时，要注重课程内容的复合型以及学科之间、专业之间的联系与沟通，使高职院校的学生形成较宽的知识面和较为全面的综合素质、能力，更好的适应社会的发展趋势和就业市场的需要。

（三）稳定性与灵活性的统一

由于高职院校在进行专业设置时，要指向不同时期的主导产业，这就要求高职院校专业设置要保持一定的稳定性。再加上高职院校在进行专业设置时，需要针对社会需求的变化作出必要的调整，这就要求高职院校专业设置具有一定的灵活性。因此，高职院校在进行专业设置时，必须妥善处理稳定性与灵活性这一矛盾。

1. 专业设置要有一定的稳定性

从某种意义上说，高职院校专业的设置取决于经济的发展。而经济发展到一定的阶段，各方面的结构就会在一段时间内处于相对稳定的状态。因此，为保持社会发展所需的人才数量，高职院校专业的设置也应该保持相对的稳定。

教育事业开展的连续性以及人才培养的周期性，为专业的稳定创造了可能。一个专业在设计、筹办、品牌建设的过程中，需要大量的人力、物力、财力和时间，决不能操之过急、过快。

因此，专业设置也应努力实现保持专业的相对稳定性。当专业设置确定、稳定下来后，才能有效发挥实验室等教育资源的作用，有力推动学校办学特色、师资队伍建设及学科管理的顺利进行。

2. 专业设置要有一定的灵活性

由于经济发展的稳定性是相对的、暂时的，专业设置具有一定的灵活性，才能适应经济发展的要求和高职院校发展的需要。因此，高职院校专业研究经常面临的课题是：实现专业设置稳定与灵活的统一。

如果专业设置固定不变，就会导致教育的发展跟不上经济的发展需要。因此，专业设置必须与时俱进，适时进行调整和更新，稳中求活。当今社会科学技术的日益发展，促进了产业结构的调整与变革，职业岗位不断更新。

专业的灵活性，使高职院校的发展拥有源源不断的活力，有利于适应经济发展需求的变化，建设宽专业面、高素质的教师队伍，实现学校的不断发展和进步。

需要注意的是，灵活性并不意味着随意、草率、盲动、片面地依靠主观臆想而进行频繁地专业变化。专业设置的变动要有根据，具备相应的条件，有目的、有计划地进行。

（四）长线型与短线型专业的统一

社会需求有长期和短期之分。正所谓"无长不稳，无短不活"，长线型专业与短线型专业在高职院校中也是相互依存的。

1. 长线型专业

长线型专业生命力强、竞争优势多、适应范围广、发展前景远，能够长期适应经济、社会发展的需要。因此，长线型专业是高职院校的主要专业，

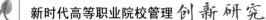

是高职院校的"主动脉",维系着高职院校的生命与发展。

长线型专业教学目标明确、具有系统性,能够有效利用教学资源等,而且在人才培养目标、层次和规格上,具有一定的稳定性和规范性。但是长线型专业具有一定的滞后性,不能及时适应经济、产业结构等方面的急剧变化。因此,为增强专业的适应性,还需要设置适当的短线专业。

2. 短线型专业

作为长线型专业的补充,短线型专业具有风险小、投资少、应急性、机动灵活等特点,能够适应市场的周期性、波动性、多变性,及时地满足社会的即时需要。

为满足社会的短期需要,可以采用短期培训、设置新的专业两种解决方法。短期培训是针对某些技能要求简单的工种或实用技术;设置新的专业主要是为了满足新兴企业、产业或行业的需求,这类专业的人才需求量并不稳定,但如果社会急需这一类专业人才,而本地区的高职院校均未开设这一专业,就需要考虑设置这样的短线型专业,从而避免太大的损失。

3. 实施

(1)长线型专业要力争稳定

高职院校必须根据社会经济的发展和产业结构的变化需要,设置具有稳定性、基础性、条件充足的长线型专业,长期为社会供给优秀的人才,促进经济的稳定发展和学校的持续健康发展。同时,稳定的长线型专业还有助于打造出本校的专业名牌,形成自身特色。

(2)短线型专业要力争灵活

短线型专业是为了适应社会急需而设置的,因此在设置时具有一定的灵活性。为保证人才供应的及时性、准确性和有效性,短线型专业的设置最好与企业联办。同时,高职院校还可以借助于企业的设备、实习场地和技术人员来展开教学,解决投资费用问题。

(五)战略性与战术性的统一

战略性和战术性是指高职院校在设置专业时,既要立足当前,还要有长远的发展目标。专业设置兼具永恒性与时代性,在任何时候,都必须处理好两者的关系。具体而言,高职院校专业设置的战略性与战术性,主要表现在以下几方面。

1. 专业设置要服务于经济建设的主战场

我国当前经济建设的主战场，包括从事精神文明和物质文明建设的各个行业。我国高职院校要实现为社会主义现代化建设服务的目的，最根本的就是为社会各行各业培养充足的劳动后备力量，提高现有劳动力各方面的素质、能力。

因此，高职院校的专业设置要根据当前市场需求以及当地城乡经济和产业结构的实际发展需求，设置能培养大规模专门人才的常规性专业，服务于当前我国的经济建设。也就是说，高职院校专业设置要以现实经济发展为依据，以服务于社会主义现代化建设为总方向，以常规、通用性专业为主体，满足劳动力市场和人才市场的需求。

2. 专业设置要具有一定的前瞻性

高职院校的专业设置要面向未来，具有一定的前瞻性、超前性谋划，不仅要满足现实设计，还要为未来的经济建设服务。专业设置的前瞻性能够有效改善人才培养的滞后性。

在改革开放和经济全球化的推动下，我国经济获得了持续的快速发展，成为世界经济中的重要组成部分。在这一社会发展背景下，为满足高新技术产业对人才的需要，我国高职院校的专业设置不仅要重视建设或改造"常规专业""传统专业""通用专业""夕阳专业"，还要关注开发与建设"新兴专业""缺门专业"，同时也要关注我国现代化建设的重点、热点和前沿领域，兼具战术性与战略性。

另外，我国高职院校还要根据世界经济发展对国际劳动力的具体需求，开发一些"超前型"和"紧跟型"专业，提高我国人才的国际竞争力，最终服务于我国的社会主义现代会建设。

二、高职院校专业设置的原则

（一）需要性原则

社会需要是专业生存与发展的基础条件。想要提高高职院校的办学水平和办学效益，其中最重要的环节是实现专业设置与社会需要的有机结合，这里的社会需要包括经济社会发展的客观需要和学习者的主观需要。

一般而言，经济社会发展的客观需要会在一定程度上影响或制约学习者的主观需要，这种影响和制约有时会产生一定的负面效应。因此，高职院校在进行专业设置时，要全面考虑经济社会发展和学习者的主客观需要。

专业设置只有与一定经济社会发展的实际情况相适应，才能为社会经济的发展、进步提供有效服务，进而实现社会与教育的相互促进。因此，高职院校在进行专业设置时，应尽可能有效结合专业结构和区域的产业结构，使专业口径符合社会职业的分工情况。

（二）适度超前原则

由于人才培养具有一定的周期性，知识教育具有一定的滞后性，因此，高职院校进行专业设置时，在考虑现实需要和条件的同时，必须具有适度的超前性。

为此，高职院校必须关注社会的发展和进步，把握时代的发展趋势。同时，要特别关注科学技术和经济建设的发展与进步，研究某些新兴行业、新兴部门的发展前景和人才的需求，对未来人才市场的需求变化情况进行科学预测，适时开设新的专业。另外，高职院校还可以根据社会经济发展的需要及时拓宽和改造现有专业，使学生能够融入社会发展的潮流，不断更新和补充有关知识技能。

（三）科学性原则

科学性是衡量一切事物的最高准则，高职院校在进行专业设置时也要做到科学合理。这主要体现在以下几个方面。

1. 指导思想的科学性

高职院校进行专业设置是为了满足社会和个人的需要，为社会培养高素质综合性人才。只有在专业设置过程中确立了正确的指导思想，才能遵循专业设置的规律，把握整体利益和长远利益。

2. 专业设置操作过程的科学性

高职院校专业的规划、实施、管理和教学等，任何一个环节都应该做到有据可依，并符合教育教学规律。

3. 专业划分的科学性

高职院校在进行专业划分时，必须符合国家职业分类的有关标准，做到专业名称规范，专业内涵清晰。专业划分可以以某类职业所需素质和能力为依据和标准。

高职院校专业的设置要体现一定的科学性，必须明确体现出专业培养内涵及专业培养的目标和业务范围，明确人才培养规格，同时还要适当扩大职业涵盖范围，为毕业生提供一定的选择余地，保证课程按时完成。

（四）统筹性原则

专业设置是一种社会行为，要做到合理、科学地进行专业设置，就需要依靠政府的宏观统筹与指导。政府通过科学分析、预测劳动力市场的需求，向高职院校发布信息，高职院校以这些信息为依据进行专业设置，并建立起规范有序的管理体系。政府发挥宏观调控作用，统筹管理区域范围内各高职院校的专业设置，促进高职院校专业结构的整体协调性和科学合理性。从高职院校的层面而言，在政府的宏观统筹下，高职院校面向区域性大市场，能够科学、有效地设置专业。

为此，各高职院校进行专业设置时，应参照国家统一的专业目录，并以此规范各专业的教学行为。通常情况下，高职院校专业设置需要考虑国家的有关计划、社会的人才需求、学校自身的性质、特点和发展方向等因素。对于与周围学校相同或相似的专业，高职院校要慎重对待，提高自身的竞争力，加强与周边学校的沟通与合作，最大化地运用教育资源。

（五）效益最大化原则

效益包括社会效益和经济效益。随着社会主义市场经济的不断发展，我国高职院校在办学方面获得了一定的自主权。在设置与调整专业时，高职院校既要追求社会效益，适应社会对人才的需求，也要考虑到经济效益，有效优化教学资源的配置。高职院校专业设置必须兼顾社会效益和经济效益，如果只注重经济效益，就有可能使学校的办学偏离正确的方向。如果只重视社会效益，就会削弱自身办学实力。

总之，高职院校在设置和调整专业时，要将当前利益和长远利益结合起来，实现规模、质量、效益的有机结合，既注重人才培养的质量，满足社会发展的需求，又注重教育投资效益和教育资源的利用情况，有效促进高职院校的专业建设。

（六）开放性原则

当前，我国的社会经济在区域发展上呈现出不平衡性，劳动力资源分布也具有明显的地区差异。经济发达地区需要大量的劳动力资源，为本地区经济发展服务；而经济欠发达地区，劳动力明显过剩。经济欠发达地区的高职院校院校在设置专业时，可以适当考虑劳务输出，实现劳动力的省际流动。另外，随着经济全球一体化的发展，高职院校在专业设置上还应该运用全球化的眼光，借鉴国外的先进经验，实现我国高等教育与国际的接轨。

（七）发展性原则

1. 要实现高职院校专业自身的可持续发展

为适应市场经济环境下招生和就业的剧烈变化，高职院校专业建设必须走内涵发展的道路，拥有自我调节、发展和更新的能力。可以说，只有建设高水平的专业体系，高职院校才能培养高素质的专门人才，才能使专业自身充满活力，实现可持续发展。

2. 要实现高职院校学生的可持续发展

社会市场经济的快速发展以及社会竞争的日趋激烈，导致了职业的不稳定。在这样的社会背景下，人们也应具备转换职业、岗位的能力。这就要求高职院校的专业设置具有一定的发展性，实现学生的可持续发展。高职院校的专业设置，不仅要使得学生获得一定的知识与技能，还要为学生的职业生涯奠定坚实的基础。

3. 要实现高职院校的可持续发展

任何高等职业专业设置都要顾及到高职院校的整体利益，与高职院校的综合发展规划相协调，以实现高职院校资源调配的最优化和高职院校效益的最大化。

三、高职院校专业的开发探索

（一）高职院校专业的设置必须求新、求变

高职院校要紧跟社会和时代的发展趋势，在专业开发上力求做到求新、求变。

1. 求新

为了适应市场需求的变化，作为实施高职院校的主体，高职院校要及时发现和探索出新的、具有发展前景的职业与岗位，并在这一领域或行业内设置新的专业。这不仅要能及时洞悉市场的变化，具有敏锐的职业眼光，还要能深入了解职业的发展状况。可以说，广泛深入的市场调研是高职院校搞好专业开发与设置的基础前提。另外，高职院校在设置或开发专业时，要注意考虑多方面的问题。比如，预计某种行业的发展或者开发某一专业，不能把政府制定的产业政策作为唯一的理论依据。也就是说，不能仅从理论上判断或分析经济和社会发展需要的高素质专业技能型人才的种类。

在进行专业设置时，高职院校的教师及相关工作者要进行深入的社会调查，细致的探讨和实践调查企业的发展前景，详尽了解行业范围的企业类型、数量、生产状况和人才需求状况以及学生的就业环境，为专业的开发奠定坚实的理论和实践基础。需要注意的是，在专业开发调研的过程中，通常要有生产一线的高级技术人员的参与。

2. 求变

随着科学技术的发展，高职院校的专业内涵被赋予了新的内容，其中具有典型代表意义的是 20 世纪下半叶快速发展起来的计算机技术。由于各方面条件的限制，计算机技术在发展初期只设立了一个计算机专业。后来，随着计算机技术的广泛运用，其专业方向拓展到网络、多媒体、信息等多个方面。另外，求变还可以是在传统同一专业方面，不同高职院校根据当地的实

际情况赋予同一专业不同的专业内涵。也就是说，高职院校可以改变同一专业的具体培养方向和课程设置。

（二）重点、特色专业建设

1. 重点专业建设

重点专业并不限定于热门专业，它是高职院校的支柱，也是认识高职院校的窗口，有利于促进高职院校教学的稳定性和品牌效应的创造。高职院校建立起来的重点专业，要确保有比较稳定的生源市场和较为广阔的就业市场。另外，高职院校要将产学研结合起来。在确定高职院校重点专业的内容、数量时，应客观地、实事求是地分析学校具备的条件、特色、优势和经费问题。值得注意的是，高职院校主要服务于地方行业或地方经济，学校开发和设立的重点专业通常为行业或地方所需的主体专业。也就是说，高职院校重点专业的设立，必须要依靠一定的企业背景，依靠企业来办。

2. 特色专业建设

要办好高职院校，创建本校的专业特色，打造本校的专业品牌，高职院校应努力开辟与企业联合办学的路径。具体而言，校企联办对于高职院校特色专业的建设有以下几方面的作用。

第一，校企联办有利于高职院校的学生实习操作，解决学校办学资金短缺等困难。

第二，校企联办能够使企业运用学校的技术力量，优化自身的产品，创新技术。

第三，校企联办可以增进企业和高职院校毕业生之间的了解，实现双向选择。

第四，校企联办能够加强高等职业招生指导以及对学生专业选择的正确导向，有利于学生选到真正合适的专业，充分、合理的运用学校的教学资源。

第二节　高职院校课程建设与管理

一、高职院校课程的特点

（一）以技能性教育为主

高职院校的教学活动以职业性和实践性为主要特色，其既能够使学生掌握基本的理论知识，又能够使学生掌握综合性的专业技能与技术。学生毕业时要具备从事第一线工作的实践能力，拿到职业资格证书以及学历证书，要能够立马参与到一线的工作岗位中。因此，高职院校课程普遍以技能性教育为主。这主要体现在以下几个方面。

（1）在课程教材的选择上突出实用性，不单纯强调理论的完整与系统性。

（2）在教学的过程中，注意将知识的传授同学生能力的培养结合在一起，使学生获得知识与能力的同步发展。

（3）在课程的内容以及具体的课程安排上，适当地缩减理论知识的教学时间，只做到"必需、够用"即可，适当地增加与技术、技能相关的课程的教学时间，并且对与职业相关的最新科技研究成果进行讲解和教授，进而加强对学生的实践教学，提高学生的技术能力与实践能力。

（二）重视综合性知识的传授

随着当今社会经济的飞速发展，对社会职业的岗位需求也在不断地更新与调整，在社会分工上也开始由以往那种单一的工种逐步发展成为复合工种，再加上人们在现实生活中可能要经历多次的转岗与再就业。因此，为了适应社会与时代的发展变化，为了在任何情况下都能胜任岗位，从事技术性工作的人员，就应当在精通某一门或多门专业知识的前提下，尽可能地多了解与掌握其他相关专业的技术与知识。

31

从这种社会背景来看，高职院校课程的内容绝不能只偏向于某一方面的知识，而是要追求知识的综合性。只有重视综合性知识的高职院校，才能为学生打好专业基础以及文化基础，为学生提供够用的专业理论、必需的文化知识以及必备的基本实践能力。

在实际操作的过程中，高职院校要尽可能地减少不必要的课程，增加与专业相关的具有较强实用性的选修课程，增加实训课程，最大限度地提升学生的综合素质。同时，高职院校也要改变以往那种自成体系的传统课程观念，对课程的结构进行整体优化，注重学科之间的内在结构与逻辑上的联系。

（三）关注人文教育

近年来，随着以人为本理念在教育领域的渗透，人文教育越来越流行。就本质上而言，人文教育就是一种人性的教育，核心是人文精神。在知识经济时代，劳动者不仅要具有职业本领，还要具有责任心、联想思维、职业道德、人际交往能力以及团队精神等，这些都是需要通过人文教育的途径才能达到的。因此，高职院校要想培养出符合时代发展的新人才，就要注重人文教育，重视对学生关键能力的培养和发展。

从目前的高职院校课程来看，确实越来越重视人文教育。正如人文学者刘春生所说："职业技术教育的培养目标由单纯的'技术劳动者'变为'技术人文主义者'。"[①]总之，课程的内容注重培养学生高度的责任感、较高的人文社会科学素质。

（四）注重培养学生的创新能力

创新是一个民族进步与发展的灵魂，是一个国家兴旺发达的必要条件和不竭动力。随着社会产业结构的不断更新与调整，岗位对职工的能力要求也越来越高，一些新的技术与行业的涌现，使得具有创新精神和创新能力的求职者受到欢迎。这就需要职业学校在进行职业教育的过程中，对学生的创新精神和能力进行培养。这不仅有利于学生的就业，还能促进学生的自主创业，进而促进社会经济的发展。

---

① 刘春生. 知识经济时代职业技术教育的改革 [J]. 教育发展研究，1999（1）：77-79.

因此，当今高职院校课程一般都是在原有的理论与技能的基础上，根据岗位的变化以及技术的创新，增加新的内容，更加注重学生的思维扩展，鼓励学生进行独立思考，提高学生的思维能力、理解力和创新能力。

二、高职院校课程设置的主要依据

课程的设置虽然是以人的主观思想产物来表现的，但并不是说它是"无源之水，无本之木"，高职院校课程的设置有其自身的依据。这主要包括以下几个方面。

（一）学生人格与个性的发展特点

高职院校在对学生进行培养时，不能只注重学生的知识与能力，还要注重学生学习意识、健康的职业心理、积极的生存能力以及自主创业精神的培养。而后面这几个方面说的就是学生的人格与个性。之所以强调学生的人格与个性，主要是想促进学生的全面发展，使高职院校的课程设置不仅是停留在能力培养的层面。

作为高职院校课程设置的一个主要依据，学生的人格与个性发展是现代教育的重要理念，强调的是人的全面发展。高职院校在设置课程时，一定要以促进学生的身心以及个性的发展为目标，要使课程能够提升学生学习的自主性，能够给予学生自由发展的时间与空间，培养学生的个性。

（二）社会发展的必然需求

首先，高职院校培养的是实用型的人才，因此就需要在课程设置上针对经济与社会发展的根本需要，针对社会岗位的实际需求，以促进社会的发展作为驱动力，与时俱进，吸纳新的知识、引进新的技术、采用新地方法来进行。

其次，在知识经济发展时代，高职院校只有不断去适应社会需求，才能最终显示出其所具有的独特作用，体现其所具有的巨大社会价值。

从上述两个方面来看，高职院校课程的设置需要依据社会发展的需求，适应不同行业的发展对从业人员的特殊素质的需求；适应不断发展着的社会

生产力对从业人员的技术与文化素质的要求；适应知识经济的发展对从业人员的创新素质的要求；适应可持续发展理念下学生对终身学习提出的要求。高职院校只有充分考虑到这些，才能真正培养出符合时代发展的高素质人才。

（三）学科建设需要

当前阶段下，学科与学科之间的联系越来越多，并从以往的单向联系发展为多维的联系，进而形成了一个多层次的、相互渗透、纵横交叉、具有综合性的学科体系。依据学科建设的客观要求，高职院校在课程设置上要注意学科知识的综合，改变以往学科之间的对立与孤立局面，使学科知识获得良性的发展，学生取得最佳的学习效果。

三、高职院校课程设置的基本原则

（一）科学性原则

在过去，高职院校课程的决策权、设置权及调整权都由教育部门掌握，企业往往无权参与。这就使得高职院校的教学内容与产业发展严重分离，进而脱离了实际的社会需要。很显然，要想使高职院校适应社会经济及科学技术的发展需求，就必须提高课程决策的合理性与科学性。尤其是在课程设置上要坚定地遵循科学性原则。

遵循科学性原则，需要高职院校课程设置者深入了解行业的发展，对行业的科技含量、整体发展水平、行业的市场化与国际化的程度、职业技术岗位的发展变化进行准确的把握，在此基础上确定职业教育课程决策的目标，建立由学校、企业、行业以及职业教育研究专家共同组成的课程决策组织机构，然后再对课程设置进行集体的研究、决策与设计，最终使课程适应行业的发展，适合学生的发展需要。

（二）综合性原则

高职院校课程设置的综合性原则主要针对的是课程目标。由于我国高职院校的培养目标是培养技术应用型与技术复合型的人才，这一目标具有综合性的要求，因而课程目标也应适应这一要求。

在课程设置过程中，遵循课程目标的综合性原则，就必须时刻注意使所制定的课程目标不仅要适应社会的发展需要，还要满足个体发展的需要；不仅要反映课程的稳定性，还要体现课程的灵活性；不仅要保证课程的实用性，还要体现课程的创新性。

（三）政策性原则

所谓政策性原则，就是指高职院校的课程设置要遵守和贯彻国家相关的教育政策方针，处理好德智体各方面的关系。要想切实贯彻好政策性原则就要在高职院校的课程设置过程中，特别注意以下几个方面。

（1）坚持贯彻国家的教育政策方针，并准确把握当前的社会经济发展趋势，进而优化课程设置，提高其合理性与科学性。

（2）以素质教育为中心设置课程，坚持将学生的综合素质以及创新能力作为培养的重点，提升课程设置的综合水平。

（3）深入了解社会需求，准确把握市场的供求关系，从而提高课程设置的有效性与针对性。

（四）灵活性原则

这一原则主要针对的是高职院校的总体课程结构。课程结构的差异，会导致高职院校的总体课程体系的不同，会致使其所具有的功能也产生不同。我国高职院校过去所采取的是一种长期稳定不变的、高度统一的课程结构模式。

这种课程结构不利于教育者与受教育者充分利用资源，也不利于提高高职院校的市场适应能力。这就急需要高职院校随着社会的发展突破这种模式，实现课程结构的灵活性。我国高职院校近些年实施的模块化课程形式就是走向灵活的典型。模块课程是指根据不同的功能将课程划分成多个相对独立的部分，并使彼此间保持一定联系的模块系统。模块课程的灵活性，使得其既能发挥模块的整体作用，又能发挥单个模块的独特功能。

（五）多元性原则

多元性原则是针对课程功能而言的。课程结构会深深影响课程功能的发

挥，灵活的课程结构能够使课程功能呈现出多元性特征。多元性的课程功能又是当今高职院校所追求的一个目标。因此，在设置课程的过程中，要坚持课程功能的多元性原则，如课程要具有促进社会发展的功能、促进经济发展的功能、创新功能以及文化功能等。

贯彻课程功能的多元性原则，需要高职院校在课程设置过程中做到以下几点。

（1）要使课程设置体现出学校的自身特色、区域特色以及行业特色，突出时代发展的特征与需求，扩大课程的张力。

（2）要尽可能多地设置不同类型的校本课程与地方课程，为学生提供多元化的选择。

（3）要注重开发隐性课程，一定程度上提高选修课程所占的比例，为学生提供根据自身兴趣、能力与特长等来自主选择课程的机会，在学习中获得全面的发展。

四、高职院校课程模式构建

高职院校课程模式就是指在具体明确的高职院校人才培养目标的指导之下，以一定的教育思想以及学习理论为依据，课程编制所采用的典型的计划方式及其所确定的基本框架。从这一定义可以看出，高职院校的课程模式包含着理念与理论、模式主旨、运行系统、课程结构与功能、课程评价等几大基本要素。此外，要对课程模式与培养模式、教学模式有所区分。区分时，考略各自不同的范畴、功能、性态和评价等几个方面。

（一）高职院校课程模式的构建原则

1. 定向原则

向，即课程模式的具体目标指向。在课程模式的构成要素中，目标是第一要素。只要是课程模式，就必定具有一定的目标。课程模式的具体目标指向对课程体系所要实现的人才培养目标起到了决定作用，课程体系进行人才培养的目标也就是职业教育所要最终实现的人才培养目标。因此，在对课程模式进行构建时，要首先明确课程模式的目标，使其发挥应有的指向作用。

2. 定格原则

格，即人才培养的规格。规格主要是由工作岗位以及工作任务所需要的技术对象以及技术复杂程度决定的。这一复杂程度体现在相应的态度（素养）、知识与能力结构中，具体则体现在课程的内容体系以及课程的结构体系中。

在课程模式的构建过程中，必须注重人才培养规格的确定。不管是对于CDIO 模式的本科工程教育，还是"基于工作过程"模式的职业教育，其在人才的培养规格上都是有差异的。只有对人才培养的规格加以确定，课程模式才能更加符合教育的类型。需要注意的是，定格所依据的并不是具体的学历，而是客观存在的技术层次、技术性质及技术对象。

3. 定位原则

所谓定位原则，是指在构建课程模式的过程中，必须对课程功能进行定位。课程所具有的人才培养功能需要在课程目标的指引之下才能完成，其所解决的是学生在日后做什么以及怎么做的问题。对课程模式的功能加以确定，会对课程体系结构的形成、课程体系序列以及关系等具有重要的指引作用，也能够为教学模式的选择提供一定的依据。

需要注意的是，课程模式的功能定位一定要符合课程模式的具体目标指向，如职业院校的主要目标是培养技术（应用）人才以及技能人才，这类人才在今后的工作定位的不同，会使其课程关系与课程结构形态产生不同。因此，功能定位是同人才类型的定位息息相关的。

（二）课程模式类型分析

1. 学科本位型课程模式

学科本位型课程模式是一种比较传统的类型，它以专业课（实习课）、专业基础课以及文化基础课为基本结构，在高职院校的应用过程中，每一阶段的实践教学都会在比例上加大，具有明显的技术应用特征。

这种类型的课程模式既有优点又有缺点。从优点上来看，学科本位型课程模式由于既重视文化基础知识的教育、知识的系统性与基础性，又重视实践课程，旨在突出学生技能（技术）的培养，因而具有较强的可持续发展能力。它适用于那些对心智技能要求比较高的专业。然而，这一类型的课程模式以学科为中心，具有较为严重的学科倾向，系统知识的学习过剩，难以与职业岗位对"工作过程知识"以及基本工作经验的要求相符合，在实践操作的技能上略显不足，进而使理论与实践之间发生脱节。

我国"三段式"的课程模式就属于学科型课程模式。它继承了传统的本专科的课程结构模式，将职业教育课程分成专业课、专业基础课与基础课三大类，并以此来安排具体的课程。这一课程模式下学生获得的基础理论较为扎实，但是也存在明显的弊端，课程重视的是知识的内在系统，却忽视了学生的全面发展，忽视了理论与实践的结合。鉴于这一课程模式的种种弊端，需要对我国的高职院校进行大量的改良，进而寻找最佳的课程模式。

2. 能力本位型课程模式

能力本位型课程模式以"能力本位"为主题，首先要由专业规格给出最终的培养目标，进而对能力的纵向主线加以确定，再由学生的知识、素质与能力分解表依据教学规律对各学期的能力目标加以确定，进而组织各分学期的课程教学。

（1）CBE 课程模式

CBE 课程模式是一种非常典型的能力本位型课程模式，它以能力的发展作为课程开发的重点与中心，所采用的是 DACUM 课程开发方法。这一课程模式运用模块式的方案，将行业、企业专家作为课程开发的主体，将能力作为开发的核心，将行业的具体需求作为开发的导向，注重对学生实际操作能力的培养。

这一课程模式所强调的能力培养不是通过强行的灌输使学生掌握相关知识与技能，而是通过学生积极自主的活动来获得知识与技能。由此可见，CBE 课程模式尤为注重学生学习的主体性和积极性。

CBE 课程模式的最大特点是对学生的能力进行培养，这就更加接近于高职院校在本质上的要求。但是，这一模式也具有自身的局限，主要表现为以下几个方面。

忽视了在真实的职业世界中判断力对个人实际操作的影响，忽略了操作行为所具有的复杂性。

在单项能力组合为综合能力的方式上，忽视了工作的整体特性以及工作经验的成分，忽视了知识的系统性、学术性以及情感领域的态度学习。

这一课程模式开展的成本比较高，对教师的要求也比较高，因此推广的难度也较大，还会受到很多外在条件的限制。

（2）MES 课程模式

MES 课程模式也称"模块式职业技能培训模式"[①]。它是在借鉴瑞典与德国等国的"阶段式培训课程模式"以及英国、美国以及加拿大等国的"模块培训"等课程经验的基础上通过国际劳工组织（ILO）的开发而形成的具有代表性的能够适用于职业培训的一种课程模式类型。因此，这一课程模式在一定程度上也可是看作是一种培训方式。它非常适用于高职院校领域。

在不同的职业领域以及行业的内部，会有不同类型的工作与工种，对人才所要求的知识与技能也各不相同。当然，其中也存在一部分相同或相似的知识与技能要求。根据这一情况，高职院校者就要在实施职业技术培训的过程中对如何求同存异进行思考，使接受培训的学生获得能够实际运用到社会生产活动中的技能。这是 MES 课程模式的指导思想。

MES 课程模式具有一个较为独立的职业技能系统，将人类社会的经济活动，具体划分成了工作、职业领域与工作范围三大层次，并确定了生产者完成某一项工作所必须要具备的工作技能标准，也称为工作规范。这一职业技能系统一般分为初、中、高三个不同等级的技术标准，并在此基础之上，将某一职业技能系统的生产活动过程或者是对象根据活动顺序以及活动对象的性质划分成多个彼此独立，又具有一定内在联系的活动单位，也就是模块。模块是职业技能系统的重要组成部分，每当一个学员学习完成一个模块，就增加了一项新的就业技能。学员要想全面掌握某一工作的技能系统，就要具备从事这一相关工作的全部知识与技能，就必须系统地学完这一工作技能系统的所有模块。

MES 课程模式具有较强的灵活性、适应性，能够在不同的职业领域间自由转换。当然，这一模式往往只适合技能培训，而且是短期的技能培训，这就常常使其被许多的技能培训机构采用。不过，MES 课程模式也有着明显的缺点，就是对理论知识的教授不够重视，使得学员往往技能比较精湛但是知识面却很窄，这就难以满足对学员的全面培养需求。

---

① 刘春生，徐长发. 职业教育学 [M]. 北京：教育科学出版社，2002.

总的来说，作为一种非常有效的课程模式，高职院校完全可以对其进行有效更新与完善，使其更好地服务于高职院校。

3. 理论实践交替型课程模式

理论实践交替型课程模式，主要是指在教学课程上将理论同实践教学交替进行。从本质上而言，这种课程模式还是对"能力本位"的强调，最显著的特点就是具有大容量的实践训练，理论教学趋向集成化与模块化，这非常有利于对理论教学的巩固以及技能训练。这种类型的课程模式对教学的实践条件提出了较高的要求，必须有一定的行业背景作为支持。德国实行的"双元制"课程模式就是一种典型的理论实践交替型课程模式。

"双元制"课程模式（图2-1）是20世纪60年代末德国职业教育所广泛采用的一种课程教学形式，它属于核心阶梯式的课程结构，主要可以分为实践课程、专业课程和普通课程三大部分。

（1）实践课程是以职业活动作为核心，采取的是教学单元的形式，主要以企业的技能训练为实践内容。

（2）专业课程的整体结构所针对的是职业领域中的一组或者是一群相关的职业，并围绕其职业活动的核心，分别设置了职业专长教育、职业

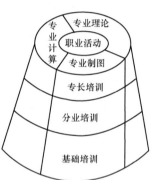

图 2-1 "双元制"课程模式

分业教育以及职业基础教育三个等级层次。专业课程围绕的是职业活动的核心，并分别设专业理论、专业制图与专业计算。

（3）普通课程主要是社会学、体育、德语、宗教等，并将数理化的知识整合并融入到专业课程中。

"双元制"的课程模式主要是以职业活动作为中心，在课程体系上注重的是实操技能的训练以及实践能力的培养，具有一定的职业针对性；通过核心阶梯式的课程来培养职业群的能力，又能够充分体现职业的适应性。因此，这一课程模式十分有利于培养"多能一专"的复合型职业人才。不过，由于"双元制"课程模式过分注重企业的需求，而忽视学生个体的全面发展，因而使学生在文化基础上比较薄弱，所具有的理论知识的深度也不够，不利于毕业生的转岗与深造。

4. 项目课程模式

项目课程模式也称为"任务引领型的课程模式",是我国近些年来某些职业院校所采用的一种比较新的课程模式。这一模式主要是以职业岗位(群)的具体工作任务为重点,进而构建出课程体系,对课程内容加以选择和组织,并完成具体的工作任务。由于这一模式与我国当前对职教课程改革的具体要求相符合,能够在很大程度上激发学生学习的兴趣,促进学生职业能力的提高,满足岗位对人才素质的要求,因而是我国当前以及今后进行职业教育课程改革的一个主要方向。

项目课程模式能够使学生的学习过程,从始至终都和职业实践联系在一起,进而在综合体验的过程中不断积累自身的经验性知识,获取同实践紧密联系在一起的理论知识。因此,它受到我国很多高职院校的亲睐。不过,在不断尝试这种课程模式的过程中,很多高职院校也发现了一些需要解决的问题,如师资水平与教学要求的不相符;场地与设备条件的限制;对班级授课制的教学秩序产生极大冲击;资金不足等。

5. "宽基础、活模块"课程模式

"宽基础、活模块"课程模式①(KH模式),也被称为集群式课程模式,是 20 世纪 90 年代由蒋乃平等人开发的。这一课程模式继承了我国传统教育中单科分段式课程的某些长处,还借鉴德国双元制课程模式中的核心阶梯课程、在北美地区比较流行的能力本位课程以及由国际劳工组织开发的 MES 模式中的技能模块课程等。

为了协调和解决在市场经济条件下快速变化的劳动力市场同相对稳定的教育发展之间的矛盾、毕业生在岗位能力上的针对性与适应性之间的矛盾,我国急需改革与优化课程模式。"宽基础、活模块"就是在这样的背景与目的要求下被提出。这种课程模式主张对传统的"三段式"的课程模式进行改革,从而使职业教育更加具有针对性、实用性与灵活性。这一课程模式的改革已经在我国的多个省、市以及自治区的职业院校中实施,产生了较大的影响力。

以下对课程模式既有区别又有联系的两个阶段进行详细的阐述。

---

① 蒋乃平. 职教课程改革要点与课程模式 [J]. 北京教育,2000(3):25-27.

（1）"宽基础"阶段

"宽基础"阶段的内容所针对的是一群相关的职业所必需的知识与技能，着眼于学生基础的培养，为学生日后的继续学习与深造奠定基础，以及日后相关职业中转岗奠定基础，强调的是技能的训练以及关键能力的培养。这就使得学生在毕业之后在择业范围上有较多的选择，进而不断适应变化发展着的市场经济体制。这一阶段还充分体现出了终身教育的思想观念。

这一阶段由职业群专业类、社会能力强化类、文化类与工具类四大板块构成。每一个板块都是由一组具体的科目组成，每一个科目则是由多个模块组成。例如，在职业群专业类的板块中会涉及相关的专业基础，如"城市公交"涵盖了公交企业的调度员、乘务员与驾驶员等岗位；"涉外经济"涵盖了保险、财会、仓储、金融、证券、文秘与办公室自动化、饭店管理与服务、商业管理与服务等专业内容。在文化类板块下有数学与语文科目，工具类板块下是外语与计算机科目，这些都是由基础模块、提高模块以及专业服务模块三类形成，进而为不同的专业、不同的学习基础与需求的学生提供选择。一般而言，宽基础模块中也会有普通文化课的内容。

（2）"活模块"阶段

"活模块"阶段所针对的是较为确定的少数或单个的就业岗位所要具备的知识与技能而开展的训练，是以技能的训练为主，以职业资格的获得为导向的课程教学。这一阶段强调学生的就业能力，强调学生的能力要达到用人单位的知识与技能需求，并注重通过多个职业资格证书的获取来提高学生的就业竞争力。例如，在"城市公交"的专业模块下可针对调度员、乘务员与驾驶员中任一个或是几个岗位来开展训练活动。

"活模块"阶段主要由某一职业群中的几个、十几个甚至是更多的职业所对应的"大模块"构成。它能够使职业院校根据时代与科技的进步对职业演变产生的影响来对教学内容进行更新；能够通过"模块"促进学校弹性选课制与学分制的实施；能够加大学生的岗位技能训练，使学生在学习之后顺利进入工作岗位。

"宽基础，活模块"课程模式对高职学生的当前就业以及日后的终身发展进行了全面的考虑，能够基本满足当代高职院校对职业准备与升学准备的双重教育功能的要求。但是，它也存在着一定的缺陷。首先，它在课程内容上体现的仍然是学科的知识体系，对职业性的体现尚不够充分；其次，它虽然强调学生专业技能的获得，但是较为忽视学生社会能力与方法能力的获得。因此，这一课程模式还需要不断加以改进与完善。

五、高职院校课程内容的改革

（一）高职院校课程内容存在的问题

随着社会、科技、经济的不断发展，高职院校的课程内容是需要不断变化更新的，以便提高自身的适应性。然而，从当前的高职院校来看，其课程内容呈现出了诸多不适应当代社会发展状况的问题，具体表现在以下几个方面。

1. 重系统专业知识而轻新知识与技术

我国高职院校一直以来都缺少独立的、完整的教材体系，所使用的教材很多时候都是对普通教育教材的压缩。普通教育学校的教材在课程内容上强调知识的系统性，因而高职院校的课程内容也受其影响偏向对学生传授系统的专业知识。事实上，系统的专业知识往往是较为陈旧的，很少含有新知识与新技术，这就使得高职院校的课程内容难以符合时代与经济发展与需求，不能培养出合格的职业技术人才。

从现实社会背景来看，高职院校的学生在经济发展中的最大竞争优势就是其具有极强的技术操作能力，所需要的工作适应期较短，不需要培训就能直接上岗。如果高职院校过分强调和重视系统的理论知识，就必然会导致学生没有足够的时间对新知识与新技术进行学习和了解，这也就使学生容易在职业竞争中失去优势。我国在市场经济条件下的产业结构具有新技术与新行业不断涌现、产业变迁频繁等特点，这就需要职业教育对新知识与新技术加以重视，进而提升学生的上岗与转岗能力，提高学生的职业竞争力。

2. 重理论而轻实践

在我国，高职院校注重理论而忽视实践的问题是具有一定的现实根源的。很多高职院校是在原有普通大学内部新建起来的，或者是依据高校的教育模式而建立起来的。这样就使得高职院校所采用的往往是大学的教学模式，而没有考虑到自身的特殊性。再加上我国教育向来注重理论而轻视实践，就使高职院校在教学内容上存在着沿用学科型模式、本科压缩、缺乏培养技术型人才的经验等问题。

正是上述这种现实根源，使得我国高职院校课程内容存在着较为明显的重理论而轻实践的问题。这具体表现在以下两个方面。

（1）注重理论知识的教学，追求学术理性的完美，对学生的实践技能以及技术能力的培养较为轻视，总之就是注重对学生知识的注入，轻视技能的训练。

（2）在课程安排上，将专业课、普通文化课与专业理论课进行分段排列，使得各个课程自成体系，缺乏彼此间的沟通与配合，造成了理论与实践之间的脱节，难以突出职业教育自身的教学与课程特色。

高职院校理应注重实践。因为只有重视了实践，才能更好地培养学生的职业能力。这就需要当前的高职院校注意分析职业技术岗位（群）所需要的专业技能以及知识（包括基础知识和专业知识）的具体要求，注重理论知识的针对性与实用性，而不过分关注知识的系统性与完整性。

3. 重科学技术教育而轻人文素质教育

当前高职院校在实施高职院校过程中呈现的一个通病，就是注重科学技术教育，忽视人文素质教育。

高职院校的一个重要特点就是注重培养学生的从业技能。因此，其课程内容重视科学技术教育固然没有问题，但很多高职院校往往过于强调教育的应用性，从而在课程内容的设计上对全面教育应该具有的人文价值有所忽略。这是非常不利于学生的全面发展的，甚至会严重影响学生的身心健康发展。

人文素质，是指由知识、能力、观念、情感、意志等多种因素组成的一个人的内在品质。对高职生进行人文素质教育能够培育高职生的民族精神，能够培养高职生的人文精神，能够丰富高职生的情感智慧，还能够为自然科学的发展提供导向、动力和原创性源泉。因此，高职院校必须注重人文素质教育，要培养有意识、有情感、有理性、有思想、有道德的人，而不是生产机器或工具。这也是我国高职院校课程改革的一个重要内容。

4. 重知识的传承而轻知识的创新

在当前的高职院校中，甚至是我国普通教育中都存在着这样一个问题，那就是为了应对考试，而只注重知识的传承而忽视知识的创新。

高职院校在课程内容上缺少弹性，强调整齐划一，缺少实际操作和实践的内容，是很难激发学生学习的积极性、兴趣和热情，是非常不利于学生个性以及主动性的发挥，更是不利于各个方面的创造与创新。

在现代社会中，岗位变迁、产业结构变化以及技术的更新等要求从业者要具备良好的创新意识和能力、具备创业的精神与能力、具备促使产品更新换代的能力。因此，高职院校必须解决这样一个重要问题，即如何在知识的传承过程中进行创新。只有解决好了这一问题，高职院校才能使所培养出的人才不仅仅是掌握和应用知识的技术者，还是创造和扩展知识的开发者。

（二）高职院校课程内容改革的策略

针对上述我国高职院校课程内容存在的问题以及国际上职业教育课程改革与发展的趋势。高职院校课程内容改革主要有以下几个方面的策略。

1. 充分结合分科型与综合型课程，更加偏向综合型课程

纵观历史，人类的知识体系随着社会科学技术的不断发展前进，是朝着两个极端的方向发展的，一个是高度综合化的方向，另一个是高度分化的方向。前者注重不同知识之间的渗透与有机结合，这就促使边缘学科、交叉学科与新兴学科的不断出现，并缩短了知识更新的时间周期，增加了需要纳入课程的内容。后者注重不同知识之间的精深化与专业化，促使分支学科不断出现，需要课程设置考虑分科与系统性的问题。

就当前社会而言，知识体系的综合化倾向越来越明显并逐渐占主导地位。在高职院校领域中，这种趋势也是较为显著的。之所以出现这种情况，一是因为单一型的人才已不适应当今社会的发展需求，而社会所需要的是复合型人才；二是因为综合化课程有利于解决因学时、学制以及传统分科课程的种种限制而导致的日益增多的知识在有限的课程时间内难以得到落实的问题；三是有利于培养学生对人类自身、社会及自然的整体观念与综合能力。

鉴于此，高职院校在设计课程时，要注意根据社会经济发展的实际进行综合课程的设置，进而培养综合型的人才。当然，这并不表示要完全抛弃分

科课程，而是在综合的基础上培养更加专业的人才。具体来说，高职院校要将分科型课程和综合型课程结合起来，并更加偏重综合型课程，需要注意以下几个方面。

第一，合理组织和优化理论课程，既要对学科知识的结构逻辑性加以考虑，又要注意职业教育的实际需要，加强综合课程的建设，特别是那些设计性、实验性的综合课程，以及实训范畴的实践课的建设。

第二，在开展实践课程的过程中，要对学生的岗位、行业的综合技能与能力加以培养，使学生对上下游的相关岗位技能加以熟悉，继而确保岗位的无缝衔接。

第三，在开展理论教学的过程中，要突出课程的基本性与综合性，在分科课程的基础之上，打破传统的学科与课程设置，根据学生的长远发展以及未来的岗位需求，对教授的知识加以筛选，设置综合课程，组织教学。

2. 促进理论与实践的结合，并以实践为重点

高职院校培养的不是单纯的"工匠"，而是具有一定文化素养与理论指导的技能型或是技术型的专门人才。因此，高职院校在课程内容上，不能过分重视理论知识，而是要促进理论与实践的结合，并突出实践。

首先，高职院校必须对学生进行文化基础课的教育。这是提高学生整体素质水平的重要渠道。

其次，高职院校的知识是偏向应用型的知识，是为技术与心智技能以及高级技能而服务的。因此，高职生在专业理论知识上的学习一般只需要达到"必需、够用、能用"的程度即可，无需花更多的时间与精力探讨"为什么"这样的问题。

最后，高职院校培养的是能够直接上岗的应用型人才。因此，与理论相比，高职院校在课程上要更加重视"实用""实训""应用"。也就是说，要将实践性与理论性相结合，并突出实践性。高职院校一定要针对本地区的经济与社会发展状况以及当地具体的岗位需求状况，加强对学生的实践教学，培养社会急需的应用型人才。相应地，职业教育在课程设置上要加强专业实践课程与实训课程，建立校内外实验与实训的基地，加大对学生的实验与实训力度，推进课程的改革，提高人才的培养水平与质量，是学生成为第一线的技能（技术）型人才。

3. 关注人文素质教育

在人们的普遍意识中，高职院校所进行的就是科学技术教育。其实不然，人文素质教育也应当是高职院校的一个重要部分。进入 21 世纪以来，随着教育领域关注学生全面发展的呼声越来越高，高职院校也开始越来越要求重视人文素质教育。需要注意的是，突出技能与技术是职业教育的根本，因而高职院校重视人文素质教育并不意味着就不注重自身的特色保持。我国高职院校的正确做法是在侧重科学技术教育的基础上，促进科技与人文教育的结合。人文素质教育对高职院校的学生有着十分重要的意义。

首先，人文素质教育能够对传统的优秀文化加以弘扬，进而符合社会的"可持续发展"理念，使学生在日后获得不断的发展与进步。特别是从现今复杂的社会情况来看，人们所面对的诸多难题，往往是无法单纯依靠技能（技术）教育就能解决的，而是需要依靠人文教育在根本上对问题加以解决。

其次，人文素质教育所包含的内容是比较丰富，如个人的行为与思想认识的过程、交流方式与原动力、普遍价值观、社会与政治机构、哲学与伦理等。通过人文素质教育，不仅能够提高学生的科技伦理素质，还能增强学生关心他人、尊重他人的意识，促进学生对生命的意义与价值进行思考，为未来的长远发展做打算。

4. 注重高新技术与创新

高职院校不能仅仅停留在知识的传承上，还要注重高新技术与创新。要想做到这一点，高职院校就要在课程内容的改革过程中处理好基础与前沿、传承与创新之间的关系。

（1）基础与前沿相结合

基础与前沿是从知识与技术发展的角度而言的。每一门学科在其历史发展的过程中都形成了自身独特的科学技术的基本知识、理论与方法，进而形成学科的核心与基础，并在长时期内保持不变。因此，高职院校课程需要对传统的核心内容加以保留，而不能将其当作陈旧落后的东西。需注意的是，基础必须以最简洁的形式，表达出学科的发展过程和基本理论体系，而把侧重点放在从这些基本核心内容出发，有效地引导学生掌握最新的、最先进的科学内容①。

在高职院校的课程中，将基础与前沿内容结合在一起关系到学生知识面的拓宽，更关系到学生创新能力的获得。因此，在选择教材时，一定要着眼于基础知识内容的传递，同时将学生从基础引导到科技的前沿内容上来，并在这一过程中对学生的独立思考与创新意识加以培养，为创新人才的培养奠定基础。

（2）传承与创新相结合

传承与创新主要是从行业与岗位之间的发展变迁的角度而言的。随着社会与经济的发展，产业的变迁也越来越快速和频繁，新的技术行业不断涌现，对从业人员的能力与素质的要求也越来越高。这些变化的新情况都要求高职院校必须将系统的基础知识与技术同当前最新的、具有前沿性的知识与技术结合在一起，对学生的从业以及转岗能力进行培养，尤其要培养学生的创新精神与能力，培养其促使产品更新换代的能力。所以，高职院校的课程内容要同时体现出传承与创新两个层面。

总之，为了培养服务、生产、管理、技术第一线的应用型人才，高职院校要及时关注生产技术、生产工艺等领域的更新与变化，并在课程的培养目标、专业设置以及课程开发等方面积极予以反映，努力突出新知识、新技术以及新工艺。

5. 重视必修课内容，同时引进选修课内容

当前，我国很多高职院校广泛采用的"宽基础、活模块"课程模式较大地启发了高职院校课程改革，使得高职院校在课程上开始注重必修课（宽基础）与选修课（活模块）之间的相互结合。

高职院校开设必修课，主要为了培养学生的基本素养，增加学生知识的广度与宽度，进而保证教学的基本质量。因此，高职院校在必修课程的设置上要将其数量与质量保持在一定的水平上。如果在必修课内容缺乏，将会导致大部分学生的文化素养、基础知识以及专业基本素养的薄弱，影响学生日后的提升与发展。

必修课内容固然重要，但是选修课内容也不应忽视。选修课，尤其是限

---

① 李吉蓉. 教材要适应培养高素质创新人才的需要 [J]. 中国高等教育，1999（10）：25-26.

制性选修课，是高职院校课程中的"活模块"，对高职院校课程同样发挥着巨大的作用。"活模块"职业教育课程的特色在于能够对不同的行业与岗位以及岗位的变迁具有良好的适应能力。

就当前高职院校的学生来看，不同学生之间在基础知识、能力与个性特点上存在着极大的差异。要想缩小这种差距，为每个学生都提供良好的学习条件，营造良好的学习氛围，就要保证课程的弹性与灵活性。而通过模块化的课程模式开展选修课就能在很大程度上保证课程的灵活性。因此，高职院校应当为学生提供数组限制性的选修模块，给予学生充分选择课程的自由，从而调动学生学习的积极性、自主性，保证学生学习的质量，进而培养"一专多能"的人才。

第三节 高职院校教学实践管理

一、高职院校实践教学管理组织结构的建设原则

高职院校的教学具有鲜明的实践性特点，这一特点要求高职院校必须将实践教学放在整个教学的主体地位，因此，高职院校应重视实践教学管理组织结构的建设。科学合理的组织结构，能够最大限度地发挥组织结构的整体功能，能够有效地实现实践教学管理职能，进而提高教学质量。要建设科学合理的实践教学管理组织结构，必须遵循以下原则。

（一）统一原则

统一原则主要是指高职院校的实践教学管理系统内部各部门、各层次的建立及其运转，能够促进实践教学管理的组织结构形成一个统一的有机整体。遵循统一原则，一方面能够有效落实实践教学活动的客观要求，另一方面能够保证高职院校办学目标的实现。随着高职院校的不断发展，专业类型越来越多，实践教学活动也越来越复杂，因此，管理组织结构的统一原则具有重要的作用。统一原则主要表现为以下几个方面。

1. 规章制度的统一

实践教学管理系统内的各种规章制度的制定、执行、修订、废除等都应该统一。在制度的执行过程中，不能因人、因部门而异，杜绝特殊化现象的发生。

2. 指挥命令的统一

在高职院校实践教学管理的组织过程中，应避免出现多个上级领导，否则会导致下达的指挥命令不统一，增大管理的难度，降低管理效率，进而使教学质量受损。各部门、各层次、各管理人员在原则上应该只能接受一个上级的领导，并对其负责，这样才能保证指挥命令的统一，使管理更加科学合理。

3. 灵活机智原则

一般而言，指挥命令发布前通常会有一个指挥方案，管理活动可以按照指挥方案顺利实施。但是，任何一项活动都存在不确定性因素，当突发事件发生时，各级管理部门和管理者应根据上级指挥意图，全面考虑系统内的实际情况，结合对象的工作状况、人际关系、环境条件以及实践教学的需要等，灵活变通指挥方案，并采取相应的指挥手段。这就是实践教学管理活动中的灵活指挥原则，这一原则能够让下属员工在无法接收上级领导的指挥命令或出现其他特殊情况时，还能知道做什么、怎么做。

4. 畅通原则

在实践教学管理过程中，上级领导在发出指挥命令后，还要经过传递，经过下级部门的接受。在这整个过程中，都应该保持渠道的畅通，运行无阻，使指挥命令准确及时地传达到下级手中。遵循畅通原则，不仅能够保证指挥者、传递者和接受者的完美运作，还能够保证必要的通讯技术条件。如果指挥出现了阻碍或是中断的现象，就必然会影响到指挥管理的效力。

（二）精简原则

精简原则主要是指高职院校实践教学的组织结构在满足实践教学需要的前提下，应控制人员和机构的数量，做到机构精简，人员精干。在这一原则的影响下，教学管理组织机构应具有以下特征。首先，管理机构设置合理，部门职责明确，每个部门都有明确的分工，不会相互推卸责任；其次，管理层次有着科学的划分，避免了不必要的管理层次的出现，进而极大地降低了管理成本，提高了管理效率，同时管理人员的积极性和创造性得到了很好的发挥；最后，人员配备合理，在实践教学管理系统内，每个人都具有明确的职责以及很高的素养，能够做到各司其职。在遵循精简原则过程中，一定要注意"精"，要在"精"的基础上求简，而不能片面追求精简，导致简而不精。因此，要不断提高人员素质，实现人员精干，进而真正实现精简，提高管理能力。

二、高职院校实践教学管理机制的建立

在高职院校过程中，建立完善的实践教学管理机制，除了关注机制的组成要素及行为规范外，还要关注利益机制、协调机制、激励机制、危机处理机制、约束机制及投入保障机制的建立。

（一）利益机制的建立

利益机制主要是指学校与社会间、学校与学生间的利益调节机制。因此利益机制的建立可以从以下两个方面入手。

1. 建立学校与社会间的利益机制

处理好学校与企业的利益关系，对于校企结合长效机制的建立具有重要的意义。在我国，关于企业接受高职院校师生实习实训的有利财税政策尚未制定，因此，学校应充分考虑到企业的困难、需求以及利益，力所能及地帮助企业解决一些问题。

2. 建立学校与学生间的利益机制

学校与学生也处于一定的利益关系之中，学生作为接受教育的群体，往往是通过缴费上学，因此他们有权利要求享受高质量的教育服务。而学校有责任与义务通过向学生提供高质量的教育资源与教育服务，提升其专业技能，进而使他们成为社会需要的人才。因此，在高职院校实践教学管理中，务必处理好学校和学生之间的利益问题，学校应最大程度地满足学生利益的需要，这样，学校才能得到更长远的发展。

（二）协调机制的建立

协调机制在建立过程中，应包括两方面内容：一是实践教学中各种关系的协调；二是校内各部门、各要素之间关系的协调。此外，应根据具体的情况选择不同的协调方式。

1. 实践教学中各种关系的协调机制

（1）校企关系的协调机制

校企之间既有利益关系，又有协作、互助、信任等关系。因此，校企之间除了建立共赢的利益机制外，还应建立处理其他关系的协调机制。实践教学中校企关系的协调主要受到政府的主导，学校应积极参与。当学校和企业在组织实践教学的过程中，经常会出现一些涉及双方利益的重大问题，有时甚至会危及双方的合作关系。为了避免以及更好地解决这些问题，维护双方的合作关系，学校应采取一些措施，妥善处理合作中遇到的问题。

（2）校内各部门、各要素之间关系的协调机制

在高职院校内部，学生在进行实习实训的过程中，会涉及大量人力、物力、财力等资源的调配使用，而这些资源通常隶属于不同的部门，由不同的学校领导管理，因此，应建立一个跨部门的协调组织。通过这一机制的建立，能够有效解决实践教学过程中出现的重大问题。

2. 具体的协调方式

通常来说，一些涉及面比较宽的问题都会通过会议的方式进行协调，高职院校实践教学涉及学校的方方面面，因此，会议协调成为实践教学管理的最佳协调方式。会议协调主要是指定期召开例会对教学管理过程中遇到的一些问题进行协调。

除了会议协调外，还可以通过管理人员的兼职搭配协调。主要针对一些经常出现的问题，如学校聘请校外实习基地的企业技术人员作学校的兼职教授。此外，通过日常的交流也能达到协调的效果。因此，在实践教学管理过程中，各级各类管理者、教师、学生应通过电话、电子邮件、信息等多种方式进行沟通，以更好地解决教学管理过程中出现的问题。

（三）激励机制的建立

激励在任何管理的过程中都发挥着重要的作用。在高职院校的实践教学中，采取激励的措施和手段，能够有效地培养高素质技能型专业人才。因此，激励机制的建立对于整个高职院校实践教学管理机制的建立具有重要的影响。在激励机制中，激励的方式主要可以分为物质激励和精神激励，其在实践教学管理中通常起着关键性的作用。

1. 物质激励

物质激励通常包括奖金、工资、职称、福利及职称晋升等。其中职称的晋升在高职院校实践教学管理中更能吸引教师与管理者。因为，职称的晋升一方面关系到他们的收入水平，更重要的是关系到对他们教学水平的评价与认可。一直以来，我国高校在职称评定上都比较重视教师论文、著作、科研课题的数量，以及发表论文刊物的级别等，而往往忽略了教学质量的好坏。基于这种情况，一大部分教师虽然教学经验丰富、教学质量高、深受学生欢迎，但由于论文、著作及科研课题的数量达不到相关指标而无法得到晋升。因此，职称评定的方式急需得到扭转。高职教师的职称评定理应以教师的教学尤其是实践教学的能力及教学效果为主要参考，使物质激励真正做到公平、公正。此外，也应重视对学生的物质激励，只是对学生的物质激励不像教师和管理者的物质激励那样复杂，主要形式是给优秀学生给予奖金和奖品。

2. 精神激励

精神激励主要是向激励的对象授予某种荣誉称号进而达到激励的目的。荣誉一般是对特定的人进行的专门性和定性化的积极评价。授予某人荣誉称号，在某种程度上能够满足其自尊心的需求，还可以激发其积极性。在高职院校实践教学中，对那些在工作中、学习中的优秀者授予荣誉称号的方式，对他们来说是一种莫大的精神奖励。这种激励方式如果运用得当，有时候其效果会远远大于物质激励。

第三章 新时代高职院校学生工作管理创新

在新的时代发展背景下，高职院校学生管理工作也应与时俱进，对学生的学风管理、心理管理、生活管理、日常违纪管理、创业就业管理等层面进行创新，从而积极提升高职院校学生的综合素养，以培养出符合时代发展与社会需求的高素质人才。

第一节 高职院校学生心理管理

一、高职院校学生心理的构成要素

（一）情绪

1. 情绪的内涵

情绪是一种常见但是复杂的心理现象，它表现在我们生活的方方面面。从心理学的角度来看，情绪是人脑的高级功能，对我们适应生存和人际交往而言起到至关重要的作用，通过愉快可以表示处境良好，痛苦表示面临困难，对人微笑表示友好，不动声色代表威严，等等。从生活活动来看，我们的日常活动中充满了情绪，同时情绪也最能反应人的内心状态，当我们遭遇挫折时会感觉忧虑，得到好消息或者得到好成绩时会感到快乐。从情绪的分类来看，情绪分为了基本情绪与复合情绪，积极情绪和消极情绪，积极情绪包括了快乐、兴趣、满足等，而消极情绪如痛苦、悲伤、恐惧等等。一般来说，人们更关注消极情绪，并且总是想办法控制自己避免消极情绪，而随着心理学的研究深入，研究人员发现其实消极情绪也有积极功能，比如适度的焦虑会让大脑神经系统张力增加，反应速度加快，提高工作效率。基本情绪是先天的，人与动物共有的，如普拉切克就提出了恐惧、愤怒、惊讶、悲伤、厌恶、信任、快乐和期待八种基本情绪，而复合情绪则是两种基本情绪混合产生某种复合情绪，比如快乐与信任产生爱，恐惧与惊讶产生畏惧，愤怒、厌恶和轻蔑产生敌意，恐惧、内疚、痛苦和愤怒产生焦虑，等等。

2. 情绪的功能

情绪对我们日常生活起到了至关重要的作用，如果我们体会不到或者是无法理解情绪，那我们的生活将会发生翻天覆地的变化，所以对情绪功能的了解也是一个相当重要的部分。情绪的功能又分为适应功能、动机功能与社会功能。

（1）适应功能：情绪的适应功能是动物和人类生存的手段之一，当动物遇到危险表现出害怕与呼救以获得生存的机会，新生儿会通过哭泣等情绪来引起成年人注意以获得基本需求的满足，在社会生活中通过表现情绪来维护人际关系，理解对方情绪来采取对策等都是情绪适应性的表现。

（2）动机功能：当我们着手做一件回报丰厚的工作时感到斗志昂扬，喜欢上另一个人时会想方设法去吸引、接近他或她，这些动机的来源就是情绪，是动机系统的一个基本组成部分，对行为的内在动力起着放大和增强的作用。

（3）社会功能：情绪在社会交往的过程中有着重要的功能，如传递信息、沟通思想等，我们通过对表情与肢体动作的理解来实现语言以外的信息交流，如有人微笑对你示好时你会靠近，当某人愤怒时你会后退，你可以通过情绪来接近他人，也可以通过情绪来远离他人。有的人愤怒时也许还会因为情绪的驱使做出不理性甚至破坏的行为，从中可以看出人们所体验的情绪也会对社会行为有重大的影响。

（二）情感

情感是人类高级的社会性体验，一般认为，可以分为道德感、理智感和美感。

（1）道德感

道德感包括爱国主义、集体主义、人道主义、责任感、良心等。道德感具有明显的社会历史性和阶级性，例如封建社会的"三从四德"，在当时是给女性设立的行为准则和道德规范，在今天看来是封建礼教对女性的束缚和压迫。

（2）理智感

理智感是在智力活动中，在认识和评价事物时所产生的情感体验。小到小学生解题时获得的成就感，大到科学家追求真理的热忱，都是理智感的表达。

（3）美感

美感包括自然美感、艺术美感和社会美感。自然美感是指人们以自然事物为欣赏的对象时产生的情感体验；艺术美是指人们以艺术作品为欣赏的对象时产生的情感体验；社会美感是指人们以社会事物为欣赏的对象时产生的情感体验。美感既具有共同性，又有差异性。人类的自然美感具有较多的共同性，如人们都喜欢桂林山水、泰山日出，社会美感和艺术美感则具有非常大的差异，如同一部电影，观众的评价有时候会走向两个极端，毁誉参半。美感与道德感关系密切，能够引发社会美感或是艺术美感的事物，往往会引发一些道德评判。

（三）爱情

爱情，是一个古老但又历久弥新的话题。作为一种跨领域的研究话题，各路专家学者都对爱情存有不同的看法。爱情是浪漫的一见钟情、是现实的可靠与安稳；爱情狂热的冲动、是长久的陪伴；是基于生命繁衍的本能，是男女之间的相互憧憬与依恋的真挚、持久与强烈的情感体验与心理活动。不同时期不同地区对爱情的看法也有所不同。在集体主义的观念里爱情更倾向于陪伴和奉献，而西方个人主义的印象中则更强调激情与自我。

黄家兵认为爱情基于双方一定的社会生活和共同的生活理想，平等互爱、自愿互诺，愿意与对方皆为终身伴侣，具有排他性。E.Hatfield 认为："爱情是身心状态成熟至一定程度的个体对某一异性产生的特殊浪漫的感情色彩。"在这一概念里，首先，爱情具有相异性，即恋爱只发生在与异性之间；其次，爱情具有成熟性，这是一种身心发展相对成熟下情感产物；再次，爱情具有高级性，这是一种高级的情感体验；最后，爱情具有生理性和利他性，包括性与奉献，并非柏拉图式的精神爱慕。

　　爱情是一种非常特殊的情感，它有很多种情绪组成，是在认知、需要和动机的基础上产生的一种特殊的主观体验。

　　1. 爱情的定义

　　从进化心理学的角度，探索爱情的产生，可见爱情原本产生于繁殖的需要。人类子女的生长期很长，抚育成本也很高，需要父母双方构结成一个长期稳定的关系，只靠性冲动是难以维持的，于是就有了来自"内源性吗啡"的生理冲动，服务于人类种族生殖和繁衍的需求。但是，当人类获得文明之后，可以更进一步把爱情放到文化冲动中延长持续时间。爱情在人类进入社会文明的进程中之后，生理需求（性与繁殖）的驱力逐渐减弱，社会需求的驱力逐渐增强，安全、支持、尊重、归属、自我满足这些需要成为人类爱情世界中的主要需求。从神经生理机制上看，爱情的产生和抑制能够刺激大脑奖赏区以及与社会判断和负性情绪的相关脑区，且恋爱/失恋时长的不同也会影响脑区相关部位的激活。恋爱中的人们的激素分泌也异于他人，如皮质醇水平、睾酮水平等。

　　2. 爱情的三阶段论

　　相比较斯滕伯格的爱情三角理论，两者有一致的地方，而爱情的三阶段论更强调人类的生物性。在该理论中，爱情包括三个阶段：性欲、吸引、依恋。其中性欲主要与性激素有关、吸引受到肾上腺素、多巴胺以及五羟色胺的影响、依恋则被催产素和加压素有关。不同的激素分泌导致的不同的情感和行为反应。例如肾上腺素使人心跳加快、呼吸紧促、为个体提供更多的能量；多巴胺让我们感到兴奋和快乐；催产素让我们能够释放情绪、舒缓压力等。

3. 爱情三原色理论

加拿大社会学家李约翰认为爱情由激情、游戏、友谊三种元素构成。基于此，李约翰指出了 6 种爱情的类型。

（1）激情型爱情。这类爱情往往将自身心中所想作为追求的对象。

（2）游戏型爱情。这类风格把爱情当做一场游戏，对待爱情嬉皮笑脸、玩世不恭。

（3）友谊型爱情。这种类型的爱情形式发展缓慢，两小无猜、青梅竹马。

（4）占有型爱情。由激情与游戏构成，表现为强烈的激情、占有和猜忌。

（5）利他型爱情。由激情和友谊构成，表现为甘愿贡献，只要是为对方好的事情都愿意去做的付出倾向。

（6）实用型爱情。由游戏和友谊构成，这类爱情形式比较讲求实际，会将各种情况纳入到两人的关系之中。但实际上，在某一段具体的恋爱关系里，并不一定总是某种形式的爱情不变，随着时间的推移会有一种或者几种类型同时出现。

4. 集束理论

爱情的集束理论认为，爱情是友谊的进一步升华，爱情是在友情的基础上产生和建立的。

除了友谊应该具备的基本元素外，爱情应该还包括激情与关怀两个集束。其中激情束包括迷恋、性欲望、排他；关怀束包括拥护与付出。

（四）意志

1. 意志的定义

意，心理活动的一种状态。志，对目的方向的坚信、坚持。意志，即对实现目的有方向、有信念地坚持的一种心理过程。

2. 意志的作用

一般来说，一些复杂的认知活动，如记忆、观察、想象等，都由意志来支配并且调节，当所需的认知情况越复杂越是需要脑力劳动时，良好的意志品质能给个体对认知活动的开展起到保障作用。同样，意志活动也在认知的指引下开展，比如为实现目的而通过意志来制定的计划就是认知的结果。对客观世界的认知越深入，所积累的经验与知识越多，那在意志活动中所制定的计划就越有效。

3. 意志行动

意志行动有发生、发展和完成的历程，一般分为两个阶段：采取决定和执行决定。

采取决定

双趋冲突是指有两种以上目标同时吸引个体，但只能选择其中一种而产生的冲突，比如待在家里看电影和出去玩两者只能选其一，选择一个必然放弃另外一个。双避冲突是指两种或两种以上都是个体在选择时想要回避的，但只能选择其中一个进行回避，这是一种类似"两害取其轻"的选择，比如不想去复习要准备考试的内容，但不复习却又面临挂科的风险，复习与挂科都是想回避的，但只能回避其中之一。趋避冲突是指个体一方面想达成目标，但另一方面却又对目标产生的结果有回避心理。比如进行旅游是一个很有吸引力的社交活动，但旅游所消耗的精力与时间、经济成本却又令人产生犹豫，要解决这样的矛盾，不同的人会根据自己的喜好与价值观进行选择。

但不论是面临何种冲突，个体最终都会选择一个对他有重大意义的动机作为行动的目的。确定动机后是确定行动的目的和选择达到目的的方法。一般来说目的越明确、具有的价值越大，对行动的推动性也就越大。循序渐进，有层次的目的会对个体产生很大的激励作用，但过于宏大的而遥远的目的则会让人望尘莫及，使人产生懈怠，不能起到应有的作用。行动目的明确后就可以进一步选定达到目的的方法和途径以及拟定行动的计划了。在选择方法时，在全面分析的基础上一般会选择成本最优、效率最高的方法，但有些方法虽然是最有效的，却不被社会道德所允许，所以在选择上除了考虑成本与效率外，还应是最符合客观规律与道德规范的方法。

而制订的行动计划是否切实可行，这又与意志活动中的智力因素有关了。因为制订的计划不仅受动机与目的影响，还关系到个人知识经验以及对客观规律的掌握，越是对目的有全面的了解，在制订计划时越是能对行动考虑周全。

执行决定

在经过了动机斗争、确定目的、选定方法、制订计划后，意志行动就从准备阶段过度到了执行阶段。一般来说，执行阶段包括了根据既定方案组织行动与克服困难保证意志行动顺利进行两个方面。组织行动是指前期所有的

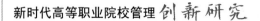

准备都已就绪，在作出决定后，多数情况下会立即行动，但有时客观条件不允许或者这一决定只是未来行动的打算，需要一段时间过后才能行动，但不论怎样，个体决定后迟早都应通过行动来实现自己的打算，否则所作的决定也就失去了意义与价值。克服困难保证意志行动就是说在执行的过程当中个体会遇到各种各样的阻碍与困难，这时候就需要保持理智的头脑，克服消极情绪，以个体的毅力与决心来克服困难，在这阶段中，意志的品质表现为坚定地执行所定的行动计划，如果在执行原定计划时遇到障碍就半途而废，这是意志薄弱的表现。但坚定性不代表刻板，在经过了实际检验与客观条件分析后要求放弃或者修改原定计划并不属于意志薄弱，相反这是意识能动性体现。当个体实现了目标，取得了胜利，标志着一个基本的意志行动过程的完成。但是，人的发展过程是一个有一个的意志过程的实现，在新的需要、动机推动下，继续向目标的迈进，是个体意志行动中更为重要的环节。

4. 意志的品质

（1）自制：自制体现为人的自我控制的功能。自制力强便可有效地支配、控制和约束自己的言行，而缺乏自制力则表现为不能自律，容易冲动等。

（2）果断：及时、坚决的作出决定和执行决定是意志果断的表现。较强的果断性能让个体在面临复杂的客观情况与内心斗争时也能迅速的做出决策。缺乏果断性就表现在面临抉择时犹豫不决，除了可能是面临的情况复杂，不易作出决定外，另一方面就在于意志品质上的缺乏，优柔寡断、患得患失，这样在工作生活里，如果长期处于动摇与不定当中，容易造成不可挽回的损失。

（3）坚韧：意志的坚韧性体现在能在各种不利条件下克服各种客观因素的不利干扰，能灵活机动并且长期维持符合目的的行动，这种坚持不懈的品质又称作毅力。具有坚韧品质是人们取得学业、事业成功的不可缺少的意志品质。它与行为的目的水平与行为的责任感有一定的正相关，目的的水平高，对社会有较大的的价值，就会产生较强的坚韧性，当然目的水平不宜过高，不具备实现性的目标对坚韧性则不会产生太大影响。同样个人的行为责任感越强，自身就越能在困难面前展现出越强的坚韧性。缺乏坚韧性则表现为动摇，在面对困难时心灰意冷、半途而废等，都是意志薄弱的表现。

优秀的意志品质也在影视作品中反复被提及，具备这样意志品质的人不仅能在巨大的压力下能坚持自己的信念不动摇，更为重要的是如果他所进行的事业越高尚，那么能保持这样的品质就越显得难能可贵。在反应第二次世界大战的电影《至暗时刻》中，就把目光聚焦在当时即将成为英国首相的温斯顿·丘吉尔身上。通过描述这位"二战"时期的传奇人物在英国最危难的时候——既要应付国内的党派斗争还要面临外部战争的威胁时，如何顶住压力一步步把英国带向胜利的道路上的。电影中随着法国的投降与保守党祈求和解来逃避战争的想法让邱吉尔面临一个前所未有的困难局面，即使是这样丘吉尔依然选择坐上首相的位置，义无反顾的力排众议，坚信只有反抗到底才能让英国从纳粹手中获得新生。电影中之所以能把丘吉尔的伟大表现出来，重要的一点就是当他自己国家面临生死存亡的时刻依然能坚持自己的意志不动摇。其中有一段是丘吉尔在求助罗斯福被拒绝时英国所面临的背水一战的危险处境，但在面临如此巨大的压力下他依然能克服消极情绪的干扰，坚持自己的主张不动摇，就是他高尚意志品质的体现。

二、高职院校学生心理问题调适策略分析

家长要想教育好自己的子女，并不是仅仅怀有一颗爱心，或者抱着一种望子成龙、望女成凤的心态，还应该讲究教育的手段和方式，只有形成良好的家庭环境，才能让孩子健康成长。

（一）思想品德教育

在家庭教育中，思想品德教育也是其重要的内容，包括学生的世界观、人生观、价值观等。因此，每一个家庭需要努力提升自己孩子的思想道德水平，家长可以与自己的孩子进行交流，引导他们构建自己的道德意识，发挥他们的道德情感，提升他们的道德行为。

（二）社会适应能力教育

高职院校学生进入大学之后，就意味着已经向社会迈进，因此要求他们能够在社会这个大环境下，能够与他人展开交流、与社会环境能够协调，从而提升自身的综合素养。这是一种综合能力，与高职院校学生个人的前途与命运戚戚相关。因此，家长应该引导孩子都与他人接触、恰当处理与他人的

关系，从而能够与社会环境相适应。

（三）身心健康教育

在高职院校学生家庭教育中，身心健康教育非常重要，也是现代人才的根本要求。当前，高职院校学生的身体素质并不乐观，因此家长应该努力培养他们的健康意识，让高职院校学生明确身体是革命的本钱，只有身体健康了，才能更好地进行学习、走向社会。

（四）爱和生命教育

教育的终极目标在于让每一个生命都能健康发展。对高职院校学生展开爱和生命的教育，可以将高职院校学生的生命热情激发出来，引导他们对生命有正确的认识，能够珍爱生命，珍爱自己、珍爱他人。因此，家长应该创造平等、民主、和谐的家庭氛围，让高职院校学生感受到生命是多么美好的，从而更好地尊重生命。

（五）情感教育

一个人经受过情感教育，他往往善于与他人沟通交流，能够唤起他们对生活的热爱。如果一个人没有经过情感教育，往往比较自大、自卑。大学阶段是高职院校学生情感走向成熟的阶段，因此家长应该好好把握，引导孩子培养有责任、自豪、信任、安全的情感，让他们学会控制自己的情感、学会表达，从而形成健康的情感。

第二节　高职院校学生生活管理

一、学生日常管理

学生日常管理工作主要包括以下内容：操行常规管理、入学教育、毕业教育、班级管理、生活管理、操行考核与奖学金评定、后进学生转化以及课外活动管理，等等。

其中，学生操行常规管理又称定位管理，其内容根据学生自身活动的性质以及方式，一般分为学习常规、生活常规、集体活动常规以及学生交往常规四个方面。这其中包括了课堂常规、实习实验常规、考勤常规、自习常规、图书阅览常规、早操课间操常规、餐厅和舍务常规、集会及课外活动常规、师生及同学间的交往常规，等等。对学生的操行常规进行管理，应从以下几个方面内容入手。

（一）早操、课间操常规管理

早操、课间操能够有效地增强学生的组织纪律性、培养学生树立集体观念，同时也可以组织学生进行身体锻炼、增强学生体质。因此，管理者必须加强早操课间操的检查、考核、评比，管理过程中严格要求，保证学生按时出勤。

（二）课堂常规管理

课堂是学生进行学习的最主要的场所，因此必须保证整个课堂井然有序地进行，教室环境整洁以及学习氛围浓厚。另外，也要让学生意识到应该充分尊重教师的劳动成果，积极配合教师完成教学任务。

（三）实习实验常规管理

高等职业院校的教学内容中有大量的实习实验内容。校内外实习应配备相关的学生管理人员，进而明确考勤、作息、爱护公物和保护环境等纪律要求。在实验操作过程中，必须让学生遵守教师的专业指导以及实习现场和实验室各项基本规章制度。

（四）课外活动常规管理

课外活动常规管理是一项重要的学生管理内容。因此，管理者应高度重视并加强课外活动的相关指导，制定出科学合理的管理方法，同时成立课外活动的各种组织团体，开展丰富多彩、生动活泼的课外活动，使健康积极的活动成为课外活动的主要阵地，让学生能够舒缓紧张的学习带来的压力。在

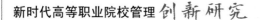
国家实行双休日制度之后，学生有了更加宽裕的课余时间，组织好课余活动的管理具有十分重要的现实意义。课外活动能够有效地提高学生的思想素质、激发他们的兴趣爱好、培养其自身特长，进而发展、延伸课堂教学，丰富学生的精神生活、陶冶其高尚情操、促进其个性发展，并提升他们适应社会的能力。

二、学生行为管理

行为教育是提高受教育者文明修养、让其养成良好的行为习惯的教育。行为教育贯穿于政治思想教育、法制教育、劳动教育以及各种教学活动当中。文明的行为也是人们在待人接物和日常生活中应当共同遵守的行为规范。

文明行为教育的内容主要包括以下几点。

（1）尊重他人，关心他人；

（2）同学之间团结友爱、相互关心、做到互帮互助、共同进步；

（3）讲究卫生，仪表整洁，展现当代学生风貌；

（4）遵守公共秩序和纪律，爱护公共财物。

对学生进行文明行为教育，能够加快社会主义精神文明建设的步伐，同时也能够让学生的言行举止符合社会主义道德要求。

三、学生宿舍管理

学生宿舍管理是常规管理的一项重要内容，也是生活管理的关键环节，同时也是一项难度很大的管理工作。学生宿舍管理的主要任务包括以下几方面内容。

（1）科学地制定并且严格执行卫生、作息、治安安全以及文明礼貌等宿舍管理的各项规章制度。

（2）成立专门的由管理人员和学生骨干组成的宿舍管理委员会，坚持对学生宿舍的各方面内容进行严格检查，进而保证学生能够在宿舍正常就寝，另外，还应制止一切违法行为和排除安全隐患，开展规范化宿舍达标和文明宿舍创建活动。

（3）定期开展生活服务、治安保卫、卫生防疫及宿舍文明建设的专题会或者现场会，从而发现一些存在的问题，并分析原因、制定对应措施、进行综合治理。同时，也要表彰先进、树立典型，将宿舍文明建设纳入到院校精神文明建设的总体规划中。

（4）不断改善住宿条件，配备必要的生活设施，加强日常维修，保证宿舍设施的完好。

第三节 高职院校学生创业就业管理

一、高职院校学生创业管理机制创新

高职院校学生创新创业虽然是一个经久不衰的话题，然而想要真正实现还是困难重重。在高职院校学生进行创业之前，需要很多的铺垫工作，如果这些工作能够落实，那么才能对高职院校学生创新创业有所助益。对于高职院校学生创业而言，首先高职院校需要对创业教育模式、体系进行完善，进而构建创新创业人才培养模式的课程与实践体系，更新创新创业教育的模式与方式，并建设创新创业人才培养模式的评价体系。

（一）完善我国高职院校创业教育模式与体系

高职院校开展了形式多样，内容丰富的创业教育，大力扶持那些掌握创新知识的高职院校学生进行创业，从多方面入手。

1. 提升高职院校学生对创新创业认识的战略高度

提升高职院校学生对创新创业认识的战略高度，作为学业规划、职业规划的关键。鼓励和引导高职院校学生将创业精神培养、创业技能学习提升到为社会创造物质财富、精神财富和实现自我价值的高度，高职院校学生要主动加强创新创业意识的培养。创新创业教育不是针对有创业想法学生的教育，不是对少数人的教育。创新创业教育是培养符合时代要求的，具有较高综合素质和能力人才的助推器。在教学过程中，创新创业教育以某一门课程

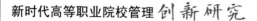

的形式出现，但是创业教育的思想已经渗透贯穿到高等教育的全过程中，作为高职院校学生要顺应时代发展的要求，主动积极参与创新创业教育。

2. 激发和利用社会资源

激发和利用社会资源，为高职院校学生创新创业提供服务保障，培养一支专业化的教师队伍。优秀的师资队伍是培养高职院校学生创业精神品质的前提，优秀的导师是创新创业人才培养的重要保障。在加创新创业教师队伍建设过程中，要善于开发挖掘社会资源，聘请已经成功的企业家或创业者来担任高职院校学生创新创业实践导师，这样可以让高职院校学生更直接地学习到创业者的经验，也可以直接利用和借助实践导师自身的资源帮助高职院校学生顺利开展创新创业活动。社会资源具有较好的灵活性和追求经济性的特点，可以更好地保证创新创业教育的有效实施，把高职院校学生培养成勇于探索创新、能够创新创业的复合型人才。

3. 搭建实践活动平台

搭建实践活动平台，提升高职院校学生创新创业实践动手能力。创新创业能力包括创新创业基本技能、专业知识技术、经营管理能力、社会实践能力等，其中实践是关键。只有把教育教学过程中学到的理论知识通过形式多样的、具体的课外活动，尤其是通过反复的社会实践活动加以体会感受，才能使学生形成感性的认识，真正提高创新创业能力。

高等学校应在学生自身特点基础上，积极搭建符合实际的实践活动平台，增加实验和实践时间，培养学生发现问题、分析问题和自己动手解决问题的能力。一方面学校要积极创建创新创业实践基地，为学生提供创新创业实践的机会。更重要的是高职院校学生要积极、热情地参与到创新创业活动中，甚至可以直接去新创企业学习和体会，直面市场的检验。

（二）构建创新创业人才培养模式课程与实践体系

创新创业教育是高职院校人才培养模式的探索，是高等教育主动响应时代呼唤的应对。通过新建高职院校学生创新创业实践基地、开设众创空间、举办创新创业大赛、搭建各种实践平台，创新创业教育改革取得显著成效。

一是实现了就业从业教育到创新创业教育观念认识的转变，目前形成了以创新引领创业、以创业带动就业的运行模式，极大地提升了高职院校学生就业创业的质量。

二是实现了高等人才培养机制的转变，打破学科限制、专业限制、学校限制，努力实现多学科交叉融合、跨学科教育学习、校内外协同合作的合作育人模式。

（三）更新创新创业教育的模式与方法

1. 建立高职院校—企业协同培养模式

开展校企合作，是创业教育的必要模式。高职院校要与企业密切合作，共建创新创业支持平台，共建创新创业基金。

鼓励学生走进企业，增加高职院校学生参与企业运行的实践机会，了解企业的运作模式和流程，亲身感受企业经营管理。高职院校学生要从企业独特经营理念、运行制度规范、企业价值文化、服务理念等方面有更多真实的体验。

鼓励教师走进企业，把创业教育与创业实践活动结合起来，利用校企合作的便利，共同进行创新创业教育师资培养，提高教师队伍的整体水平。

2. 多方联动，在全社会营造创新创业氛围

中央政府出台鼓励政策，地方政府建立相应的激励落实政策制度，成立形式多样的创新创业社团和创客空间。

政府和学校要建立专门的高职院校学生创新创业实践"创业园"，在资金和政策上予以扶持。

举办各类创新创业大赛，推动优秀项目落地实施，激发和调动学生创新创业热情，让创新创业的理念植入思想深处，让思想的力量发挥更大的作用。

3. 实现资源整合，推动双创高效发展

创新创业教育处于松散状态，本就不充裕的资源没有得到有效整合利用。高职院校应加强合作与互动，形成高效的创新创业教育系统。

高职院校之间应整合利用学科资源、创客空间和政策资源，在主管部门协调领导下，加强合作沟通与交流，构建覆盖所有学生、涉及整个大学期间的创业教育体系。

线上强调"走出去和引进来"的战略思路，同知名企业展开交流，引入更多企业资源。

线下融入先进管理知识和理念，在教学内容设计与开发过程中及时迭代更新。

根据学生不同的创业意愿与倾向，进行个性化教育，避免"平铺直叙式"教学方法，保证学生的学习兴趣，不断提升创业课程的针对性和有效性。

创新创业教育是一个系统的工程，需要政府、学校、企业、学生个人等多方努力，共同搭建平台，努力营造创新创业教育和实践环境，为高职院校学生提供丰富多样创业实践机会。这既对于高职院校学生综合素质与能力的提升有巨大帮助，也会为中国经济发展作出相应贡献。

二、高职院校学生就业管理机制创新

（一）高职院校学生就业形势现状

"喜"主要表现在以下几方面。

1. 国家采取多种措施提供就业工作岗位

高职院校学生就业问题得到国家前所未有的重视。为了力促高职院校毕业生就业，国家为高职院校毕业生直接提供了许多特设的就业工作岗位。如通过"三支一扶""村官计划""西部计划"教师特岗、事业单位招录、公益岗位的设立、高职院校学生入伍等措施，促进高职院校学生及时就业。

2. 国家经济持续增长，带动了对毕业生的需求

发展国民经济是解决毕业生就业的根本途径。据统计，国内生产总值每增加 1%，平均可增加 80 万个就业岗位。近几年，我国经济持续发展，经济增长率年均保持在 8% 以上，拉动了社会对毕业生的需求。

3. 民营企业、三资企业等中小企业的迅速发展，扩大了就业渠道

随着社会主义市场经济的建立，我国经济结构发生了重大变革，出现了以公有制为主，多种经济成分并存的格局。中小企业、民营企业、三资企业、股份企业等非公企业的迅速发展壮大，不但带动了我国社会经济的快速发展，也为高职院校毕业生提供了众多的就业工作岗位，改变了高职院校毕业生就业渠道单一的格局，扩大了毕业生就业渠道。

4. 高职生已逐步得到社会的认可

随着社会主义市场经济体制的确立和发展，与之相适应的产业结构、人员结构也在不断进行调整，社会对人才需求结构发生了变化。一线技术操作人员已成为企业生产经营的生力军。国家大力发展职业教育，促进了高职院校的迅速发展，高等职业教育已经占据全国普通高等院校的半壁江山，影响力日益扩大。高职生因为具有"留得住、用得上、动手能力强"的鲜明特点，已逐步为社会及用人单位所认可，近几年，毕业生就业状况逐步改观，令人满意。

"忧"是随着高职院校毕业生人数的不断增加，专业和社会需求的严重不对口，就业形势还是不容乐观的，高职院校毕业生人数正以一个高速增长的态势激增，待业人数也只增不减，更反映出了在现阶段，毕业生就业形势严峻已成为一个不争的事实，毕业生将面临更多更大的挑战和竞争。

（二）高职院校学生就业选择中的困惑

1. 过度孤傲

孤傲心理是缺乏客观自我分析与自我评价的表现。性格孤傲的人对于自己的评价往往过高，总是与现实有着不小的差距。在就业中他们总是眼高手低，不愿意做基础的工作，一旦受挫就沉浸在幻想中，以此逃避现实生活。

有的高职院校学生之所以产生孤傲的心理，是因为他们确实在很多方面都有着过人的优势。比如毕业于名牌大学，平时学习成绩很不错，在一些比赛中获得过傲人的名次，等等。可是，一旦我们离开大学，进入社会后，一切都将重新洗牌、重新开始。过往那些优势固然能成为你的敲门砖，但一味固守以往的荣誉，不愿意脚踏实地地面对现实生活，就会一而再、再而三地受挫。有句老话说得好，人必须有傲骨，但不可有傲气，人必须有自信，但不可盲目自信。高职院校学生不应把自己的胃口吊得过高，瞧不上这家公司，瞧不上那个职位，东挑西拣，最后只会白白延误就业的好时机。唯有一步一个脚印，才能走向美好的未来。

2. 过于急躁

很多高职院校学生做事情都过于急躁，这也为后面的就业埋下了很多隐患。比如，有的高职院校学生刚刚和一家企业接触，他明明对这家企业的了

解不够多，对这家企业所提供的岗位职责和技能要求都不太清楚，可一旦对方抛来橄榄枝就急切地和对方签约，等到发现自己的判断有误时，虽然后悔莫及却也无济于事。在进行职业选择时，最忌讳的就是急躁心理，这是一种不良心境，只会干扰我们的判断。而性格过于急躁的高职院校学生一般自控力较差，很难抵抗住来自方方面面的诱惑。记住，过于急躁只会导致事倍功半，甚至事与愿违，唯有沉着应对，才能立于不败之地。

3. 怯懦

有些高职院校学生在择业求职过程中过于怯懦，他们害怕稍微正式的场合，害怕与人交流、接触，甚至是正常的面试都不敢去应对。比如，曾有一位大学毕业生在一走进就业市场就心里发怵，参加面试前她会无数次地在心里给自己打气，而真正面对面试官的时候，她紧张得双腿发抖、嘴唇苍白，连一句最简单的自我介绍也说不出口。面对面试官的提问，她磕磕巴巴地回答着，生怕自己误解了对方的意思，或者说出了错误的答案。这样的人心理承受能力很差，性格脆弱、敏感，过于在意自己在他人眼中的看法。具有怯懦心理的高职院校学生在能力上未必比别人差，他们发自身心地渴望公平、盼望竞争，但这种不良心理却限制住了他们的发挥，也阻碍了他们的发展。他们往往败于求职的第一个环节——即"自我推销"环节，面对他人的提问，他们急得面红耳赤，却回答不出对方满意的答案，反而给对方留下不佳印象。

4. 趋"热"、求"大"

很多高职院校学生在求职择业的过程中，不仅有着求"名"心理，还有这趋"热"、求"大"的心理。比如，如今考公务员和事业单位是很多高职院校学生毕业后的首要选择，因为公务员和事业单位的职工是大家眼里公认的"铁饭碗"，稳定、清闲、福利高，在家人的鼓励下，高职院校学生们争相报考公务员。而公务员和事业单位的录取名额有限，又有很多高职院校学生退而求其次，选择竞聘大企业的热门职位或进入当下最流行的行业，比如，有的高职院校学生羡慕网络主播们的高收入，毕业后选择进入直播行业。有的高职院校学生毕业后又重新学起了编程，就是为之后应聘"大厂"程序员做准备。这种情况下，一些冷门职业尽管急需大批人才，却无人问津。实际上，高职院校学生在求职择业时，一定要根据自己的现实情况去做选择，只有这样，才能避免多走弯路。

5. 过于求稳求全

很多高职院校学生害怕颠簸动荡的就业生涯，于是，他们在择业的时候希望能够一步到位。其实，生活中很多事情都是"摸着石头过河"，求职择业也是如此。有些高职院校学生在毕业时是迷茫的，为了找到自己的方向，他们选择先"先就业，后择业"，先稳定下来，满足自己基本的生活需求，等累积了一定的生存资本和经验后，再去选择适合自己的职业。对于高职院校学生而言，我们不必计较跨出校门的第一个台阶有多高，毕竟对于大部分人而言在刚刚进入社会的那一阶段就找到一份满意的工作是一件很难的事情，千万不要让"铁饭碗"的思想束缚了你的择业范围，不妨"先就业，后择业"，先稳定下来后，再一步步去闯荡，并不时根据现实情况改变策略。

6. 法律意识淡薄

有位大学毕业生在知名网站上发帖称，自己已经与一家企业签订了就业协议，协议中规定，他一旦毁约就要支付用人单位不菲的赔偿金。然而，在他向用人单位报道之前，另一家企业向他抛来了橄榄枝。后者是当地的知名企业，对于他而言，这家企业能给他带来不错的薪资待遇和更好的发展潜力，他很难抵抗住这份诱惑，于是想要毁约。然而，在这份帖子底下，很多网友劝他不要轻易毁约，这样做只会影响自己和学校的声誉，甚至影响他以后的就业。

这位发帖人的经历反映了一些高职院校学生的心理状态，他们在找工作的时候抱着"骑驴找马"的心理，只要有用人单位向他抛来橄榄枝，他便与其签订就业协议，然后再继续接受其他单位的挑选，只要遇到更好的企业发出邀请，就想要单方面撕毁协议。实际上，就业协议书是具有法律效力的，随意单方私自解除协议而更换单位都是高职院校学生法律意识淡薄的心理表现。

（三）高职院校学生就业的应对策略

1. 择业笔试的应对策略

笔试的准备如下所述：

（1）注重提升综合素质

无论公务员考试、事业单位考试还是企业招聘考试，其笔试都是一种能力测试，考生应注重平时的知识积累和综合素质的提高。平时的学习和积累，毕业生可以从以下方面做准备。强化基础知识熟练程度，在学习过程中促进专业知识体系的形成。毕业生们可以利用外语和计算机技能获取更多的信息，注重在学习过程中将专业知识融会贯通，不断地提升自己的综合素质。

（2）熟练掌握考试技能

先易后难，先简后繁。笔试题型多，内容多，又要限时，必须合理安排答题时间。了解题目类型、难易程度、分数多少，根据先易后难、先简后繁的原则确定答题步骤。

2. 择业面试的应对策略

准备身份证信息、学历证书和专业资质证明

目前，假证书、假文凭充斥社会，尽管应聘者提供了学历证书，招聘单位还是需通过官方的手段进行核实，才能确保真实。应聘者应提前与毕业院校学籍档案管理方面沟通，支付自费的查询和复印、邮寄费用，以保证能够及时提供准确的毕业信息给招聘单位。及时向招聘单位提供专业资质的相关信息，以便招聘单位到相关的专业认证网站上查询，如律师资格证、会计资格证、工程建造证等都有相关的专业查询网站。

准备社会实践证明

为保证调查的可靠性，招聘单位一般会通过应聘者参与实践或供职过的单位的负责人来了解应聘者的社会实践及工作情况。应聘者最好提前与实习单位的负责人做好沟通，请相关负责人在接到查询要求时，如实说明相关情况，如任职时间、任职岗位、离职原因、品行评定及奖惩状况等。

第四章　新时代高职院校师资队伍管理创新

我国高职院校教师专业发展虽然得到了一定程度的提升，但是面临教学改革的推进，他们的素质与能力已经很难适应当前经济发展对高素质人才的需求。因此，当前高职教师专业发展面临着严峻的挑战。本章主要研究新时代高职院校师资队伍管理创新。

第一节　高职院校教师专业发展的现状

一、教师专业发展的特点

（一）专业自律：共同发展，专业分享

教师这一职业在专业发展上更容易陷入单打独斗的境地。而青年教师如果缺乏融入专业集体的自律态度，就易于造成其专业发展中缺少互动对话、分享以及反思，其专业发展中经常充斥着无力感、无意义感。教师专业共同体的建设是促进教师专业自律的有效途径，进而在促进其专业发展中发挥作用。

（1）自觉寻求专业发展中的资源共享

教师这一职业的专业发展比其他任何职业更明显的需要对话和分享。每

位教师作为一个独立、独特的个体，都在其独有的学习和工作经历中形成了具有鲜明特色的知识及经验结构。同一门课程的教师，同一个专业研究方向的不同教师，其在教学内容处置、教学方式方法以及科研思路等方面的表现也不尽相同。多样性和差异性本身就是教师专业共同体中一种宝贵的——即使是执教同一学科的教师在教学内容的处理、教学方法的选择、教学情境的创设等许多方面也可以说尽显个人风采。可以说，教师专业共同体中成员的多样性和差异性本身就是一种重要的学习资源。专业共同体系中的资源互补，有利于青年教师完善其专业能力，促进专业反思。一种互信、互相开放式的交互主体性，促进教师之间的交流互助。这对于青年教师来说是宝贵的成长资源。专业共同体的深入发展会对青年教师的专业发展提供良好的资源平台，也会对青年教师的专业发展产生足够的吸引力，进而促进其自觉寻求更多的资源以满足其自身发展需求。

（2）专业知识结构深化和完善

受到建构主义理论的知识观和学习观影响，对话、协商和分享在个体知识学习和经验成长中扮演着极其重要的角色。青年教师能够通过互助式的伙伴关系自觉进寻求支持与引导，深化和完善自己的专业知识结构。

（3）促进教师进行专业反思

教师专业共同体可以通过对话让各种想法和观点进行自由地交流。对话可以让教师以更全面的视角来审视问题。通过对话，青年教师还可以对自己的观点进行反思，完善理解。教师专业共同体中丰富的对话使教师有机会对个人观点、信念和假设进行反思和修正，在持续的自我更新中形成一种自觉反思式的专业发展。

（二）道德自律：自我反思

教师工作是一种特殊的专业劳动，赫尔巴特很早就指出了教育教学活动中的教育性。没有任何一项社会活动能像教学这样和人的道德活动紧密相关。教师的道德自律是指教师能够严格按照职业道德要求，对自身职业形成良好的自我调控，并能自觉履行相应职责。教师的道德自律发起于具有他律特征的各项学校规章制度和社会诉求，形成于自身不断的教学生活中，完善于深入理解教育之后。道德自律一旦形成，就会成为教师自我行为的一种指导原则，影响着教师的教育教学活动和自我道德成长。在专业共同体的建设中应该注意给青年教师提供自我学习、自我锻炼的机会，使青年教师有机会通过与有经验同伴进行经验分享，不断自我反思进而将外在规约内化为自主诉求，构建道德自律。青年教师道德自律的形成有赖于青年教师能否正确地认识自我，以及自我与环境之间的关系；有赖于对自我责任，义务的正确认识；有赖于对自我优缺点，自我修养的正确认识。在专业共同体的框架下，青年教师通过不断地自我反思，以及直接经验和间接经验的获得逐步正确评价、发展自我，形成正确的道德自律。

二、高职院校教师专业发展的具体现状

（一）身份不明确

对高职教师进行职业与身份的确定，是提升教师教学水平、教学力量的一项重要前提。在我国当前的高校中，教师的身份存在明显不明确的情况。正是这一原因的存在，很多从事高职教育职业的教师处于十分尴尬的境地。尤其是随着全球化、国际化进程的而加快，高职教师的身份就变得更加模糊，一些专职的教师正处于"无家可归"的情况下，且这种身份不明与夹缝生存的境地也成为高职教师的一块心病。

除了大学外，其他正在从事教师工作的教师也同样处于这样的境地，这些教师也逐渐缺乏自信，对教学工作的影响也逐渐减弱，在教学中很难发挥出真正的作用。在各级教师的心中或者学生心中，他们充当管理者的身份大过于教育者的身份。

这就是说，高职教师的群体虽然庞大，且有着特殊的教育意义，但是这一群体至今没有明确的身份，这就导致高职教师的成长空间、实践空间、社会空间、学术空间等受到了极大的阻力。从高职教师专业发展的角度来讲，他们身份的不明确会影响他们的价值取向、心理归属及专业水平，进而会影响他们的教学质量。

（二）以自我为中心

对于高职教师而言，他们的职责在于为学生提供层面的学习帮助与支持，也就是学习的引导者。这就要求高职教师应该具备较高的素质与能力，而要想达到这一点，首先必须明确自身的成长情况，对基础教育脉动能够及时的把握与了解，从而知道从什么层面帮助学生。

就很大程度上来说，教师是为学生的学习而存在的，对学生的学习、思考、研究等有着重要的意义。不得不说，高职教师首先就应该是一名出色的、合格的教育实践者与自我发展者。但是问题就存在于，很多教师并没有明确自身存在的价值与意义，心中也并未将学生当回事，无论是课堂教学，还是课下做报告，无论是做现场的指导，还是课下实践的参与，往往都未注重学生的学习情境，也并未对具体问题进行具体分析，习惯以自我为中心，这样强迫学生接受、仅凭己意的做法显然是欠妥的。

正是由于教师缺乏关心学生的情怀，一些教师很难受到学生的欢迎与支持。高校里的学生对课程的学习兴趣也不高，导致教学的效果非常差。

第二节　高职院校教师专业发展的创新模式

一、高职教师职前教育模式

（一）高职教师职前培养培训模式建构的基本步骤

一般高校鉴于自身实践与应用型人才培养的教育取向与特点，都会有自己的实训基地。除了校内建设的实训、实践基地外，更多地也会寻求与外部企业的合作。高校的教育专业往往也都有固定的学校作为其教育师范生的实践基地。而教育机构，为了自身专业人才的持续供给，为了教育质量的提高，也会积极寻求或乐于接受与职业院校的联合。在教师培养培训体系构建过程中，合作的高校与实习学校双方有可能之前就是联合关系，彼此相对"熟悉"，也可能是基于发展需要"刚刚接触",彼此相对"陌生"。但无论是哪一种关系,也不可能在实现教师培养培训模式的构建中一蹴而就。

教师培养培训模式是要求高校与实习学校之间实现非常深度的合作与融合,因此建构一体化的建构过程需要一步一步、有计划地循序渐进地进行。

卡根(Kagan)提出的高校教育学院和中小学校之间合作的六个阶段,这六个阶段具体是指:

第一,形成阶段。在这个阶段,来自高校和中小学实践的人员开始意识到教学实践中出现的问题,并通过合作这一途径来对这些问题进行回应。那些与问题直接相关或者受到直接影响的人们被吸收到合作中来,开始讨论一些理论。

第二,概念化阶段。该阶段的特征是界定合作的任务和具体目标。在合作团体中,各位成员们界定自身在解决实践问题中所承担的任务和担负的角色、责任。

第三,发展阶段。在这个阶段,合作的任务不再只停留在理论层面,而开始向实践层面转向。团体成员开始进行活动的调整,改组行政管理组织,提供政府政策参考,建立正式的传播系统等。

第四,实施阶段。实施阶段是实现合作、达成合作目标的关键阶段。在这个阶段,团体内所有成员都为了目标的实现而努力。

第五,评价阶段。这一阶段包括对合作进程的评估。在贯彻的各个阶段和各个水平上都要进行评估,最后进行综合。

第六,结束或者改进阶段。这个阶段是对前面五个阶段的总结,团体成员要回顾整个过程,找出问题和不足,然后着手改进计划的制定,进入改进阶段。

需要注意的是,卡根提出的这六个阶段并不是线性的、戛然而止的,而是一个循环往复、更好地提升教育教学质量的螺旋式上升过程。

本书在进行教师培养培训模式构建的过程中,借鉴上述相关理论,摸索出了循序渐进、按梯度上升的三个阶段:① 找问题,共选项目;② 寻契机,共同进步;③ 互融合,共谋发展。

1. 第一阶段:找问题,共选项目

这一阶段是处在一体化模式构建的初始阶段。可以说,由于合作基础薄

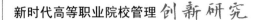

弱，可以从小问题入手进行项目的遴选与确定。根据教师培养培训体系的特点，高校可以追踪调查进入学校工作的毕业生的后续职业适应；学校可以总结发现教师入职后的职业发展情况。通过追踪"校"毕业生在实际工作中的情况，发现问题，共选项目。

很多初任教师有时纵有一身本领，却缺乏实践教学的技能、方法和能力。高校的专任教师们可以据此反思自身的课堂教学，高校教育专业可以据此调整自己的课程体系。可以说，怎样提升师范生的实践应用能力既是高校非常关心的问题，也是教师队伍建设层面亟待解决的问题。实习学校的领导们也非常希望这些师范生在入职后能尽快适应，尽快提升，尽快解决这些遇到的问题。

2. 第二阶段：寻契机，共同进步

在有了第一阶段通过问题转化成项目合作的基础上，高校与实习学校双方寻找合适的契机，继续更加深入地合作与融合，共同进步。

当前，教师队伍存在的一个大问题就是人才严重流失。而放弃教师这一职业的根本原因在于职业认同度不高。怎样进行高校与实习学校一体化的教师职业认同培养培训，正是当前需要思考的问题。通过教师培养培训，加强加固教师对自身职业的职业认同度，才能有效防止教师队伍人才的流失。比如，在高校教育专业的师范生们入学之初，就请一线教师进驻学校，分享做一名教师的职业幸福，提升师范生们对这个职业的兴趣和认同，帮助师范生们建立职业学习和规划的意识，强化指导师范生的学习与成才目标规划。这样可以让这些师范生们、未来的准教师们，有强烈的意愿、幸福的憧憬和合理的规划去成长为一名优秀的教师。

3. 第三阶段：互融合，共谋发展

在上述两个阶段完成后，高校和实习学校之间的文化冲突后趋于和谐与融合。在此基础上，可以通过共建双导师制等方式实现更加深入地互相融合，共谋发展。

双导师制并不是一个新鲜的事物，而是由来已久。教师培养培训模式实行的双导师制既符合一般意义上双导师制的做法，也具备自身的特点。也就是说，在教师培养培训模式中，以高校这一方的理论专家为理论学习导师，以实习学校这一方的骨干教师为实践教学导师。就职前培养来说，每一位师范生都配有理论和实践导师各一人。

高校的师范生们从入学开始就选择一名专任教师作为职业指导导师，选择一名骨干教师建立师徒关系，均对自己进行个性化的指导。一线教师在选择骨干教师为自己的"师父"，进行师徒结对的同时，也可以选择高校的一名教师作为自己的专业发展教师，对自己的职业发展进行跟进指导。

在教师培养培训体系中，这种双导师制有其自身的特点和创新之处：高校的导师在师范生毕业后会继续追踪指导，实践导师不会等到实习，在师范生入学之初便会提前渗透。

在教师培养培训体系中，师范生的毕业并不意味着高校对他们培养工作的结束，而是一个新的起点，是他们职业发展支持的开端。在教育专业认证标准中，有着非常重要但又容易被忽视的一项内容就是"持续支持"。这一点要求高校教育专业对"毕业生进行跟踪指导服务，了解毕业生专业发展需求，为毕业生提供持续学习的机会和平台"。

（二）高职教师职前培养培训模式建构的经验做法

高职教师职前培养培训模式实践探索的过程中，高校与实习学校双方都在彼此配合、彼此融入的过程中总结出了一些有效的经验做法，具体的经验做法如下。

1. 突出实践取向，强化实践育人

（1）实践教学贯穿师范生培养的全过程

首先通过实践教学贯穿师范生在校学习全过程的方式突出实践育人取向。以实习教学为例，教育专业学生实践教学包括职业认知实习、岗位认知实习和顶岗实习三个环节。

（2）校内实训仿真化、职场化

教育专业校内实训基地具有较高的职场情境和职场氛围，由高校与实习学校共同编制校内实训教学方案，共同开发一系列仿真性、真实性的岗位任务训练项目，让学生在完成实训任务过程中掌握教师职业技能。

（3）引导学生积极参加社会实践

高校和实习学校共同设计学生社会实践内容，让学生利用每个寒暑假去参加社会实践活动。通过社区服务、职场调查等社会实践活动，培训学生的

职业意识、职业态度和职业精神。

2. 深化培养方式改革，推行任务驱动项目导向课程

（1）培养方式改革制度化

制定《教育专业课程教学模式改革意见》，以课程教学模式改革为突破口，推动人才培养方式改革。

（2）大力推行任务驱动、项目导向课程改革

将相关课程的学习内容分解、设计为一系列与实训相结合的任务，以任务驱动来达成学习的良好效果，实现项目导向的课程改革。比如《儿童文学应用与实践课程》，将学习内容设计为一系列儿童教育情景剧任务，每周布置一次实训任务，在下一次教学活动前，在教师指导下，由学生通过小组学习、自主学习方式完成任务，培养学生独立解决问题的能力。

（3）精心设计学生技能竞赛活动

高校和实习学校紧密合作，开发教育专业学生语言技能达标竞赛、声乐技能达标竞赛、舞蹈技能达标竞赛、钢琴技能达标竞赛、美术技能达标竞赛等技能竞赛项目，学生通过竞赛提高说、唱、跳、画等专业技能。

3. 加强项目管理、经费管理

高校高度重视教师培养培训项目的建设与管理，为保证项目能够按照专业建设发展方案执行，采取了以下三方面举措。

（1）健全项目建设组织机构

一些学校成立了"高校提升专业服务产业发展能力"项目和"高校和实习学校一体化教师培养培训"项目建设领导小组，成立了由主管校长督办、相应职能部门组成的项目建设管理督查组和项目资金使用管理组。

（2）建立配套规章制度

学校制订并出台了项目建设相关的管理办法，对从落实任务分解、组织实施到过程监控及项目验收的全过程进行规范管理。实行项目责任人负责制，学校相关管理职能部门进行过程监控和进度跟踪，对项目建设如期按进度完成起到了监督和控制作用。

（3）规范资金管理

学校制订并出台了"项目专项资金使用暂行规定"，对项目建设资金的使用从开支范围到报销程序、从项目招标到合同管理等均进行了规范管理。

4. 给予有专业引领的"纵向式"同伴互助

20 世纪末，国外学者们在检验、反思一系列校内、校外的培训效果时，通过研究发现，并非在资金充足的保证下，通过培训者不断完善和改进培训内容，再通过教师的认真参与和学习，这些培训就会起到相应的改进教师教育教学行为、改善和提升教育效果的作用。

例如，美国的一项实验研究的结果就出乎人们的意料：教师在接受培训后，能将学习到的新知识转化到自身教育教学实践中的比例不足 20%。这项研究继续将参与一个为期三个月的在职培训课程的教师分成两组。

第一组教师不只是参加培训课程，而且会被引领着在校内进行同伴间的互助指导。

第二组则只是进行了课程的学习。

将两组教师进行比较研究后发现，在日常教育教学中能有效运用课程中学到的技能方面，第一组教师的比例达到了 75%，远远高于第二组教师的 15%。

此外，还有相当一部分的研究也证实了类似的结论。例如，同事间的互助指导要比单元式的工作坊效果明显。再比如，教师间的互助观摩和指导能够促进教师的专业发展等。因此，在高校和实习学校一体化教师培养培训项目的进程中要对教师给予有专业引领的"纵向式"同伴互助。

5. 联合进行案例教学，最大化发挥其作用

众所周知，教师培养和培训中的一个难点就是理论和实践的脱节。因此，教育实习十分重要。除实习外，案例教学是有效连接理论和实践的桥梁。

案例教学法由来已久。早在古希腊、古罗马时代，著名哲学家、教育家苏格拉底所采用的"问答法"就是一种案例教学的雏形。而苏格拉底的学生，同样为希腊著名哲学家的柏拉图将这些问答整理为书中的例子，这些例子就可以看作是案例的雏形。案例教学有许多的优势。例如，案例教学克服了传统的、单一的知识讲授的弊端，能够帮助教师理解案例中蕴含的教育知识和原理。也正因为此，案例教学法反映的学习观是反对只满足于理论知识灌输的被动式学习，而突出实践能力本位。案例教学法的主要目的在于让学习者能够运用自身所学的教育理论知识去解决实际教育教学过程中遇到的问题。

在教师的培养培训中，案例教学法是经常被采用的教学方法之一。但在

真正的教师培养培训中，案例教学的优势并未发挥到极致。从教师培养的职前教育来说，采用案例教学法的过程中，教师自身缺乏对案例"身临其境"的体验，却要让师范生们根据传递的这种"想象中的体验"去"想象和获得自身的体验"，而这会让案例的效果大打折扣。

从教师培训的职后教育来说，采用案例教学法的过程中，虽然体验是鲜活的、丰富的，但教师们往往只是就着案例说案例，结果依然停留在案例的本身，没有理论上的高度，致使案例的效果就像听说了一个引起自身共鸣的故事一样，也使案例的效果大打折扣。也就是说，案例教学法同时需要理论的提升和行动的跟进才能取得较为理想的效果。但在高校和实习学校一体化教师培养培训模式中，通过高校理论型教师和实习学校层面经验丰富的骨干教师的结合，可以使得案例教学既有实践层面深层次的体验，又可以从案例中收获一定的理论。因此，在高校和实习学校一体化教师培养培训模式中，要充分利用案例教学法，并通过合理的人员配置、有效的资源利用、适宜的共同体建构来使得案例教学法的作用得到最大化发挥。

二、高职教师入职教育模式

早期的教师教育只包含职前培养的阶段。随着社会发展速度越来越快，职前培养的内容已经不足以贯穿教师们的整个职业生涯。在职的教师们急需在岗位中继续根据社会的发展和教育的发展提升自身。于是，教师继续教育、在职培训等事物才应运而生。在新中国成立的初期，随着教育事业的逐步恢复，就出现了师资不足的情况，急需补充人才进入教师队伍。为了解决这一难题，教育部提出通过开展师资短期培训来补充师资力量，这是教师在职培训在我国发展的雏形。我国教育部在 1977 年下发的《关于加强中小学在职教师培训工作的意见》中首次使用了教师培训的概念。

（一）高职教师入职培训的内容

《实习教师指导手册》指出入职教师包括五大项内容："提前了解""积极沟通""示范引领""指导反馈""及时总结"。

1. 提前了解

了解自己将要指导的实习教师，不仅帮助实习教师们提前认识自己的指导教师，同时实习指导教师也借此机会提前认识和熟悉自己接下来将要指导的实习教师。实习指导教师作为指导者，对于双方互留联系方式等其他沟通途径的建立应该更加积极和主动。

了解实习指导工作的具体目标、内容和任务。在"实习工作任务说明会"上，实习教师们更好地了解实习工作的具体目标、内容和任务，并据此制订自身详细的教育实习指导工作计划。相对应的，实习指导教师在业务层面领导组织的相关说明会议中也要明确自己的实习指导岗位职责，明确实习指导工作的具体目标、内容和任务，并不简简单单就是传统意义上认为的安排实习教师帮助班级做做环境创设等工作，双方都做到"有准备"，才能互惠互利，彼此有较大的收获。了解实习工作的其他注意事项和方法技巧—通过开展"实习指导工作动员会议及注意事项说明会"等方式，向实习指导教师们明确在指导过程中需要严肃注意的其他问题。

2. 积极沟通

积极沟通不仅是实习教师们融入入职学校这个新场域，并与新场域中的实习指导教师、实习学校领导、在职教师与家长等人物建立良好关系的有效途径，积极沟通还是指导教师有效完成指导的一个关键。通过沟通，指导教师能够了解到自己需要指导的这位实习教师目前的能力和水平，及其自身的想法、需求等。这样有利于双方协商，共同制订一个实习的总体计划。

同时，沟通能力在《教师专业标准（试行）》等文件中被反复强调。沟通能力是教师能力中非常重要的一个方面，实习指导教师们要在日常的工作中展示自己积极沟通的一面，如与自己学生的积极沟通、和学生家长的积极沟通、和同事之间的积极沟通、和领导之间的积极沟通等。当然，最重要的是和实习教师之间的积极沟通，让实习教师们感知沟通的重要性。这样也非常有利于准教师们提升沟通这项基本技能。

3. 示范引领

既然要求实习教师们通过在学校这个实习场域中认真观察分分秒秒发生的事情，以提升实践知识的获得和实践能力，因此，实习指导教师们就要进行示范引领。这种示范和引领同样要把握住自身所在学校一日活动各个流程的开展，集中教育教学和游戏等活动的组织等，同时还要注意，对实习教师的这种专业引领要有计划性并体现专业水准。

4. 指导反馈

实习指导教师要对实习教师的各项工作进行积极的反馈和指导。最好的做法是首先明晰实习教师们在实习工作阶段规定的相关任务，如组织五大领域集中教育活动等。然后针对这些任务对实习教师进行指导，并在其完成后反馈并再次指导，形成一个实践知识和能力提升的螺旋式循环上升系统。

5. 及时总结

实习指导教师和实习教师们一样需要及时地反思与总结。通过高校和实践基地共同开展"欢送仪式""总结大会"等形式的总结仪式和工作会议，实习指导教师首先要对自身的实习指导工作进行认真梳理、反思与总结，还要引导实习教师回顾整个实习过程，帮助实习教师梳理自己的收获。

（二）高职教师入职培训的"三大需求"

高职教师入职培训体系模式构建必须要符合以下几个需求，并实现这几个需求之间的有机统一。

1. 从需求主体来说

高职教师入职培养培训模式的需求主体包括高校、入职学校和其他利益相关共同体。从需求主体来分析，高职教师入职培养培训模式的构建，一是要符合并满足高职院校自身的发展需求，包括高职院校专任教师的工作、学习与发展需求，高职院校教育专业课程设置改革的需求，高职院校提升人才培养质量的需求，高职院校教育专业提升专业培养质量、提升专业品牌知名度、提升就业率的需求。二是要符合入职学校发展的需求，尤其是新教师专业发展需求、教师队伍建设需求。其他还包括入职学校教育质量提升与发展的需求。三是要符合社会或者当地对教育人才的需求。

2. 从教师教育转变趋势来说

现在我国的教师培养和培训不再由师范院校单独承担，而是呈现出一种多元开放的格局。这种多元开放正体现出了以下三个转变：

第一个转变，从教师总体上的供求关系来说，已经逐步从数量满足向结构调整转变。

第二个转变，对教师的学历要求方面，已经从学历达标向学历提升转变。

第三个转变，对教师素质的要求已经从单一的技能型人才向研究型、专家型教师转变。

以上这三个转变主要针对中小学教师，但这些转变趋势对不同阶段的教师同样适用，这三大转变带来的需求也是教师入职培养培训模式应当追求的。

3. 实现机构一体化

造成职前和职后教育分化、孤立、各说各话的根本原因在于，就目前我国教师教育来说，职前教育机构和职后教育机构是分立的，而这种分立是造成职前、职后脱节的主要原因之一。师范院校、高校等负责职前教育部分，地区性教育学院和教师进修学校负责职后培训。为了扭转这种局面，必须以政府为牵动，实现这些机构的一体化。这里的一体化并非指高校和教育学院、进修学校、入职学校的完全合并，而是必须达成一种深度的联合状态。管理体制一体化。在这个问题上，有学者建议，要建立以高校为本位的教师职前教育和教师职后培训一体化的管理体制。类似于上述的机构一体化，对于两个机构，要实现管理体制完全的一体化也是不太现实的。但是最起码最基础性的要求是要达成在教师培养培训和专业化发展支持方面的一体化，例如一体化的教师成长档案建立等。这样才能使两者能够协调配合、紧密合作。师资队伍一体化。师资队伍一体化是指为合理配置和有效利用资源，高校师资和教育学院、教师进修学校师资及其入职学校的实践层面师资互相分享的方式。

课程内容一体化。根据高职教师专业发展的整体进程合理设置各个阶段的课程，实现课程内容上的一体化，让高职教师的成长和专业化更加高效，不走弯路。

（三）高职教师入职培训的策略

1. 平等、信任的文化建设

有效的高职教师入职培养培训模式，首先要建设平等、信任、分享的合作文化氛围。只有信任、平等文化的建设，才能促使双方真正实现坦诚相待、真诚分享，才能实现资源利用的最大化。在高职教师入职培养培训模式中，只有所有成员互相信任、互相尊重，每位参与成员感受到自己被信任、被尊重，才能确保每个人真诚地奉献自身的经验和智慧，在工作的过程中才能感受到身心的愉悦。否则，成员将不乐意或拒绝分享，而使得高职教师入职培养培训模式的作用被大大抑制，事倍功半，达不到预期的效果。

2. 各项保障机制建立

要进行持续的、长期的合作，还要充分考虑到高职院校和入职学校属于不同的管理体制，分别要面临不同的具体情况，因此，需要建立必要的保障机制，以确保在不可预期的问题出现时，合作能够继续进行。在这些保障机制的作用下，高职院校和入职学校联手才能打造出不断研究与学习的氛围，不仅加强了高职院校教育专业师范生和经验丰富的骨干教师之间的联系和交流，也加强了一线教师与学术人员之间的联系与交流，使两个分别的场域和场域连接之间都形成一种开放的、不断吸收与学习的共同体。

3. 领导者的核心领导力提升

卓越的领导力是一个项目是否能够成功实施的关键。在高职教师入职培养培训模式中，启动构建双方合作关系的人往往都是高职院校和入职学校的核心领导人。领导者必须具备卓越的领导力，了解并熟悉双方在教师培养培训方面存在的基本问题；同时具有高效的决策力，能够提出合作的可行方案和遇到问题时的合理解决方案；还应具备良好的组织力，在合作方案实施的过程中，不断通过良好的组织，促进高校和入职学校之间合作关系不断趋于成熟，使两个组织部门不断发展出凝聚力。

鉴于卓越的领导力在高职教师入职培养培训模式建构中的重要作用，核心领导者们还应该具备先进的教育理念、迎难而上的勇气和决心、坚韧不拔的优良品质等。卓越的领导者自身还必须首先坚信并秉持互信、互惠、互利、平等的合作原则，并渗透给教师们和参与者们，这样才能促成高校和入职学校之间持续的、深入的合作，才能最终形成高职教师入职培养培训模式。

4. 提升可行性

"C-K"，与"C-G-K"的最大区别就是政府层面参与的程度小。这虽然会使模式的构建和落实难度加大，但也因为没有过多的外部条件操控，会使模式的构建和实践更加灵活。可以达成共识的一点是，高职教师入职培养培训虽然是一个涵盖方方面面内容的庞大系统，但在一体化模式的建构中需要从"胡子眉毛一把抓"转向"以项目为抓手"的各个击破；需要从小处着眼，以项目（或者课题、问题）为抓手，进行专业实践共同体的建构。这样才能在无过多强制性措施的条件下，最大限度提升可行性。

（1）大目标下的小任务分解

第一个有效提升灵活性和可行性的方法是将高职教师入职培养培训模式的大目标分解成具体的小任务。这些小任务可以体现为以下的形式：

明确主题。在实践的过程中，抓住契机，从具体问题、任务、需求入手，明确项目主题。例如，可以先根据合作双方的实际情况，选择一个亟待解决的问题作为近期的目标，从而明确主题。

人员选拔与动员。鉴于以上三个方面的阻力，在高职院校和入职学校之间进行"校·园"一体化模式的探索与实践，就首先要进行动员工作。只有来自高职院校的专业教师和来自入职学校的一线领导、教师态度上认可，行动上才会积极参与。

专业共同体建构。专业共同体的建构就是在高职院校与入职学校的小团队组建。每个具体的主题可能会在人员的需求上有所不同和侧重。因此，当主题明确后，首先根据主题的需求选择进入专业共同体的成员。其次，根据实际过程中的动员情况，最终确定可被纳入专业共同体的人员，实现专业共同体的建构。

方案制订。主题和人员确定后，就可以着手进行方案的制定，并依据方案逐步实施，以尽快解决现实中遇到的问题。当然，制订的方案并不是一成不变的，会根据实施的反馈进一步调整，反复进行方案的敲定。

例如，在制定高职院校与入职学校双主体人才培养方案后，首先通过校内外专家论证，然后再选择教育专业的某一个班级进行试点工作。在试点班级，学校和教育机构都以主体身份进入"订单班"学生的培养过程，由双方共同承担教学任务、共同进行考核评价。在试点的基础上，学校继续修订高校与入职学校双主体培养方案，并长期开展。

（2）大基础上的小步骤突破

教育部教育司原司长王定华在《启动实施师范类专业认证，夯实新时代高素质教师培养基石》一文中谈到教师培养问题时指出，高职教师队伍的培养，要"在重大的历史交汇时期，发扬成绩、直面问题、突破瓶颈、砥砺前行"，才是正确的选择。

为了提升可行性，就应该是一个大基础上的小步骤突破。即在现有的成果基础上，实现一小步、一小步的突破，通过"实践—反思—再实践—再反思"的样态，逐步地、螺旋式地提升。具体做法包括四点。一是发扬成绩，即总结现有基础。二是直面问题，以问题为抓手确立下一个具体的解决方案。三是突破瓶颈，即通过方案实施，实现小步骤的突破。四是砥砺前行，即延续这种做法，并通过不断反思和不断改进，追求更大的突破和提升。

（3）大集体下的各岗位体验

在高职教师入职培养培训模式中，高职院校的领导和专业教师、一线教师、教育的师范生等人员同在一个大集体中。大集体下的各岗位体验指高校教师走下讲台，走进工作岗位；高职院校学生走出教室，进入讲台，这种岗位体验、情景教学引发的思考会深远影响高校的教育教学改革，加快学生职业成长步伐。

5. 知己知彼策略运用

高职教师入职培养培训模式中，高职院校与入职学校双方要从割裂到衔接再到融合，需要双方充分了解和熟悉彼此。只有经过充分的熟悉和深入的把握，双方才能真正做到"你中有我、我中有你"的融合。要做到深入熟悉，有两个方面的具体做法。一是高职院校的专业教师通过在入职学校的挂职、驻园、开展培训和教研等形式充分理解和体验教师教育教学的现状及其具体的专业发展需求。二是入职学校的骨干力量走进高职院校进行交流甚至任课，通过与高职教师的交流和对师范生学习现状的把握，清晰掌握高职教师的具体从业要求，有助于加强在职教育的规范性。

6. 反思性经验生成

在高职教师入职培养培训模式中，要及时反思关系，总结经验。以某一段时间为节点，如每个学期末，引领教师重新回顾整体目标，总结在这个合作的过程中，哪些内容在教育实践的改进中发挥了重要的作用。通过对合作经验的回顾与讨论，可以帮助高职教师充分认识到合作的作用、自身参与的价值。这样，有利于高职教师持续积极参与合作，参与高职教师入职培养培训的相关项目，并通过贡献自己的智慧获得自身的专业发展。

第三节 高职院校教师专业发展的优化路径

一、加强高职教师教学反思

反思性实践在高职教师专业发展中被认为越来越重要，很多学者一致认为教师通过不断反思自己的教学经验，从经验中学习。教师在教学实习期间学会教学的各种授课活动，更多的就是通过反复探索、反复尝试、反复训练获得各种教学经验。在高职教师专业发展中，知识构建的一个重要渠道便是教师与教师之间一起合作，一起反思。本章就从实训基地构建、教学反思、教师发展共同体、科学研究与行动研究极大层面来探讨高职教师专业发展的优化路径。

正如阿尔弗雷德·许茨（Alfred Schütz）在《社会世界的意义建构》中认为，如果行动只是朝向行动对象，这是没有意义的行动。只有在反思中将行动所获得的知识转变为经验，行动才会变得有意义。反思性不仅仅是一种属性，而且还是行动的内容。反思不论是个人层面还是行动的模式化层面，都是对已经发生的事件进行检视的过程和结果。对于教师的专业能力，一般有两种认知倾向和争论。到底教师是作为"技术熟练者"还是"反思性实践者"的身份存在于教学专业活动中。对教师专业属性的明确定义以及相对应的专业角色的定位，对教师专业发展有重要意义。

教师专业发展一直是教学研究中的关注点，但是从相关的研究具体内容来看，研究的侧重点基本上都在探讨教师某种教学素养和能力的养成。教师的自我反思是教师作为专业教学人员所应该具备的一项重要能力。教师通过对从不同教学情境中所获得的经验进行反思，可以有效地促进教师的自我发展。有效的专业反思需要教师深入理解反思性教学的实际内涵，对于语言教师来说，反思应该是由一系列的批判性思维活动所构成的循环，并不断地通过反思来指导教学事件，这样有助于教师成为自身教学活动的评估者。与教师的反思性教学能力发展息息相关的，就涉及教师对于教学现场的实践经验的学习以及对各种资源的利用能力发展。行动学习是指教师在教学行动中通过对教学现场的理解并结合自身经验而进行决策的能力，与教师专业能力发展息息相关。行动学习作为教师现场式学习的一种有效途径，可以有效促进教师的多维专业能力发展，提高教师的批判性教学反思能力。教师的教学事件无论是其实际的教学决策还是反思能力，都与教师对于与教学相关的资源进行利用有关。教师与各种教学相关资源之间的关系，被很多研究者认为是一种互动式的关系方式，教师既利用已有资源进行教学，同时也是教学资源的创造者。这种互动式的教师与资源之间的关系方式对教师在教学实践中的能力发展，特别是教学设计能力有重要的影响。从概念表面上看，这种理念与吉登斯的结构化理论有了呼应，但似乎还是有将资源作为独立于教师之外的某种客观性的存在，并特别关注教师与这种客观资源之间的互动关系模式。也有研究者将教师自身作为资源来对教师与教学资源之间的关系进行深入理解，并在更加注重教师教学能动性的角度来对外语教师专业发展进行研究。随着作为重要的国际信息载体，已成为各个为非母语国家的教育战略重点。以自身为资源体现了教师注重自主专业意识、教学、科研、实践等方面的自主反思、自我规划、自我评估的专业发展模式。

对于沟通行动在教学活动中的作用，有学者认为交往行动有助于多元共生教学思维模式的形成，并促进新型教学方式。也有研究者认为权力的赋予有助于加强对教师个体层面的关注，有助于教师在教学行动中生成专业认同，形成专业共同体，促进教学行动和教师专业发展。

在教学活动中，行动者并非只有教师，但是教学活动中教师的主导作用及其教学权力决定了教师是教学行动中的行动者。以教师作为出发点来对教学行动及其相关要素之间的关系进行实证研究，并尝试理解教师的教学行动，对于教学研究有重要的实践意义。王乐（2002）通过课堂观察和课后采访的方式对 3 位外语教师的课后反思情况进行了调查。结果显示，目前外语教师的教育理论与行动理论之间还存在较大脱节，教育理论的掌握如果没有行动理论的支撑，则会大大影响教学效果。当然，该研究并不是一个规范的质性研究，其研究结果的有效性值得商榷，但是该研究为我们提供了一个从行动来对教学进行研究的视角。教师的教学行动引导学生的学习行动，进而形成互动。而教师作为行动主体所拥有的符号资源，以及作为行动者的利益偏向，目的理性行动都是教师教学权力的来源以及教学行动可利用的资源。

从社会属性来看，课堂教学中的社会行为可分为控制与服从、对抗与磋商、竞争与合作三个大类。有效的教学行动策略对于教学活动的有效性起到重要的作用，虽然我国课程改革在教学上已经取得了一定的成就，但是教师的教学习性对于教学行动策略有着重要的影响，教学习性是教师在理解课改，并生成教学时间行动的内在依据。在我国教学改革的不断推进过程中，仅仅注重形式上的教学行动改革是远远不够的，要改变教师的已有教学习性，并使教师的教学主体自觉性不断发展，需要我们对教师的教学观念和价值观进行深入的研究和探索。

教育教学改革的成败关键在于教师的教育教学理念，因此教师的专业发展应该注重从教育教学理念的形成和发展的角度进行探讨。教师教学理念的形成，在很多研究者看来与其知识有一定关系，但是却和工作中的同事，同伴的影响关系更加密切。因此有研究者认为除了注重对教师自身的反思性教学能力以外，从教师团体的角度来对教师在与同事协作过程中的专业发展进行研究，也具有一定的实践意义。作为教师队伍中特点鲜明，规模庞大的群体，同伴互助更有利于这个教师群体间的写作与反思。由于多方面的原因，教师中女性教师的数量比例一直较高。女性教师数量较多虽然在教学工作中是一个较为普遍的现象。这个现象的形成原因较为复杂，因此我们更应该将研究关注点投入到对这一特殊群体在现实情境中的专业发展上，而不是仅仅去讨论其形成原因。女性教师的多重社会角色需要我们对其职业生涯发展的影响因素进行进一步的人类学、社会心理学方面的探讨，有助于我们深入了解女性教师群体的专业发展和职业规划特点，并对其职业处境投入人文关怀。女性教师的多重社会角色决定其职业规划和个人应对在其专业发展中所产生的重要影响，客观公正的教师专业发展管理和政策制定有赖于对这部分群体的深入研究。除了教师群体中的性别因素外，教师专业发展方面的研究也对新手教师这一群体的研究投入了较多的关注。新手教师作为教学一线的新生力量，带着新时代的教学观、教学价值观等新观念进入到教师群体中，在很大程度上对大学教师的专业发展、提高教学质量、推进教学改革起着相对重要的影响。

（一）高职教师进行教学反思的意义

高职教师进行教学反思，是以教学活动为对象，对教学中的教学方法、

策略、手段、效果等进行全面审视、全面回顾和重新认识的过程。通过教学反思，高职教师能够产生新的更合理的教学方案与实践活动。

高职教学反思的本质在于实现理想与实践之间的对话，它是理想自我与现实自我进行沟通的桥梁。这里的"反思"是一种内省活动或者独处放松时自己的冥想，是需要高职教师认真努力进行的有目的、有系统的深刻批判与反省，与一般的反思有一定的区别。教学伴随着整个教学活动的始终，对整个教学活动进行监视，对自身的教学经验进行分析和总结。

高职教师对在校学生的影响主要为学术影响，教师在教学中表现出来的认真、严谨、实事求是的学术态度，能够在潜移默化中影响学生。因此，高职教师有必要加深自己的学术知识，提高自身的人格修养。学术知识更多地表现为理论的总结和专业知识修养，但教学要求高职教师具有将自己所知教给学生的教学能力。高职教师只有在经验中学习，培植反思意识，适时更新教学观念，发现、解决问题，打破陈规，逐渐使自己成长为一名优秀的老师。

（二）高职教师教学反思的主要特点

高职教师的教学反思在目标上直接着眼于教学行为的改变，而不是为了获得某一知识。从根本上说，高职教学反思关注的是在实践中运用知识，形成教学反思能力，改善教学行为。

高职教师教学反思的内容，要实现陈述性知识与程序性知识、现有知识和探索出来的新知识、理论与实践的结合。同时，它不仅仅关注所倡导的理论，更重视理论的实施及行为的结果。

高职教师教学反思形成方式多为实践性的，需要在实践中不断地练习以形成较高的反思能力。对于高职教师来说，要重视对教学技能的反思和教学策略的反思，从而不断促进教学质量的提高。

二、加强高职教师的教育行动研究

所谓教育行动研究，就是教育工作者，或与研究者结合，在具体教育教学情境中，以解决教育教学实际问题为目的的一种教育科学研究类型。教育行动研究强调教师的主体地位和教育教学实践的理性化，强调教师与教育理论工作的结合。教师专业自主发展最重要的一条途径在于"使教师成为研究者"，开展教育行动研究，无疑能够大大提高教师的理论述评和实践能力，提高教师的科研能力。在开展相关的教育行动研究中，应该注意以下几个方面。

（一）健全行动研究的外部机制

建立良好的学校管理制度和评价制度等外部机制，能够有效调动教师进行教育行动研究的积极性和主动性。为此，学校要认同、尊重和理解教师的专业地位和主体地位，给予学校青年教师一定的自主权，使学校青年教师真正成为学校的主人。另外，还应该为教师提供理想的职业环境，发挥教师自身的专业潜能和创新能力。学校激励教师开展教育行动研究，要重视为教师提供制度保障。

（二）提供相关的研究资源

学校青年教师通过进行教育行动研究进行学习、促进自身专业发展过程中，必然会受到一系列主客观因素的限制。此时，需要加强科学管理，发挥自身在人力、物力、财力、时间、空间和信息等方面的作用，以不断培养高素质的研究型教师队伍。学校要为学校青年教师创造实现其知识更新的有效途径和有利平台，使教师能够在一个宽松、民主的研究氛围中，围绕着日常教育教学问题进行教育行动研究，不断实现自身专业的发展。

（三）明确教育行动研究的具体步骤

一个典型的教育行动研究，包括：计划—行动—观察—反思四个环节。随着对研究的不断反思和深入，很可能还需要两轮或三轮循环的行动研究，即深化为：计划—行动—观察—反思—再计划—再行动—再观察—再反思。如图4-1所示。

1. 计划阶段

厘清本行动研究的总体设想和行动目标，分析教师教育者对教师实习实践成效的影响。预期通过本次行动研究，教师在实习教学效果上有明显改善。

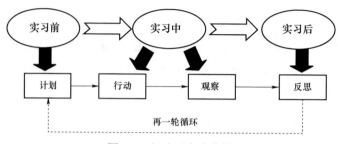

图 4-1　行动研究路线图

2. 行动阶段

对教师教育者的落实和检验。一方面，作为行动者，将本行动研究计划付诸实施；另一方面，作为研究者，监控行动研究进展，搜集数据资料，实时观察行动过程。此外，因本研究持续时间跨度较长，此处的"行动"，还可以理解为"行动干预"，既包括导师个人层面的行动措施，又包括组织单位层面的行政和教务方面对双导师制的改革和推进。

3. 观察阶段

灵活使用问卷和访谈，深入师生群体，观察教师的课堂实践授课效果。搜集、整理、复印教师的实习日记、教学日记，以及教师教育者对教师的评价记录，教育行政部门与教师教育者的交流和会议记录。

4. 反思阶段

归纳整理上述各种材料，对每一名参与教师教育活动的人员进行描述与评估，从而对本次行动研究的过程和结果进行评价和判断。分析成效高低的原因，反思教训和不足，设计进一步提升路径。

第四节　高职院校"双师型"教师队伍建设

一、"双师型"教师的内涵

就字面上理解，"双师型"教师就是具有两种以上培养人的能力资质的老师。其中教师是其首要的身份，是主体，其他的身份都是依附于这个身份之上的，强调的是教师的"一专多能"。不是从事教学工作的人员，即使具有多重的"师傅"身份也不能称作"双师型"。如果在传统的"教师"身份之外，还具备工程类、财会类、金融、司法类等方面并经过正规机构认定的专业职称或等级证书，都属于"双师型"教师的范畴。有的地方把具有基础教育教师职称或具有企业、行业和行政管理经历的教师也称为"双师型"教师[①]。

在国内的相关研究中，对"双师型"教师的认定还没有统一公认的标准。一种观点认为应当以获得证书为依据，在取得教师资格证的基础上另外再获得经正规机构认定的专业技术等级证书，就可以称为"双师型"教师。另外一种观点则认为，应当以具备的能力为依据，既具备理论教学的能力，又具备实践课教学和指导学生实践的能力，就是"双师型"教师。还有一种观点认为，单凭证书或单凭能力都难以认定为"双师型"教师，因为很多证书并不能证明获得者具有相应的能力，更无法证明他有相关的实践经验和实际操作技能。至于说是否具备某种指导学生实践的能力，没有相关的专业等级证书也很难确定。这种观点认为，"双师型"老师的认定，既要看证书，也要看能力，除具备高校教师资格证和相应的教学能力外，还要具备非教学系列的专业技术证书以及相应的资历和能力。虽然目前国内还没有完善的"双师型"教师的内涵界定和执行标准，但对"双师型"教师应当具备的基本素质还是有很充分的论述，归纳起来，"双师型"教师除具备高校教师的一般专业素养外，还应当具备以下几种素养。

（一）行业专业素养

看一个人是不是行家，并不只是看他是否掌握了这一行的几项技能。一个会做家具的人并不一定是这一行的行家里手，一个熟练的车工也不一定能成为行家。行家的内涵比掌握一项技能要丰富得多。"双师型"教师应当是某方面的行家，具有较为深厚的专业素养。一是具有丰富的职业、行业基本理论知识，了解本行业的历史沿革和发展现状，对行业的前沿技术和发展前景有深刻的认识，熟悉本行业的政策法规，在必要的时候能提出有价值的意

---

① 张铁岩，吴兴伟. 高职院校师资队伍建设研究［M］. 沈阳：东北大学出版社，2004.

见和建议。二是对企业、行业文化有较深入的研究，能准确把握本行业文化的实质与核心，善于利用行业和企业文化凝练行业、企业精神，用文化元素推进企业管理和行业发展。三是具有相应的管理协调能力，能进行有效的沟通、协调和组织管理，整合相关资源，调动各方面的积极因素，激活创新和发展潜力，化解企业生产和营销过程中的各种矛盾和消极因素。四是具有较强的专业实践能力，熟悉行业的生产工艺和操作技能，熟悉企业的生产环节和销售流程，能有序组织企业按章程和计划开展业务，在行业或企业出现不景气的情况时能够提出科学有效的应对之策。虽然在目前的教师成长机制下，很难有职业院校的教师达到这样高的行业专业素养，但作为"双师型"教师的认定标准和发展目标，从培养高素质应用型人才的需要来看，高质量的行业专业素养还是值得每一个"双师型"教师做出不懈努力。

（二）行业道德素养

在中国传统社会里，七十二行，每一行都有不同的行规，这种行规包含与本行业相适应的道德约束。养成自觉遵守行业规定的习惯，就是行业道德素养。在新社会特别是改革开放的新形势下，很多行业的界线被打破，一些过时的行规被废除。但是行业道德素养依然存在，也有其内在的合理性。"双师型"教师不仅应当具备行业的职业素养，还应当拥有相应的行业道德素养，这种素养对培养学生的社会公德和社会适应能力至关重要。当下的行业职业道德可分为两大类，一类是各行业约定俗成的公约和规矩。这类规矩有的是显性的，对行业之外的人也是公开的；有的是隐性的，只在行业内部流传而不足为外人道的，特别是在一些传承性比较明显的手工行业，比较讲究行业规矩，包括尊重师傅、关键工艺的保密、一些秘而不宣的仪式等。另一类是各行业都普遍适用的职业道德，如不能恃强凌弱，不能欺男霸女；要讲诚信，不以次充好，以假充真；要积善行德，用余钱做一些铺路架桥的善事，回报社会，不能为富不仁；要同情弱者，关心弱势群体，接济和帮助那些遇到不幸和困难的人。行业道德并不是一成不变的，特别是在市场经济背景下，追求利益最大化的动机使很多规范行业行为的道德原则被遗弃，行业道德总体水平呈下滑态势，但作为以教书育人为目标的教师，不仅应当了解和尊重各种优秀的行业道德，还应当把行业道德内化为个人修养，用言传身教影响学生。

（三）市场经济素养

企业和行业，大多数都是市场经济的主体，没有市场经济素养的人是办不好企业的。同样没有市场经济素养的教师也是培养不出优秀的应用型人才的，因此"双师型"教师应当具备较高的市场经济素养。市场经济素养的内容比较复杂，其中特别重要的有几点。第一，依法经营意识。市场经济是法制经济，市场主体需要遵守相关的法律法规，依法经营，依法纳税，自觉维护消费者的合法权益，才能保证市场的充分发育和正常运转。第二，错位发展意识。市场经济是竞争性经济，跟在别人后面去发展永远形不成竞争优势，只有找准市场空当，发展人无我有、人有我优、人优我特的路子，才能在市场竞争中占得一席之位。独到的市场眼光往往比拥有其他市场要素更重要。第三，合作共赢意识。市场经济是合作经济，通过合作可以达到扬长避短、整合资源、做大优势之效果。市场主体的合作需要双方有坦荡的态度、互利的胸怀、协商的诚意等。第四，资源配置能力。能够盘活存量，扩大增量，激活市场要素的能量，聚集各个方面的资源，使包括人力资源在内的各种资源得到合理而充分的利用。通过知与行、智与技的综合运用实现资源的优化配置。第五，市场营销能力。产品只有通过市场销售才能成为商品，才能产生剩余价值。市场营销能力是市场经济素养最重要的内涵，囊括从产品设计、生产、包装、宣传到售后服务等环节，其中任何一个环节出现了背离市场经济规律的现象，都会对企业和行业带来严重甚至致命的后果。从总体上说，目前职业院校对"双师型"教师的认定标准还停留在掌握一两项技能的层面上，"双师型"被简化为"老师""技师"，对与企业行业相关的职业素养还没有引起重视。这种结构的"双师型"教师很难培养出优秀的应用型人才。其实，一个学生具有良好的综合素养比他掌握一两门实用技能重要得多，技能可以在较短的时间内通过教学和实训来获得，而良好的企业和行业素养往往需要身临其境的熏陶和磨炼。如果职业院校的教师能够在学校里给学生传达一些相关的信息，引导和指导学生加强企业和行业素养，再辅之以现场的时间相对较长的实践锻炼，就能让学生在进入企业和行业后少走弯路，少遇挫折。

二、高职院校"双师型"教师队伍建设的意义

如果说教师是教育的根本，那么"双师型"教师则是职业院校赖以生存和发展的命脉。"双师型"教师队伍的数量与质量如何，直接决定职业院校的办学质量和发展前途，以及转型发展的成功与失败。

（一）从学校人才培养目标的转型来看，"双师型"教师队伍建设是培养应用型人才的需要

国家确定职业院校以培养应用型人才为主要目标，这是全国高等教育布局的科学调整，是与国家经济社会发展战略调整相适应的。对职业院校来说，人才培养目标由学术型向应用型转轨，既是机遇，更是挑战。能不能将机遇转化成优势，将挑战转化为发展动力，最终取决于"双师型"教师队伍建设。

第一，"双师型"教师是培养应用型人才的先决条件。有什么样的教师就会培养出什么样的学生，只有具备实践应用能力的教师才能培养出应用型学生。在现行高等教育体制机制下，高校学生接受的教育主要在学校，教师是培养和塑造学生的主导力量，学生的实习实训活动更多的是体验而不是增长知识和能力，聘请行业专家来校给学生讲座只能起到"拾遗补阙"的作用，真正系统地循序渐进地传授学生专业知识和实践能力的还是学校的教师，其他任何力量和方式都无法取代教师的地位和作用。职业院校要实现人才培养目标的转型，建设一支健全的"双师型"教师队伍是最根本、最迫切的任务。

第二，"双师型"教师队伍的素质决定应用型人才的质量。职业院校培养出什么样的应用型人才，是真应用型还是假应用型人才，并不是学校说了算，而要看毕业生的一次就业率和就业之后的待遇。社会需要高素质的应用型人才，高素质应用型人才的培养需要高素质的"双师型"教师。学生的专业知识扎实与否，学生的实践操作能力强弱如何，相关的职业修养和市场经济素养如何，在很大程度上取决于"双师型"教师的基本素质。有名无实的"双师型"教师只能培养出有名无实的应用型人才。职业院校不仅要保证"双师型"教师队伍的数量，更要保证"双师型"教师的质量。

第三，"双师型"教师队伍的结构决定应用型人才的适应能力。应用型人才既强调专业化，也强调复合型，即具有较广泛的专业知识和应用能力。在各种知识交叉融合越来越快的当下，具有复合型知识和能力的应用型人才，不仅就业的适应性更强，而且创业创新的思路更宽更多，复合型是高质量应用型人才的重要特点。这种复合型应用人才的培养受"双师型"教师的专业和能力结构的影响。职业院校应当根据社会对人才需求的特点，调整专业设置，培养和引进相关专业的"双师型"教师，完善"双师型"教师的专业结构，为培养复合型应用人才奠定厚实的师资基础。

（二）从学校服务对象的转型来看，"双师型"教师队伍建设是服务地方经济社会发展的需要

职业院校在人才培养目标转型的同时，也有一个服务面向转型的问题。过去职业院校的服务方向是模糊的，多向的，现在国家明确要求职业院校的服务面向要转到当地经济社会发展和文化建设上来。这种服务更多的是专业技术和专业能力的服务，而不是抽象的理论和学术性服务。能够承担这种服务的主力也是"双师型"教师。从大的方面讲，职业院校服务地方主要在三个方面，其中任何一个方面都需要"双师型"教师担任。

第一，服务地方产业建设需要"双师型"教师。产业建设是地方经济社会发展的基础，也最需要地方高校给予人才和技术支持。改善生产工艺，解决技术难题，优化产业布局等，都是地方与高校的服务对接点。职业院校要达成这种服务，需要一大批懂专业技术、有实践指导能力的"双师型"教师，纯学术型教师难以在具体技术服务中发挥作用。

第二，服务地方区域经济和社会发展需要"双师型"教师。当地政府在进行区域经济和社会事业发展的顶层设计中需要进行多方面多角度的思考和论证，需要采集方方面面的合理化建议。地方高校在这方面具有相对独特的优势，一是人才优势，二是专业优势。相对而言，职业院校的教师既有比较开阔的专业视野，也能够跳出地方看地方，不囿于地方政府原有的成见，在发展思路和措施上提出有价值的意见和建议。已经有一些地方高校建立了专门为当地区域经济和社会发展出谋划策的"智库"，能够入选"智库"并真正发挥作用的也是"双师型"教师。那些对区域经济发展、社会综合管

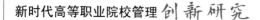
理、城镇规划布局、城乡统筹发展等方面有深入研究的教师最受地方政府的欢迎。

第三，服务地方文化建设需要"双师型"教师。在地方经济建设风生水起的同时，地方文化建设也渐渐被提上重要议事日程。职业院校所在的行政区划内，很多富有特色的传统文化和地方文化有待挖掘整理和开发利用。相对而言，地方政府能够对地方传统文化进行深度发掘整理利用的专业人士并不多，亟须高等院校的积极参与。这是职业院校可以大有作为的服务领域，更好发挥面向当地、服务地方的作用，在服务中达到保护和传承民族和地方文化、丰富当地发展的内涵和品质、活跃群众文化生活的目的，同时还可以做大做优职业院校的特色学科和专业，提高高校和地方的知名度。这种合作共赢的服务最终还是需要一支优秀的"双师型"教师队伍。综合管理、城镇规划布局、城乡统筹发展等方面有深入研究的教师最受地方政府的欢迎。

（三）从学校自身发展道路的转型来看，"双师型"教师队伍建设是保障职业院校特色发展的需要

职业院校自身也将从过去以外延发展为主转到以内涵发展为主的轨道上来，这种内涵发展应符合国家提出的高校"双一流"建设目标。职业院校要建设成为世界一流的高校，必须建设世界一流的学科，一流学科的建设又离不开一流"双师型"教师队伍的建设。

首先，职业院校的一流学科只能在"应用"两字上做文章，在学术理论上争创一流学科的可能性微乎其微，这是由其特点所决定的。而在应用型学科建设上，职业院校具备贴近地方、贴近实践的优势，通过与当地经济社会和文化建设相结合，在生产建设第一线不断探索创新，完全有可能创造人无我有的专业和学科优势，进而创建在国内外有影响的一流应用型：专业和学科。

其次，职业院校的一流学科只能在"特色"两字上做文章。这种特色不可能体现在某种重大前沿科学理论的发现上，只能体现在与地方的紧密融合上，因为区域经济布局的差异性决定了不同本科院校所在地的经济和产业结构的独特性，不同地区的文化和民俗也有各自的特点，只要坚持服务当地经济社会文化发展的方向不动摇，其专业和学科特色就会不期而至，就能够通

过持续不断的积累，构成职业院校明显的办学特色，形成一批特色专业和特色学科。无论创建应用学科还是创建特色学科，都需要职业院校与当地经济社会文化实现精准和深度的融合，而实现这种融合的真正力量就是"双师型"教师队伍。这支队伍的素质越高，能力越强，校地合作的领域就会更宽广，联系就会更紧密，效果就会更明显，创建一流应用和特色学科的概率就会更大，学校的内涵发展就会更加持久辉煌。

三、高职院校"双师型"教师队伍建设的现状

尽管"双师型"教师队伍建设关乎学校的前途和命运，事实上职业院校"双师型"教师队伍总的情况是基础薄弱、发展缓慢的，需要解决的问题和困难很多。具体有以下几个方面。

（一）"双师型"教师总量少，比例低

绝大多数职业院校真正的"双师型"教师人数并不多，占专任教师的比重低。在欧美等发达国家，高校专职教师所占比例并不高，以美国高校为例，31%为专职教师，69%为兼职教师。我国的职业院校"双师型"教师占专任教师的比重都在大约10%，与国家要求职业院校"双师型"教师应占30%以上的比例相差甚远。问题还在于数量稀缺的"双师型"教师都集中在少数几个学科和专业，很多专业基本上没有"双师型"教师。

一是工科专业的"双师型"教师多一些，文科专业特别是文化方面的"双师型"教师少。工科专业本身比较注重培养学生的实践动手能力，不少学生在毕业之前就考取了与专业相关的技能证书，经过实习实践后能掌握一定技能，留校后通过进修培训就是"双师型"教师。同时这些专业与企业联系比较紧密，通过企业培训"双师型"教师或直接从企业引进专业人才到学校任教都比较方便；而文科专业的课程比较抽象，缺乏实际操作特色，更缺乏培训锻炼的平台，在专业评价上也缺少统一公认的行业认定标准，因此在文化产业开发、文化策划、文化资源利用方面几乎没有"双师型"教师。

二是市场上吃香专业的"双师型"教师少，而相对过剩专业的"双师型"教师多。金融、软件开发、建筑设计等方面的人才都是市场的"抢手货"，

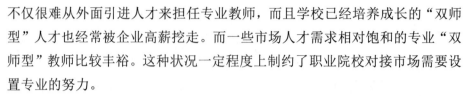

不仅很难从外面引进人才来担任专业教师，而且学校已经培养成长的"双师型"人才也经常被企业高薪挖走。而一些市场人才需求相对饱和的专业"双师型"教师比较丰裕。这种状况一定程度上制约了职业院校对接市场需要设置专业的努力。

三是行政管理方面的"双师型"教师比较少，财会管理方面的"双师型"教师相对比较多。具有机关行政单位管理经历的人才，特别是具有一定行政职务的负责人很少愿意到职业院校来当教师，有些省市想打通高校与地方党委政府干部交流的通道，结果高校去地方任职的积极性远远高于地方干部来高校任职的积极性，相反高校里那些有管理能力的教师却总想着法子通过考公务员等途径转岗到行政机关。而其他类型的管理人员因为可以通过自学考试而获得资质，加之社会上具有这类管理资质的人员比较多，职业院校中他们所占的比例要高得多。需要说明的是，这里所表述的"三多三少"都是相对而言的，都没有改变"双师型"教师严重不足的状况。

（二）"双师型" 教师证书多，作用少

在职业院校现有的"双师型"教师中，也存在有其名无其实的现象。一种是有证书无经历。现行制度下很多证书都是可以通过考试获得的，财会、律师、建筑等行业都有这种渠道。这种考试只考知识点，并不考查考生的实践能力，也不要求有相应的实践经历和行业工作背景，因此有的教师一个人就有好几种这类证书，但是拥有这类证书并不代表具备在实践教学中指导学生的本领。另一种是有经历无能力。虽然有些教师有过相应的行业工作背景和实际经历，但要么时间过短，没有积累足够的经验和技能；要么间隔太久，原来所了解和掌握的专业知识和技能早已过时或生疏；要么曾经任职或工作的单位或行业规模小、层次低、科技含量不高，个人专业素养和能力没有实质性提高。还有一种情况就是有能力不对岗。有些教师获得了相关的行业证书，也有过在企业行业工作的背景，但是实践能力也不弱，但其专业能力与其从事的教学内容不对应，不能达到专业技能和教学内容的有机融合。产生这种现象的原因也比较复杂，既有利益方面的考虑，如不同专业教学的效益不一样，有的老师宁愿选择没有行业证书但效益好的专业去任教；也有专业调整的结果，有的专业因客观原因逐渐萎缩，部分教师被调整到其他相关专

业，其行业资质失去了效用。凡此种种，都不能成为名副其实的"双师型"教师。

（三）建设"双师型"教师队伍的制度、机制不完善

可以说，职业院校的"双师型"教师队伍建设还处于起步阶段，相关的制度机制还很不健全，工作还没有走上正轨。

一是"双师型"教师的认定制度不健全。"双师型"教师应当具备什么条件，是重证书还是重能力，或者两者兼顾，都没有一个统一的标准。哪些机构颁发的行业证书才能认可；有了证书之后需要多长时间的实践阅历才算具备相应的资质；有什么资质的企业、行业背景才能承认其从业资历，等等，都是一些值得认真商榷和解决的问题，都应当有相对完善的制度规定。要防止为提高职业院校的"双师型"教师比例而降低认定的门槛。

二是"双师型"教师的培养机制不健全。很多学校对哪些专业要培养"双师型"教师，什么年龄段的教师要进行非教育专业的培训，招聘进来的年轻教师需不需要先去企业和行业锻炼后才能上岗教学，这些都没有确定下来。教师去企业和行业挂职锻炼的经济待遇如何确定，对职称评定有何优惠，通过什么措施调动教师参加企业和行业培训的积极性，教师在企业或行业实习锻炼的效果如何评价，所有这些问题都是职业院校无法绕开的，任何一个问题解决不好，都会影响"双师型"教师队伍建设。

三是"双师型"教师的引进机制不健全。职业院校的"双师型"教师队伍建设需要培养与引进并举，引进一些学科建设急需的应用型教师，能迅速缓解实践教学师资不足的矛盾。但在实际工作中，引进应用型教师也存在许多不确定因素。在引进方式上有全职、兼职、特聘等，不同方式之间的待遇如何保持相对的公平合理，不同行业之间的兼职或特聘教师的待遇如何确定，没有一套科学的机制。在引进对象上有管理型、技术型、操作型，他们之间的等级如何确定，需不需要形成对应关系，比如企业的高管如何确定他的职级待遇，有些获得过国家级大奖却没有相应专业技术职称的人才，引进之后其待遇如何确定。这些非常具体的问题既需要完善的制度规定，也需要灵活的处理机制。职业院校相关制度机制的建设往往滞后于实际工作需要。

（四）培养"双师型"教师的实践平台少，档次低

很多职业院校所在地区的工业化水平偏低，生产型企业数量少，规模小，工艺比较落后，产品的科技含量比较低，不少还是家族式的手工业作坊。选送教师到当地企业实习锻炼，不能接触行业的先进技术和管理理念，效果十分有限。有些学科专业将教师送到省外的大型企业挂职锻炼，虽然可以起到培训老师的作用，但副作用也很明显，不仅培训成本增加，而且脱离了职业院校为当地经济社会建设服务的宗旨，老师掌握了一些先进的理念和技术，也很难在当地有用武之地。同时，受眼界和抱负的局限，多数地方企业和行业负责人抱着小富即安的心态，加之职业院校的一些专业设置与地方产业发展脱节比较严重，学校教师对地方企业行业的技术支持和专业指导有限。他们既不愿意与地方高校开展技术合作，也不愿意接纳教师去实习锻炼，经常找出各种理由拒绝前来协商的学校部门负责人。地方政府在校企合作中的主导作用也没有充分发挥，缺少引导和激励当地企业开展校企合作的政策机制，不少校企合作都流于形式。这些现象使职业院校的"双师型"教师培养培训深陷困境。

四、高职院校"双师型"教师队伍建设的途径

职业院校加强"双师型"教师队伍建设任重而道远。采取什么措施，选择什么路径，达到什么目标，都需要结合本校实际，听取各方意见，经过科学论证，作出正确抉择。在校级层面上，一是统一思想认识，使全校上下明白加强"双师型"教师队伍建设的重要性和紧迫性，形成上下一心、齐抓共管的工作合力。二是做好顶层设计和建设方案，明确"双师型"教师队伍建设必须以提高教师实践教学和应用能力为重点，以强化学生实践能力和创新精神培养为宗旨，以促进学生就业创业为导向，不断提升教师队伍综合素质；明确"双师型"教师队伍建设的近期和中长期目标，用目标凝聚人心、汇聚力量。三是制定相关的制度、机制，根据需要建立一系列相互衔接、相互补充、相互促进的管用的规章制度，用制度保障工作的正常运行。在学校的中级层面上，主要是根据学科和专业建设实际，制定"双师型"教师培养计划，

动员教师参与相关的职业技能培训，认真贯彻落实学校的工作部署，对实际工作中出现的矛盾、问题提出解决的意见和建议，供学校决策参考。在教职员工层面，主要是认清职业院校转型发展的新形势、新任务，解放思想，更新观念，抛弃落后的教育理念，积极响应学校的号召，主动参加各种学习培训活动，努力提升实践教学能力和实际动手能力，用实际行动推进"双师型"教师队伍建设。只有学校各级领导、各个部门和所有教职员工都行动起来，营造健康向上的良好氛围，形成强大的推进合力，才能促进"双师型"教师队伍建设顺利进行。在建设"双师型"教师队伍过程中，应当注意做到四个"坚持"。

（一）坚持培训与引进并重，以培训为主

职业院校的"双师型"教师队伍建设，要坚持两手抓。一手是大力抓培训。通过系统培训使学校现有大多数教师掌握一至两门专业实用技能，建设一支能力突出、结构合理的地方"双师型"教师队伍，打牢学校转型发展的师资基础。一是加强教师实践（挂职锻炼）基地建设，学校与合作单位签订培养协议，建立长期产学研合作关系。每个教学学院均有相对稳定的校外教师实践培训基地或教师实践能力培养合作共建单位。每年都有计划地选派教师到实践基地进行实践操作、实践教学、技术指导、技能培训等工作，将课堂、实验室、技能培训延伸到企业和行业。二是建立教师培训上岗机制。年龄在 45 岁以下的应用性专业的教师分期分批参加实习培训，培训之后达不到相应技能资质的教师不再上讲台教书，并相应扣减绩效工资。对拒不参加培训的教师，除扣减绩效工资外，还应取消其评先评优和晋职晋级的资格。凡是没有企业行业工作经验的新进教师先参加培训，取得合格证书后才能给学生上课。三是建立教师培训激励机制。对通过培训获得职业技能证书的教师，给予一次性现金奖励，并解决培训期间的交通住宿费用和差旅补助，奖励性绩效享受学校教师的同等待遇，在职称评定和评先评优时给予倾斜照顾。

一手是适度抓引进。对实践教学急需的学校一时难以培养的"双师型"教师，可以通过从企业、行业和机关事业单位引进人才的办法加以解决。从职业院校的实际情况看，引进"双师型"教师受经济实力和区位条件的双重

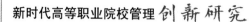

限制，大量引进有真才实学的专业人才可能性不大，只能作为"双师型"教师队伍建设的补充措施。重点引进具有 3 年及以上企业、行业工作经历的技能型人才，考虑到他们要给学生上课，引进的人才也要有适当的学历，一般情况下应当是全日制本科以上学历。对在省级以上技能大赛中获奖的高技能人才，可适当放宽引进条件。对引进的人才当中没有课堂教学经验的，也要有计划地对他们进行教师资格培训，丰富他们的教学手段，提升他们的语言表达能力和课堂驾驭能力，真正成为"双师型"教师。

（二）坚持专职与兼职并重，以兼职为主

职业院校的"双师型"教师队伍应当由专职和兼职教师构成。专职教师必须是真正的"双师型"教师，既熟悉教育教学规律，能在课堂上给学生上优质的理论教学课和实践教学课，又具备教学能力之外的其他能力，能带领和指导学生搞好实习实训。专职教师是培养应用型人才的主力，对学生的全面协调发展负主要责任。兼职教师虽然也可以列入"双师型"教师范畴，但不一定要求他们具有高校教师资格证，也不一定要求他们全面掌握教育教学技能。他们的职责主要是利用丰富的行业经验对学生进行某种专业技能的培训或指导学生开展专业实习实训。单就某一项专业技能来讲，兼职教师应当比专职教师更内行更优秀，能够弥补专职教师的不足，能更好地培养学生某一方面的专业技能。从这个意义上专兼职教师形成了良好的互补关系。专职教师选素质，少而精，兼职教师选特色，多而广。而且兼职教师针对性强，聘用灵活方便，不像引进专职教师那样要求全面，对学校编制和费用的负担都相对较轻，这是职业院校培养应用型人才的最佳选择。从"双师型"教师的结构来看，兼职教师的比例应高于专职教师。职业院校要积极与企业、行业建立良好的合作关系，建立兼职教师队伍人才资源库，广泛吸纳各行各业的优秀人才入库，聘请有实践经验的企业技术骨干或行业专家来校担任兼职教师，指导教师和学生的实验实训，帮助校内教师了解行业发展动态，提高实践能力，促进科研成果转化和教师向"双师型"转化。

（三）坚持资质与能力并重，以能力为主

"双师型"教师是职业院校转型发展和培养应用型人才的需要，应当突

出其实践动手能力的要求。保证"双师型"教师的实践能力,关键是把好"双师型"教师认定这个关口,以认定促提高。首先,要强调相应的资质,企业和行业的相关资质证书表明其拥有者接受过相应的理论教育,掌握了相关的专业知识。没有资质证书为依据,"双师型"教师的认定工作就会陷入无章可循、无据可依的混乱状态。同时对这类资质证书应当进行严格审核,但凡不是由政府授权的机构颁发的证书应当视作无效证书,不予认可。其次,要强调行业的职业背景,就是有相应的实际工作经历。这种经历应当有三个方面的要求。一是时间的要求。就是近五年内在相关的企业或行业里累计工作时间不少于两年。实际工作经历的时间隔得太久其专业知识和技能有可能过时,在企业行业工作的时间太短,则无法获得相应的专业技能,更培养不出相关的职业素养。二是岗位的要求。原则上应当是证岗相符,在企业行业里的工作岗位应当与资质证书相对应,是管理类的应当有管理岗位的工作经历而不是专业技术岗位的工作经历,相反,如果资质证书是专技类的则应当有在企业一线从事本专业相关的专业技术工作的经历。三是成果的要求。在"双师型"教师认定过程中,应当适度参考其在企业行业工作期间的业绩和成果,成果突出的应当优先认定。在近五年主持并完成两项市级及以上应用技术研究,成果已被企业或行业采用并达到同行业先进水平的,可适当放宽在企业行业的累计工作年限,甚至不需要相关的资质证书。最后,要强调资质与经历相匹配。在"双师型"教师认定时,资质证书应当与所从事的企业行业的经历相一致,不能笼而统之地只看其有无一线工作经历而不看是否匹配,以保证"双师型"教师队伍的质量。

(四)坚持合作与共享并重,以共享为主

职业院校的"双师型"教师队伍建设不可能在校园内完成,必须与企业、行业和政府建立广泛的合作共享关系,借助校外资源和平台实现自身的目标。首先是加强合作。职业院校与地方合作培养"双师型"教师大致有四种方式。一是与企业行业建立合作教育基地,形成产学互动关系,基地既是学校教师实习实践的平台,也是企业员工专业理论和技能培训的场所。二是与企业行业建立合作机制,由政府部门牵头,建立双方稳固顺畅的合作关系,并督促相关协定协议的执行。三是与企业行业合作开发课程,充分利用企业

行业的市场、技术和人力资源优势对接地方产业发展开设新课程，筹建新专业。四是与企业行业开展课题合作，从当地经济社会发展过程中遇到的技术难题和瓶颈问题中生成科研课题，"发挥职业院校的优势，整合各相关企业的力量，开展重大技术创新研究，以重点技术的突破引领学科专业的创新与升级"[①]。这四种方式对"双师型"教师的培养具有重要意义。其次是坚持共享。共享不仅是国家层面的发展理念，也是促进学校与企业、行业和政府机构合作，加快"双师型"教师队伍建设的保证。共享主要在三个方面。一是技术共享，除专利技术外，学校和企业行业都应当彼此分享对方的学术和技术，学校教师要运用自己的专业知识帮助企业解决技术难题，企业也应当把先进的生产工艺和核心技术展示给教师。二是设施共享，学校对企业行业开放科技平台资源，包括实验室和各种实验、分析、检测仪器设备，企业和行业也应该向高校教师开放机器设备和操作流程，以提高教师实践能力。三是成果共享，学校和地方政府要不断完善科技成果的转化机制，不断提升企业的产品质量和经济效益；企业也应主动向学校教师通报技术攻关和工艺创新的成果，丰富教师的知识储备和实践技能。良好的校企、校行、校政合作关系，是职业院校培养"双师型"教师的最重要的基础。

---

① 郑山明. 地方本科院校教师队伍建设研究［M］. 北京：光明日报出版社，2018.

第五章 新时代高职院校教育质量管理创新

在新形势下，高职院校教育质量提升是改进高职院校教育方式的一个重要层面，也是检验高职院校能否满足市场需要的重要指标。根据目前对高职院校教育的研究，提出了很多检验高职院校质量的标准，本章就对这些质量管理标准展开分析和研究。

第一节 高职院校质量目标系统的建立

一、高职院校教育质量的内涵阐释

高质量教育是社会对高职院校提出的真正要求。在英国，衡量教育水平的机构提出，政府和私人开办了许多所学校，这些学校对于接收学生没有要求，给学生公平的入学机会，但学生和高职院校如果没有把握住整体方向，学生接受的教育不是贴合社会需求的，那教学活动就不是有效的。英国还有学者提出其他关于高水平培养人才的理解，认为培育优秀全面的人才如果不遵守学生的心理发展规律，强加不符合学生年龄的知识给他，学生会更加抗拒完成学业学习知识。另外，如果没有充足的教育资金来更新教学设备就不要随便启动发展计划，设备更新不完整更影响培养学生的水平。同时，要建成高质量的教育，如果不考虑学生本身的需要，建设过程可能会很快，但是

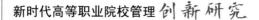

建设后会加高职学生学习压力，增多学生学习无用知识的时间。在社会其他方面还有学者提出解释，高职院校教育质量是一种衡量教学成功与否的标准，高层次院校制定完整教育目标后，学校通过流程化的教学对学生的各个方面进行教育熏陶。从这些不同的定义中可以看出，高职院校教育质量的内涵与经济管理领域中的质量内涵在本质上是一致的，即"一组固有特性满足要求的程度"。

高职教育的产品是所培养学生的质量，是高职院校满足社会和政府对其的需要，也是高职院校通过教育设备、知识课本和优秀的师资力量培育出全方面人才的过程。在教育的过程中有多个主体涉及其中，他们既对教育的过程进行投入，也时刻要求着教育培养的方向是他们所需要的，所以高职院校只相当于政府和社会企业之间的桥梁，沟通着国家政策和基层民众需要，高职院校通过培养专业的技术人才为政府和社会企业提供着教育服务的功能。

二、高职教育质量管理

（一）高职教育质量管理的价值内涵

提到发展高职教育质量则离不开探讨高职教育的价值，价值一词最早是在哲学概念中产生的，人们对于价值的普遍理解是一个物体与另一个物体之间的关系，一方能不能满足另一方需要，如果一个物品不能满足其他客体的需要，那它就没有价值，是无意义的东西。将其放在教育领域就是高职教育质量不能满足社会对于人才和技术的需求，高职的教育活动就是无意义的。教育政策是政府教育部门针对高职教育问题结合国家教育理念制定的高职教育指导方针，教育政策是为教育质量服务的，教育政策也有它的价值体现，假如教育政策的具体条例不能增加高职教育教学的水平，不能满足高职对于领导方针的需求，教育政策就只是一条空口号。将价值概念与教育过程中的各个理念相结合是为了让人们更加深入了解政府为提升教育做的各方面的努力，能够明确看见高职教育的进步，如果社会在促进高职教育的方面也能有其衡量标准，确定帮扶方向，社会对高职教育的帮助会更加有效率。

目前，对于高职教育质量管理的检验标准没有达成统一的认识，所以各个国家教育领域的学者对此展开了研究，提出了在教育活动过程中应该平衡的两点要求就是效率和公平，注重教育过程中的培养人才的效率，教育就是为了培养专业人才提高企业发展水平，只有为本国培养出高水平的人才，才能够提升自身在国际范围内的话语权和主动权。因此，"注重效益"必须包含在高职教育质量管理的价值选择的基本内涵中。

在注重"维护平等"的时候不能忘记保障高职教育质量，就其本身来说高职教育有自己的教育主体，高职教育是为教育主体发展的[①]。在高层次教学的环境中，不能将效率与公平分开，如果只重视教学效率和培养人才效率会忽视对于教学设备和学生学习能力的关注，会使学生的学习积极性下降，沉迷于机械式学习。而且教育的效率分为很多种，有教学效率和答题效率等，但是有许多的改革者将改造专业获得的经济效率放在首位，假如学校的教育只看重通过每次的教学改革能够带来多少经济利益，学校就会变得商业化，使校内师生心理负担更重，担心自己创造不出更高的经济价值就会面临淘汰命运。但是，不看重教学过程中的效率也不可取，对教师的教学和学生的掌握情况如果不用效率来衡量，那会给双方极大的随意性，二者的行为会更加体现个人想法，缺乏前进动力，所以要通过一定方面的效益保障来提高教育过程中的平等。

（二）高职教育质量管理的价值取向

1. 价值冲突

在参与高职教育活动的各个利益主体中，每一主体对于高职教育结果的要求都是不一样的，在这种情况下就需要政府制定的教育政策要从多方面去衡量其标准，如果不能将教育过程中的各个主体之间的利益关系协调好，高职课堂教育过程就会受到影响。

（1）功利主义的价值标准与缺陷

从 20 世纪开始，功利主义由于其操作方便而对社会各界都产生了深远的影响，被广泛应用于政治、经济和法律等方面作为价值评判的标准。功利主义认为，政府的价值取向应该是对有限的资源进行科学合理的安排使其效

---

① 丛晓峰，刘楠. 高校教学改革与质量管理研究［M］. 北京：中国海洋大学出版社，2008.

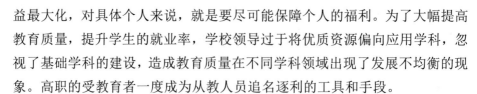

益最大化，对具体个人来说，就是要尽可能保障个人的福利。为了大幅提高教育质量，提升学生的就业率，学校领导过于将优质资源偏向应用学科，忽视了基础学科的建设，造成教育质量在不同学科领域出现了发展不均衡的现象。高职的受教育者一度成为从教人员追名逐利的工具和手段。

由于受到高职内部功利主义的严重影响，教育的价值观变得狭隘扭曲，高职教育的职能也受到了限制。功利主义的消极影响引发了一系列问题。第一，人们只停留在短期的利益上，而没有用发展的眼光看待高职教育的价值。第二，高职将大量资源都运用于实践性强的学科，忽视了基础学科的建设发展。第三，只注重学生的"片面教育"，忽视"全面发展"①。第四，过于看重资源的分配，没有切实做到教育公平。功利主义认为，教育质量的提高可以使社会公益机构和企业加大高职教育资金投入，可以创造更多商业利益。但是，功利主义的价值观念就是把重点学校的重点专业发展好就已足够，其他基础学科发展得如何都和学校利益没有太大的关系。这种教育观念取得的办学效果明显，但是基础学科学生的相关权益却无法得到保障。当学校的制度和学校的发展不相匹配的时候，必然会出现"教育危机"。

（2）理想主义的价值标准与缺陷

理想主义的概念在很久之前就被人们提起。两千多年前，理想主义萌芽就已出现，伟大的哲学家柏拉图认为希腊应该是一个正义而完美的城邦，并提出了"乌托邦"的理想社会，亚里士多德坚信"幸福岛"是真实存在的，他们都追求正义和自由，为了突出这种本质，构建出了多种理想型社群。理想社会是自由和平等的象征，使人们身处其中不用考虑外在的一切，充满了虚幻和不现实。

自由教育是当时的等级社会中只有上等社会阶层才存在的一种特权教育，如同人的"大脑"，普通教育则是"身体"。理想主义者艾德勒提出，自由教育在对任何人、在任何时间、任何地点的最终目标都是一致的。

十年树木，百年树人。教育是一个战线长远的公益性事业。但如果没有正确认识到理想主义的价值理念，也会引发许多问题。第一，高职教育无法实现公平公正，只能成为政策制定者和相关利益集团的获利工具。第二，在

---

① 马义中，汪建均. 教育部高等学校管理科学与工程类学科专业教学指导委员会推荐教材质量管理学 [M]. 2版. 北京：机械工业出版社，2019.

践行教育目标时，受到理想主义观念的影响，没有严格落实教育目标和价值理念。第三，过于坚持理想主义，会出现"绝对平均主义"。

在理想主义的价值观念中，政策的唯一标准是公平。在开展教育活动时，理想主义认为，不管资源多少，都需要平均分配，与后来提出的人权平等的观念如出一辙。这种价值观念虽然在一定程度上适合长期的教育发展，但也有可能会引起"全面平庸"，即教育的发展无法促进现实社会和经济的发展。如此一来，教育的外部环境因素不得不对高职教育的体系进行内部的深化改革，从而不断适应外部环境的变化，这种做法也会导致"教育危机"的出现。

在制定保障政策的过程中，也难免会面临价值观念的选择问题，即是追求资源分配的效率还是追求教育资源的公平。在进行价值选择时，首先要确立能够反映受众需要的政策目标。政策的实施手段即达到目标的方法，没有正确的方法，就无法实现政策目标。而价值选择的最近一个过程是政策的最终结果，即政策的评价标准空间是何种价值观念。

随着社会的利益不断多元，政策的价值标准也应该随之多元化。要确保公共政策目标公平、合理，就必须要整合各种不同的价值观念和取向。整合不同的价值观念的重要方式之一就是要确定政策有哪些优秀价值标准。优秀价值标准是指在符合绝大多数群体利益的情况下还能够兼顾其他社会群体的利益，或者将其他群体的利益损失降到最低、被社会群体广泛认可的价值标准，也与帕累托最优相吻合。如果在制定相关保障政策时，无法根据实际情况做出正确、合理的选择，就无法实现最终目标，引发一系列现实矛盾，便会弱化价值观念。

可见，无论确保"公平"还是确保"效益"都无法摆脱"教育危机"的出现，无法促进教育保持持续发展，但公平和效益本身并无优劣之分，都是发展高质量教育的过程中需要考虑的现实问题。同时教育对于不同主体来说有不同要求，在落实教育政策的过程中，人们主要从内在尺度的层面考虑制定的保障政策的价值观念是否能够满足个人发展需要，是否能够实现个人价值，再进而决定是否要接受这种价值选择观念。结合我国高职教育的实际情况来看，要提高教育质量，需要始终坚持"效率优先、兼顾公平"的基本原则，既要以功利主义的一部分观念为指导，也要制定科学、公正的制度加以补充。精英教育和大众化教育是我国高职教育质量管理体系中的一对基本矛盾。在扩大高职招生规模的同时，重点高职的政策也会逐渐凸显。

为提升资源分配效率，高职在教育质量管理方面必须要通过各种形式提高自身的核心竞争力，如扩大办学规模，合理分配资源，促进应用学科和基础学科的协调发展，不断优化资源分配体系。要实现价值的公平，高职教育在制定教育质量管理相关政策时就必须始终以"公平"为基本原则，确保制定过程和保障活动结果的公平。但在保障活动的具体实施过程中，并非所有活动都体现出公平性。如一些历史底蕴浓厚、地理位置具有一定优势的高职，并未公平对待其他地区的学校和学生，便使得"公平"和"效益"失衡。

2. 利益冲突

从高职教育质量管理的相关文件政策中可见，各方面的冲突显而易见。这些冲突主要表现为保障政策的价值冲突即高职教育质量管理体系的主体之间存在的严重利益冲突。具体来说，教育基础较好的学校拥有政府较多的资金和设备投入，教育基础本就薄弱的高职则更加缺少发展空间；各高职之间相同专业方面会存在一定的竞争攀比，但都是朝着国家和政府对专业的基本要求方向发展的，没有产生恶意竞争现象。

各价值主体间的利益冲突主要有：中央政府和地方政府之间、政府和高校之间、普通高校与职业技术学校之间的矛盾等。我国教育目标的最高层次是要满足于国家发展的需要，但是高职教育与社会基础存在一定的联系，在具体的教育培养活动中各方参与力量难免会对教育过程，教育方案产生一定的干扰，因此当前急需相关部门清理教育培养的影响力量。我国目前针对国家政策需要建立起了国家重点培养大学，这是高职之间不断发展的结果，评选的过程都是处于大众监督下，受到人民群众的认可，应当是符合高职教育质量管理体系的秩序和最终目的的。但是对高层次院校进行排名次后，高职在发展时不能只顾如何提升学校的综合竞争力，忘记在教学的过程中最重要的主体仍然是教师和学生，不能减少对学生接受能力的关注。通过总结近几年我国发展高层次教育的经验，如果想要提升教育质量就会引发教学活动有关的各个主体之间产生利益矛盾，一旦不能将这些主体的问题解决掉，教育质量会非常受其影响。假如社会的各方力量不能将教育发展放在优先的地位，那人们就会开始轻视教育培养人才的效果，社会企业会陷入迷茫状态。

可见，我国的高职教育质量管理体系存在着诸多利益冲突，这是其价值冲突在教育中的集中体现。在高职教育的质量管理利益冲突中体现出的是资源分配和竞争之间、经济效益和正义结果之间、自由市场和秩序之间的多种价值冲突。

3. 价值选择

（1）酝酿期的实际价值选择

随着我国高职教育的自主权不断提升，政府对高职教育质量的评估也不断加强，评估标准也不断提高。对高职教育进行多方面监督，包括高职的学术研究水平、学科发展状况、学校的行政和后勤、实验室的管理等诸多方面。此外，在最高教育相关部门的集中领导下召开了一系列关于教育评估的学术研讨会议，各领域的专家学者共同对国外的先进教育经验展开学习，找出我国教育评估实践过程中存在的问题并寻求有效的解决途径。社会的发展进步离不开高水平人才，而人才来自科学合理的高职保障制度。因此，教育体制改革刻不容缓。

（2）探索期的实际价值选择

高职教育发展的核心问题是质量，制定高职教育质量标准的主要依据是国家的新型教育政策。

随着我国高职教育的规模不断扩大，其教育质量也受到了一定的影响。我国的高职教育也面临着前所未有的机遇和挑战。高职招生规模扩大，学生数量大幅增加，教育资源严重缺乏，学生生源质量也无法得到保证。发展高职教育如果只停留在扩高职学生数量方面，而忽视了教育质量的提升，则算不上是高职教育的发展进步。

（3）创新期的实际价值选择

21世纪以来，我国高职教育的质量标准改革经历了前所未有的变化。高职的教育逐渐重视对学生的素质教育，其标准也更加全面和多元。随着高职教育质量标准的提升和社会发展的实际需要、高职的课程设置更趋于职业化，满足市场企业对于吸纳高职人才的需要，高职教育质量观念也逐渐转变为符合自身发展要求的多元教育质量体系，最终实现高职教育质量管理多元。综上，在创新发展阶段，我国高职教育质量管理的价值选择主要以激励为主。

（4）完善期的实际价值选择

对高职教育进行价值评估是对其是否教育合格并满足市场预期的检验。在高职教育的发展过程中，高职教育评估在价值观念的认识上也出现过问题，将高职教育评估作为政府评判高职教育的社会性价值的工具，磨灭了人们对于教育真正价值的认识。等到我国高职教育发展到一定规模，我们对教育评估逐渐有了科学正确的认识，高职教育评估的主体对象也逐渐多元化。高职中的师生、社会组织、中介机构等都是评估主体当中的一部分。

高职教育是为培养人才而开展的教育活动的总体性概括。随着人文主体地位逐渐受到重视，学生在决定享受教育时也越来越注重自身的全面发展，满足个人的成长需要。为了适应社会和经济的不断发展，我国也在不断进行教育改革，以期能提升全社会对高职教育的关注度，在培养人才时更加注重"以人为本"，即培养全面发展的人。"以人为本"的教育观念认为，开办高职教育就是为了让每个个体都能得到全面、和谐的发展，突出个体中心的价值观念。高职教育质量管理则是通过完善质量的标准进而实现受教育者的全面发展。因此，高职教育质量管理行为的落实不能只考虑到社会发展的现实需要，更应该将人的全面发展放在首要地位，并始终以此为目标促进高职教育人才培养的体系完善和发展。

在完善期间，我国高职教育质量管理必须要从人的实际需要出发，这是社会发展和人类发展的必然结果。高职教育质量管理必须以"培养人才为中心"，开展"素质教育"，兼顾资源分配效益和教育质量，实现多元价值目标。

因此，我国高职教育质量管理经历了以上几个阶段。酝酿时期，高职教育质量管理是政府提高对高职控制力的主要手段，是政府行政职能的体现；发展时期，教育发展状况成了各国攀比的工具，满足各国对于国际地位的需要；革新期，高职教育是对于全社会都有益处的教育模式，最终发展到完善期，产生了多元价值取向。

（三）高职教育质量管理的实现路径

教育兴则国家兴，教育强则国家强。面对世界各国都大力发展高职教育的情况，我国也应该采取新的策略改进办学模式，高职教育必须积极解决"培养什么样的人、如何培养人、为谁培养人"的根本性问题，以"立德树人"

为根本任务，牢固树立科学正确的价值观念，做到与新时代和谐发展。因此，高职教育更要提高质量管理，在以下几个方面实现时代发展和社会进步的需求。

1. 教育要去行政化

可以说这是解决目前高职教育质量提升的最有效的途径。通过去除教育的行政化，高职能够将重心放在教书育人上，强化质量意识，真正提升教育质量。目前我国的教育行政风气严重，官僚主义也逐渐蔓延。因此我们要向西方国家学习其教育体制的经验，在实践中不断探索和完善教育体系，在学校内部建立教育质量保障体制，不断完善管理结构。要做到教授掌握学术研究权力，将学术自由还给教授，加强教育质量管理。在实际的教学课堂上，教学进度要考虑学生的实际接受水平，管理也要体现出人性化的一面。

2. 要以"培养人"为最终目标

高职并非生产"就业机器"的工厂，不能只注重培养学生的应试能力，也要教会学生为人处世的道理。耶鲁大学老校长施密德特曾提出，大学是用来培养有着独立的思维能力、表现自己的思想的人才的地方，这是其糟糕之处也是最理想之处。大学所培育出的人才应该具有独立的思想、解决问题的能力、直面困难的勇气等品质，这是教育质量的真正体现。

3. 师生参与相关政策制定

学校在制定相关政策和规则时，要充分听取师生的意见与建议，其中教师的意见尤为重要，是决策实施的重要保障，能够充分调动师生的积极性，为学生的成长和学习创造更加适宜的环境，也能够促进教师不断进取，提升自身综合能力。

4. 教师的综合能力在很大程度上决定了教育的质量

教师的言语和行为都会对学生造成潜移默化的影响，在教学过程中需要形成这样的良性循环，促进教师和学生的和谐发展。但也存在着一个现实问题，即高职内部许多人都渴望成为领导者，而忽视了课堂教学，无法真正提高教育质量，所实施的一系列政策和制度都无济于事。这也会在一定程度上导致人们形成"功利主义"，为了追名逐利而开展无谓的竞争，无法从根本上解决教育质量下滑的问题。因此，高职必须充分考虑办学的终极目标，从源头上系统地解决问题，提升教育质量。

5. 核心任务是"培养人"

高职的核心任务是"培养人",所开展的一系列工作都需要紧紧围绕这个目标进行。高职教育质量管理的原则是要让学生通过教育实现个人的全面发展,成为社会需要的人才。

6. 实行"管、办、评分离"

"管"即政府对高职的宏观调控,"办"即学校的自主办学权利,"评"即社会相关组织的评估,政府在对高职教育质量管控的过程中应该扎实推进"管、办、评分离"的原则,引导高职结合自身的特点和学生的需求不断改进现有的办学措施,促进教育质量的提升。

7. 完善高职内部的质量保障机制

各大高职应该充分结合自身的办学理念和特点,成立相应的内部质量保障组织,聘请相关领域的专家学者开展质量监督和评估,科学地制定相关制度和规则。

第二节 高职院校教育质量提升的路径选择

一、高职院校教育质量提升的障碍

目前,我国的高职教育正处在由原来的追求规模扩大向规模和质量协调发展的重大转型期,高职院校教育质量的提升面临着许多实质性问题。这一现象的出现是由多种因素造成的,但主要的原因在于缺乏科学的教育质量观;未能处理好教学中心地位与其他工作的关系问题,教育质量管理缺乏微观关注,高职院校精神文化缺位,独立人格缺失,高职院校教育质量管理主体失位,教师在教学上缺乏创新精神等。

第一,对教育质量的检测缺乏统一标准。科学合理的教育质量观念主要包括对教育质量、受教育者发展的整体评价和认识,具有一定的系统性。此外,科学质量观也具有一定的动态性。随着时代的变化,社会也在不断进步和发展,人们对教育的认识也会随之发生变化。教育质量的管理对于高职院校来说是全方位的。许多高职院校认为，教育质量主要体现在教学方面，而其他工作与教育质量没有什么必然的联系。他们认为实际的教学过程才是真正的教育质量，不包括课余时间和寒暑假期。这种教育质量观念显然是不正确的，不符合我国高职教育的实际情况。无论是直接的教学课堂，还是间接的行政管理和后勤服务，都是教育质量的重要组成部分，都与教育质量密切相关。因此，高职院校全体教职工都应该牢固树立为教育发展服务的意识，确保高质量的教育稳步推进。

第二，教学与其他工作之间的关系问题。在实际的教学环境中，教学的中心地位容易受到各种外部因素和内部因素的影响，从而将其中心地位有所覆盖。许多高职院校重形式轻实效、重学生学习结果轻学生学习过程中的探索、重科学理论知识的教育轻对学生良好道德素质的培养。学校没有对教学质量引起足够的重视，没有投入足够的时间和精力，使得教学在整个教育中的地位不断下降。许多高职院校的管理人员都认为，一心专注于学术研究没有发展空间，做好行政管理才是真正的光明前途，导致行政权力和学术权力严重失衡。管理人员没有牢固树立为教学提供坚实支撑的意识。教师也逐渐偏离了教学的主体地位，忽视了教学方面的研究。许多教师将上课当作完成任务，流于形式，没有结合学校和学生的实际情况有针对性地开展教学，无法充分调动学生的积极性和参与度。

第三，投入微观管理。在我国现行的高职教育管理过程中，人们更注重宏观调控，缺乏微观层面的调整。实际情况却是，高职教育是一个极其生动、复杂的过程，由多种微观因素构成，包括教师、学生、课程、教学方法、教学过程等。如果无法将这些微观元素有机整合起来，即便有再完善的宏观调控体系和可观的数字、规范，都不能促进教育质量的协调发展。根据统计教育教学压力的报告来看，大部分教师都认为自己教学压力大，不想再从事教师职业、有更换工作想法的占60%。因此，目前需要迫切解决的问题是要引起对高职院校教师幸福感的高度重视，提前对高职院校教师的健康状况给予关注。

第四，缺失精神文化和独立人格。高职院校教育质量管理的重大危机就是缺失高职院校的人格和精神文化。高职院校应该杜绝外部不利因素的影响，结合自身的办学思想和特点有针对性地进行制度文化建设。高校也要善于吸取其他的成功经验、听取各种意见建议，明确办学目标，发挥好有经验教师的"传、帮、带"作用，将教育工作落到实处，而不是只停留于表面工作，流于形式。许多高职院校存在"唯上是从"的现象，稳固的教育行政使得高职院校独立人格和精神文化严重缺失，没有体现出教师的主体地位。

第五，在教育过程中涉及的管理部门没有履行职责，在传统教育发展模式中，教育应该由社会各阶层代表共同负责。但实际情况却是官办、官管、官评，政府对高职院校教育质量管理进行了过多的干涉，高职院校和社会的主体地位无法显现。政府在教育发展过程中，应该起"引导"作用，制定相关的法律法规，提供优质的教育环境，学校按照这些法律法规开展教学活动，使教学者和受教育者更具有发言权。

第六，教学缺乏创新。在理论知识教学方面，许多高职院校教师缺乏自主创新，过多地依赖于教材，缺乏创新创造能力和自主探索能力，这些现象的出现在一定程度上与教师资源有关。许多高职院校教师队伍紧张，每个教师的教学任务和行政任务繁多，本来是有技术含量、社会地位高的一项工作，却成了疲于奔命的体力劳动，教师没有额外的时间和精力去思考和改进教学行为和教学方法，依然采用传统的"填鸭式"教学手段。在教学方法上，教师由于受到传统教学观念的影响，只是单纯地站在讲台上讲授知识，不注重对学生启发性思维的训练，用旧有的教学模式教授给新时代的学生，没有给学生提供足够的机会和平台，在一定程度上违背了教育的发展规律。

综上，教育质量观对于教育质量发展意义重大，我们应该确立科学合理的教育质量观念，创建内涵丰富的教育质量文化，牢固确立教学的中心地位，注重构建高职院校的精神文化和人文氛围，不断培养教师的创新创造精神。

二、高职院校教育质量提升问题原因分析

随着我国高职教育的迅速发展，我国的社会和经济发展也随之取得了巨大成效，高职教育逐渐大众化，这符合我国社会和经济发展的基本要求，也是世界高职教育发展的必然趋势。我国高职教育所取得的一系列成就显而易见，但要让人们对高职教育充分接受和认同还有很长的路要走。高职教育发

展始终面临着许多挑战，人们普遍认为学历越高越好，没有用正确的眼光看待职业教育，这些都是我们需要解决的问题。

第三节　高职院校质量评估、监控、保障体系创新

一、高职院校质量评估体系的构建

（一）我国高职院校教育质量评估存在的问题

1. 高职教育评估中行政干预偏重

现阶段我国高职教育评价体系政府参与明显，这一现象在具体的评价过程中既有优点也有不足。如果政府能够利用自身权威性的身份，将各方力量对高职院校教育的期待与需求及时传递给教育评价机构，便能够有效推动评价标准的制定和评估工作的快速进行。但是我国经济形式的不断变化也影响着教育评价工作的进行，经济发展越来越要求有更多的专业技术型人才，因此企业将发展的目标指向了高职院校教育领域，所以要建立新的教育评价主体，这一主体要体现社会就业对于教育的需要而不只是体现政府力量作用于教育的影响。如果能够丰富教育评价过程中的主体参与，教育评价过程将更有针对性，学校也能更信任其评价结果，以此来改进学校专业领域的设置和课程结构，同时不同主体之间的协调能建立符合大多数人利益的评价标准。

最初我国教育评价活动是由政府带头进行的，这一决定对于改进高职院校教育状态来说是正确的。但是，我国教育评价活动的开始时间落后于西方国家，来不及进行系统的知识理论研究就将评价体系应用于高职院校，在实践操作的过程中存在评价技术无法解决的问题，因此，需要我国专业学者进行深入的研究和学习才能解决。目前我国处于政府领导下的教育评价状态，对于高职院校改进教育是有一定进步作用的。由于传统观念和现实需要，国家对高职教育的行政干预被普遍接受，高职院校高度服从国家管理。但质量评估缺乏科学可靠的理论指导，评估工作停留在表面，无法深入到教学内部，

无法真正检测教学质量，会减少人们对于第三方教育评价机构评估结果的信任度。

由于政府教育部门直接主导高职院校的教育发展方向，所以对于高职院校教育进行质量评价离不开政府。如果政府能够减少参与教育评价过程，社会和群众力量就有机会对评估机构提出自己的建议和需求，使教育评价工作真正走向专业化发展。另外，如果能为高职院校寻找到新的教育资金投入者，高职院校就能走出政府的附属部门的范畴，有效减少高职院校模式化发展的现象。同时对教育评价过程应该建立相应的独立监督机构，不能让同一主体反复干预正常的教育评价工作，教育评价工作本身应该是客观的，不应成为某一部门的主观性的思想反映，应该加强社会力量参与到教育评估工作过程中，反映民众的意见和需求。

我国目前对于高职教育的评价仍处于初期发展阶段，在不断变换政策的过程中难免存在一定问题，如果政府能将教育评价所用的高职院校专业统计数据和具体的评价计划、评价流程公布于众，会大大增加人们对教育评价结果的信服力，要改变目前教育评价工作的死循环模式，应该将评价机构对于高职院校的检测结果定期向社会公示，给予学生和社会一定的参考性。如果能够根据社会意见形成新的教育评价模式，会加强高职院校与社会和企业之间的交流，增加高职院校发展特色化专业的可能性。

2. 社会中介机构发展空间小

我国为提高教育评估结果的专业性，专门建立了针对学校专业和课程设置等方面进行评价的教育评估机构，机构内部是学习各专业时间较长并取得一定研究成果的相关领域的学者，将这些人聚集在一起共同对高职院校进行评价具有较强的专业性。

在世界其他国家中也采用第三方机构对高职院校教育进行评价的制度，但是经过各国实际评价操作经验的总结，如果不能控制政府教育部门的权力使用，第三方评价机构无法发挥其真实的评价作用，同时社会力量和企业对于高职院校教育的需求也无人关注。原来对高职院校进行质量评价的部门是政府教育机构，属于国家性质的评价机构，现在进行质量评价的是第三方社会性的教育评价机构，二者在高职院校心中的威信力是不一样的，高职院校对于政府和社会机构评价的重视程度是不一样的。如果我们能够增加第三方评价机构评估的专业性，使其对社会评估部门的信任超过政府评价部门，高职院校就会开始重视社会评价结果对学校教育专业的进步启示，在第三方评价机构的评价过程中能够认真准备评价材料。我国目前教育评价机构还是从属于政府门下，如果不能改变这一现状，第三方评价机构的评价结果还是不会被人们信任，在不同程度上还会带有政府意志和个人色彩，需要尽快找到教育评价机构能够负担自身费用的评价方式，促进其内部改革让其尽快独立于政府部门之外。

在我国，第三方教育中介机构是针对高职院校教育专业的评价机构，虽然其有政府资金投入作为保障，但还是需要自己开拓业务，政府部门是不对评价机构提供业务信息的。所以，我国目前评价机构如果不能有充足的运行资金和运营业务，就会走向倒闭。针对这一现状，评价机构自身应该不断进行改进，在减少资金消耗、提高资金利用率的同时，应该不断向外拓展业务，和其他机构、社会群体展开合作，教育评价机构不能因为资金的短缺而成为某一部门的附属品，使人们不信任其教育评价结果。我国政府会接受高职院校的评价任务，政府对于这些评价任务主要采取给予评价机构进行评价，但是有相当一部分的教育评价机构规模小、长期服务过程中与政府部门接触少，就像小型的私立评价机构是接触不到政府提供的评价项目的。能接受政府提供的评价项目的教育评估部门都是本身与政府有一定关系的，这一类机构服务于政府教育部门，其自身发展有政府资金作为支持，运行稳定，但其与社会的教育力量接触较少，只有其能改变发展思路，才能够承担起社会和学校赋予其的责任使命。在这种状况下私立的教育评价机构只能依靠自身去发展，如果政府能改善私立教育评价机构的发展现状，这些私立教育评价机构在提高自身的评价水平和技术的同时，还能够解决政府和学校之间教育政策传达时效性的问题。

总的来看，我国目前教育评价体系发展的现状是大型教育评价机构没有专业评价实力，已经成为政府的下属部门，专业的私立教育评价机构没有发挥空间，各个社会群体无法了解高职教育发展的真实水平。如果我国目前的教育评价机构不能摆脱政府的控制，那么距离我国形成完善的教育评价体系还有一段时间。

3. 评估标准单一化

我国针对高职教育评价体系的不同发展阶段会出台相应的评价方案和评价文件，现阶段的教育评价方案是对各种类型的高职院校进行统一的成绩性评价，不针对高职院校开展的个性化民族性的专业展开其他的评价，也不在乎所评价的高职院校教育基础处于同行业中的何种水平，这种方式在一段时间内保证了我国教育评价体系的平稳运行。但是也导致了一定的问题，高职院校的特色化专业得不到有效的评估，高职院校培养人才的方向只能根据评价机构得出评估结果，导致目前各高职院校所培养出的人才学习内容一致且发展方向一致，学生缺乏个性化的职业发展特性。目前，针对教育评价的标准应该进行改进，政府和社会相关机构如果不能将教育评价的标准立足于高职院校本身，那教育评价标准还是缺乏针对性，要在充分了解各高职院校历史文化底蕴和相关专业变动的基础上，将各高职院校进行基本分类，这一步骤是必须进行的，因为分类之后不同类型之间才会有参照比较，同一类型的可以采用相同的评价标准。在我国后来颁布的教育文件中有相关理念符合我们将要建立的教育评价标准的概念，里面提出要建立起适合的评价标准就要先从评价的目的考虑起，对高职院校教育进行评价本身就是为了帮助高职院校找到自身教育的不足之处，帮助社会和企业找到符合自身要求的技术和知识人员，共同促进国家经济利益的整体提升。

在世界各国之中教育评价体系较为发达的是美国，之所以美国的教育事业如此发达，是因为美国的经济基础较好且有足够的资金投入教育领域，并且在不同的发展时期采取了合适的政策，以美国不同种族自治为基础，各地区教育政策和教育评价制度都根据地区经济状况、受教育情况和民族文化的不同采取不同标准，各地区的教育评价政策都能有效促进高职教育的发展。我们可以从美国成功的教育评价体系中学习经验，如果我国政府能够减少对教育评价过程的干预，评价机构能够根据高职院校历史文化渊源和专业设置的不同采取不同的评价政策，就能改变我国目前高职院校专业向同一方向发展的现状。

我国目前发展高职教育评价体系不能再将评价标准固定化，应该根据各个学校的特点发扬优势和地域文化，结合世界各国经过实践检验的先进教育理念，不断完善我国的评价体系和教育体系。如果我国政府不能够建立不同层次、不同类型的学校评价标准，那高职院校培养人才还是固定的模式化，不能体现人的个性特点，我国教育评价体系仍旧会停滞不前。

4. 评估经费分配不公平与不足

世界各国的第三方教育评价机构都是以政府的项目性投资为主要的资金来源，同时政府还要参与高职教育评价目标的制定，教育评价机构便会自然而然成为政府的下属部门。在这一过程中，第三方评价机构会出现由于政府资金没有及时注入其内部而产生的问题。如果政府对给予评价机构的资金合理使用，就能减轻评价机构之间对于评价项目的竞争，有利于将教育评价资源平均分配给各个评价机构。目前政府需要改变资金投放政策，不能因为大学等级高低不同就投放不同的资金，会给各个大学造成一定的发展负担，也不利于地区教育资源均衡分配。

从我国发展高职教育评价体系至今，存在以下特点：政府承担评价机构的所有支出，在让评价机构没有后顾之忧的同时也对评价行为产生干扰，使第三方评价机构的评价行为不能起到真正的作用。目前我国针对高职教育评价体系最应该做出的改变是：减少政府对于第三方评价机构的控制，对于评价机构，应该丰富其资金来源。因为目前给予第三方评价机构的资金都是由固定部门的官员进行下放，在这一过程中由于人是具有随意性的，并且人的思想可能会受到其他因素的干扰随时发生变化，使其不能坚持原本的正道思想，会导致将国家教育评价资金占为己有的现象。在官员内部建立合理的评价资金监督机制和立法规定，能够减少人员的不正当行为，保障评价机构的鉴定结果，对高职院校改进教育有促进作用。

如果政府对于我国教育评价机构投入的资金充足，那公益性的评价机构和商业性的评价机构就没有本质上的区别了，二者都是对高职院校教育和专业进行技术评估的组织，不会使教育评价活动由于资金不足而被迫在本质上产生变化。由于第三方教育评价机构评价过程中资金支出较多，所以如果没有政府部门的支持评价机构大多运行不动。我国对教育评价过程中的资金支出进行了改动，对于被评价一方大多数对象是高职院校，对其收取一定的服务费用来减轻评价机构的资金压力。如果将第三方评价机构的评估人员工资不由评价机构给予而转由政府为其开工资，能够大大减轻评价机构运行的负担，这样评价机构就只需要负责每次评价出行的费用和中间产生的成本，教育评价机构就不需要依附于任何资金方，成为真正独立于任何势力之外的检验评价机构。解决了第三方评价机构的资金问题，就会减少许多公益性的评价机构经营失败的现象，成为真正对高职院校、对社会有用的教育评价机构。

5. 评估结果存在主观性

如果不能对学校提供的评价材料的真实性做出有效的判断，下一步工作就无法进行，再加上教育评价机构的专业人员并不认真检查相关文献，那教育评价检查的文件内容可能并不符合高职院校专业本身，阻碍社会对于高职院校教育专业性的认识。如果政府能够将高职院校具体的教育信息公开给第三方评价机构，就能够有效减少评价过程中信息传递的麻烦，能够保证学校提供的评价材料的真实性，同时确保评估结果的有效性。在我国教育评价过程的进行中应该将各主体之间消息传递的时间缩短，同时应该禁止各方面专业人员的随意发挥，尽量将所有评价条款落实于书面，增加教育评价结果的可信度。但是，如果能将评价过程控制得松紧适度，评估人员既能在一定限度内发挥自己的主观意识，评价标准又有相关规范。

社会上普遍认为学校将第三方评价机构需要的学校内部的相关材料准备好后，评价机构的评估人员不能在规定的评价时间内阅读完学校提供的专业材料，这样对于学校专业的评价就是片面的，但是目前的高职教育评价现状就是如此。如果学校不提供详细的专业记录资料，就视为学校不配合教育评价工作，但是学校将多年的专业历史资料拿出来后，也为教育评价工作增加了一定难度。如果对高职院校专业的评价检查工作不能够更加高效地完成，是变相地对评价人员增加更多工作压力，也是增加评价过程中的难度。对高职院校进行某一方面的评价是有具体的时间限制的，所以不可能详细地去看学校提供的所有材料，评价机构只能根据学校提供资料的详细程度来评价学校是否具有专业性。但是在这一过程中也产生了一个弊端，即高职院校有可能在教育评价的过程中提供虚假的信息材料，从而在评价结果中得到一个较高的满意度。

在我国评价机构评估学校的过程中发现了一些问题，评价机构针对学校的不同专业会聘用不同的评价人员，这些人员多是临时组成的评价小组，评价人员之间缺乏配合，评估过程会出现一定重复的现象，评估工作效率被降低。如果评价机构事先不与学校沟通评价标准，其评价结果可能不满足于学校对于其本身专业的要求，所以应该和学校预先进行沟通制定出评价标准。同时，一种教育评价标准不应该适用于所有被评价的学校，学校内部会有特色化的民族课程等特殊的地方，针对这些部分不应该采用模式化的规定标准，如果不能及时改正评价结果，则会出现不贴合真实情况的现象。

（二）我国高职院校教育质量评估体系改革与创新

1. 转变政府职能，加强宏观调控

我国从发展高职教育改革以来，将高职教育的一切工作都视为与行政工作同等地位，对为高职院校教育进行教育评价的工作也是非常重视。对于教育评价工作和高职教育发展如此重视还有另一个原因，就是高职教育发展的主管部门和教育评价标准制定的部门都是政府，一旦有政府参与的活动就必须严谨对待。让政府参与高职院校教育活动的各个方面，既有好处也存在不足，因为我国目前的经济政策是希望加大社会市场对于经济的自主调控力，这种经济发展理念也影响着我国教育发展的过程，提倡政府减少对于高职院校教育活动的干预。政府可以参与教育活动，但只是合作总体政策流程的把控者，不能深入教育评价过程的具体环节，政府如果想要有效地发挥自己的教育权力，制定真正对于高职院校有作用的教育政策和教育评价标准即可，增加社会其他力量对于高职院校教育活动的参与，提高民众对于教育结果的信任度。所以，针对目前各方主体都认识到了政府应该减少教育评价活动中参与性的问题，政府应该采取一些措施进行改进。能够采取的具体措施主要在以下几个方面。

一是政府减少具体过程中的行为干预。政府属于高层领导机构，每天日常工作事务繁多，不应纠结于某一问题的细小方面，政府管理的主要对象应该是运行规则，而不是监管教育评价机构和高职院校本身。政府应该进行的是做好大框架的运行规则的制定，具体的教育评价权力应该给予专业的部门，自己进行间接的监督即可。这样政府的工作精力就能放在更多重要的项目上面，不参与复杂的评价工作也能够避免评价过程中人员的一些不正当行为，提高公民对于政府权威性的信任。另外，如果政府部门担心自己将权力外放之后，会完全失去对高职教育的管理权，可以提前采取对教育评估流程进行法律规范的方式，也可以对教育评价的结果留有自己解释的权利。

二是为避免第三方评价机构产生不正当的评价行为，扩大对高职院校进行评价工作的主体。政府部门不仅要对我国高职教育领域进行管理，我们生活中的方方面面都有政府管理的痕迹，所以，政府对高职院校教育进行评价这一行为是符合其权利规定的，政府肯定是众多高职院校教育评价主体中最重要的一方。随着我国经济形势中社会力量的影响越来越大，教育评价活动中如果没有社会力量的参与也会减少一定信服度。所以，社会力量和公益机构开始对教育领域追加资金投入，也希望能够享受通过高职院校教育带来一定的利益需要，因此想要保持政府是唯一的教育评价主体的现状是不可能的，只有越来越多的利益主体参与高职院校教育活动的过程中，高职院校教育的效果才能得到普遍提高。既然各方社会力量都已经对高职院校教育进行了一定的前期投入，在教育管理和教育评价的过程中各主体都应该有一定的决策权力，高职院校教育所得的结果也应均衡地满足各利益主体的不同需要。所以，政府将教育评价的权力分配给其他机构，给予了社会和企业不断发展的自信心，同时对于自身和其他主体的权力可以给予立法保障，政府既能减轻工作压力又能使评价工作更有效率。

2. 加快高职教育评估法制化进程

如果不将高职教育评价的具体过程以法律条文的方式进行明确规定，机构之间的评价行为就会过于随意化，第三方评价机构的独立地位和权利也得不到合法保护。如果高职院校的评价标准仅由评估机构制定对于高职院校不公平，所以政府需要派遣专业学者帮助第三方评价机构制定评价标准，同时将评价标准用法律条文的形式固定下来，减少评价过程中主观性的想法发挥。第三方评价机构身上还有代替政府对高职院校教育过程进行监督的作用，如果不将这一权利在法律上给予规定，在执行过程中就会缺乏说服力和威信力。如果法律无法保障评价机构评价过程的公正、公开和透明，那么评价活动便会被其他不可预见的势力所影响，只有一切评估行为依靠法律规定进行，社会群众对于评价机构的评估结果才会更加信任。将评价过程法律化可以从以下几个方面入手：一是用评价章程规定好评估人员每日的工作内容、工作检查标准、工作范围；二是将评估过程的具体流程以条文形式固定下来，评估人员在进行检测时可以明确照此执行；三是增加对评价过程中边界性行为的界定，减少评价过程中各方力量的摩擦。同时，不能只制定法律评价政策而不去照做执行，加强对评价法规执行过程中的监督，使评价的法律法规真正有效落实。

考虑我国现在的关于高职教育评估的法律数量少和配套法律不足的情况，加快高职教育评估法律建设应从两个方面入手：一方面是要从我国现实情况出发，执行我国现行的高职教育评估政策；另一方面是丰富教育评价过程中不同流程的法律规定。制定教育评价法规与制定教育评价标准一样，都需要先根据高职院校的教育专业和课程对高职院校进行一定的分类，在分类指标的基础上，根据教育层次的不同对高职院校评价工作进行不同的法律规定，同时要考虑到地方学校的特色化专业和民族课程，对此要进行一部分特殊规定。在制定相关教育评价法规时要考虑到，有从属关系的部门应该有更针对性的法律去规定，同时不同部门之间应该协作共同完成教育评价过程。制定教育评价法规的部门也需要制定一些补充条例解释具体的法规政策，因为教育法规里面全部都是专业名词，社会民众和工作人员理解起来有一些困难。建立细则化的解释规章后能够减轻评价人员的工作任务，使教育评价工作更具严格性和信任感，也有利于我国教育评价工作取得阶段性的进步。

3. 不断改进高职教育评估方法和评估技术

加强对一个技术种类进行深入的研究，需要从两方面入手。

一方面，首先是基础知识的学习，而后才是实践手段的练习，如果改进教育第三方评估技术不经过系统的理论知识的学习，技术就是架空的，评价方法在应用过程中会不符合高职院校的专业要求，评价结果不能反映高职院校教育的真实水平。我国开始认识到教育的重要性是在西方国家已经在教育领域取得一定进步以后，所以我国对高职教育的评价标准的理解还存在一些不足。但是我国教育历史丰富，与高职教育评估方法相关的其他学科在我国已经有较长的发展历史，我们可以通过阅读教育史料并结合当代各方面力量对教育需求的新趋势建立完备的教育评估方法。

目前，我国已经实施的高职教育评价的方法还存在以下几方面不足：一是评价一门专业学科仍然只依据此门学科的相关检验标准。评价一门学科时如果不能结合相关其他专业的质量标准，其评价结果是不全面不专业的，评价应该从多角度和不同主体的需求入手，这样才能检验出该专业的真正教育质量；二是第三方评价机构在招收人员进行评价时，没有严格的人员收录标准，有的新招入的专业检验人员根本不具备此专业的理论知识，已有的检验人员跟不上时代形势改变自己的理念，一直采用最原始的传统检验方案，这对于一些新兴的专业来说是不公平的；三是弄清楚教育过程中的几个利益主体，根据不同主体对于教育结果的需要建立教育评价的标准，因为高职院校教育本身就是要满足不同群体对于其结果的需要，如果评价标准没有实际意义，那么评估结果也不具备参考性；四是身处于大城市和县城地区的高职院校同一专业的检验标准也应该不同，因为二者之间本来就存在较大的基础性差距，所以在建立评价标准时，应该对学校所处地域进行一定调查。

另一方面，要针对具体的评价方向和内容进行规定的详细评价。我国在一开始进行教育评价工作时就提出评价针对的方向和对象要具体，不能对高职院校教育的一整块进行评价，评价工作不细致评价结果就不具备参考性。同时，我国在进行教育评价工作之前还会派专业的技术人员对高职院校的教育专业数据进行一定统计，以数据为基础制定相应的详细评价方案，在初期采取这样的方式取得了较为可信的评价结果。但是，在教育评价活动进行的过程中，评价人员逐渐发现影响教育过程的因素有很多，许多影响因素带有很大的主观特点，是不能通过数据分析进行控制的，因此，针对初期的教育评价发展来说单纯某一方面的详细教育数据无法真正对评价工作有参考作用。所以，针对无法进行简单量化的教育影响因素采取衡量化的指标，如果这些影响因素是人的主观精神和能力，就可以具体对这一部分人进行分析研究，先确定人的影响能力的最大限度和最小范围，再来进行教育评价数据的统计，这种属于定量性的评估方式，将二者针对的不同方面协调起来能够对教育活动中的因素进行可信任的数据建模。

4. 积极培育独立的中介评估机构

世界各国都在针对本国的高职教育做出不同程度的改变，世界性的进步也为我国建立教育评价体系提供了积极的借鉴作用，要想检验高职院校教育改革方案是否针对上一次有所提升，就需要对高职院校教育质量进行评价。经过我国长期的评价活动实践，总结发现可以通过利用法律规定评价过程中各评估主体的行为和评价流程，建立第三方的监督机构来监督评价机构的行为，减轻政府部门对于教育评价过程的干预，能够使对高职院校的教育检验评价更加科学和专业。其中主要进行评价工作的中介机构可以是政府组织建立的机构，也可以是社会力量组成的私立评价机构，目前还新兴起了一种由高职院校内部教师和专业学者组成的评价机构。但是，无论采取哪种性质的评价机构进行评估都需要确立其独立性地位，确保其运行过程中各项物资和资金储备充足。中介性的评价机构是处于政府和高职院校之间的部门，其地位的独立性也决定了它是连接二者的桥梁，向政府及时报告高职院校教育的不足之处，向高职院校转达政府最新的教育政策理念，通过自身的特殊性质建立起完备的教育质量评价体系。

不能只对教育评价过程的外部进行规定，在内部建设方面也应该进行优化。建立评价队伍时要聘用不同方面的具有专业性的学者和教授，对参与评估的人员受教育水平和职业操守进行严格的规定，因为评估的对象本身就是高职教育学校，如果评价人员不了解高职院校内部的基本运行规律和知识教育结构，也无法深入校园内部进行教育测评。针对这种状况，我国应该将行业准入制度延续到教育评价活动中，想要进入专业教育评价机构从业需要考取相应的资格证明，这样才能严格控制评价队伍的平均教育水平。如果不能及时执行这种资格证明制度，教育评价行业会加剧混乱情况，本来评估人员受教育层级并不高，但是因为其从事对高职院校教育的评价工作，社会上不知情人士就会抬高其身价地位盲目信从其说的话，所以应该建立严格的教育评价行业的准入制度，每隔一段时间对专业评价人员进行审查和培训。

5. 对不同层次的高职院校实行分类评估

由于目前国家能投入高职院校的资金数量有限，如果不对高职院校进行类别的划分，资金就不能有合理的使用方向，高职院校之间便采取不正当方式去争夺政府的款项，所以政府要做到对于学校内部情况非常了解，可以掌握每笔款项究竟适合于哪类学校。国家在进行改革的过程中意识到了高职院校分类的重要性，因此建立了专业队伍去各个高职院校内部考察，了解高职院校的教育历史，建立分类的标准，这样政府就能够保障资金使用是有效的，同时对高职院校进行评价的第三方机构也能够加深对高职院校的了解。目前我国高职院校教育是由政府和社会共同参与，所开办的学校类型比较多，我国各地区政府对于区域内的学校还会采取不同的政策，所以，如果不及时对高职院校类型和扶持标准做出统一规定，高职院校和社会都会产生不满情绪。

对高职院校进行分类的具体规则要服从国家文件的相关要求和高职院校内部的具体情况，如果不能将适配的教育资源分配于适合的学校，学校就会因为资金不足不能提供企业所需要的技术人员，学生也得不到公平的受教育环境，学校之间原本的差距就会被越拉越大。对高职院校进行划分的好处还可以避免高职院校都向同一种类型发展，那样其他方面的专业就会出现断层，对于这一专业的教学很难再延续下去，在高职院校分类的前期调查中还可以增加对高职院校民族特色专业的挖掘，带动学校招生人数的增长等。在高职院校分类标准制定完毕后，对于理科类院校可以增加试验设备投入，对于文科类院校可以增加藏书投入，各有针对地发挥自己的长处使学校有更长远的发展前景。

根据学校办学的大小和直属部门层级的不同，对于高职院校进行划分时需要实地考察，了解不同高职院校是否有核心特色的教育课程，是否可列为民族特色学校，掌握高职院校是否是国家采取重点政策去培养的院校，是否是民间力量创办的小型院校，等等。如果不考虑学校的大小和教师的能力水平，只考虑学校服务的对象，可以将高职院校分为职业类和普通教育类，职业类是针对企业的就业缺口，培养具有专业技术的实践型学生，普通教育类是学生学习其他的实践型不强的专业。在这个过程中如果政府不能将教育资金均衡地分配于各个学校，只依据办学场地规模来投入资金则会影响高职院校内部的运行秩序，不能真正发展平等的教育，导致高职院校之间教育成果会相差较大。

还可以根据学校对某一学科的精深程度、入学学生的文化层次和学校专业设置的类型，将学校分为某学科研究型大学、中等还是高等类的学校、侧重于文科类还是理科类的院校。第一种类型的学校主要是对于一个方面有比较多的学者聚集于此，学校这一学科本身就有历史研究记录，再通过学校的设备室和图书库对这一学科研究比较通透。第二种类型学校主要是根据学生年龄和文化层次对学生教授基本知识的同时，还要让学生学习技术操作。第三种类型是根据学校擅长的专业是偏向于哪方面，将处于同一大类中的专业聚集在一起，因为每一个专业想要学得精通都不是只学习一个门类就可以。对大学进行各种分类并不是要将高职院校排出贵贱等级，而是增加公众和政府对于大学内部的了解情况，可以根据分类的不同采取不同的评价和管理政策。

将各个高职院校根据不同的标准建立分类体系对于社会和教育评价机构开展工作来说都十分有利，各个高职院校之间教育基础、历史文化底蕴和发展方向本就不同，所以不能用相同的评价标准去衡量。对高职院校教育进行分类也能够促进国家政府对教育工作的有效管理，这样政府就能够根据对高职院校数据的统计，了解高职院校教育过程中的设备和资金需要，不会出现重复投入和缺少设备却久久得不到解决的现象，能够增加高职院校对于政府的信赖度。同时根据高职院校教育分类的不同制定个性化评价标准，使教育评价的结果更具针对性，让高职院校能够根据评价结果制定自身的教育改进目标和长期建设方案，再结合高职院校的地区特色，就能形成与其他高职院校不同的特殊专业，增加在整个行业的教育吸引力。而且，在原来的评价标准下高职院校之间会不断攀比，最终培养的人都走向了同一种发展方向，各高职院校在发展的过程中逐渐没有什么区别。对高职院校进行教育分类能够使高职院校认清自己的定位，跟自己比较，不断提高自身的教育特色。

　　6. 将评估结果与财政拨款挂钩

　　如果不将第三方教育评价机构的评价结果与政府的教育投入资金相联系，高职院校在改进教育时就会缺乏动力。高职教育学校虽然有政府投入发展资金，但是政府的资金毕竟有限，而且一个地区内高职院校众多，政府每次拿出来的资金总数是一定的，所以高职院校如果想要额外发展一些教育项目引进教育设备也需要自己筹措一部分资金。目前我国高职教育院校的经费来源主要有政府专项资金、社会慈善机构捐款和成功企业家的捐款等，在一定程度上丰富了高职院校资金来源的渠道。对高职院校内部课程和专业进行改革是一个不断前进的过程，同样也应该将对高职院校教育质量进行教育评价发展成一个长久的持续的教育行为。在之前政府没有介入高职教育活动的过程中，随着政府将资金投入高职院校，便开始了对高职院校教育过程和教育结果的干预，目前也要规划好政府投入资金的时间和数量，高职院校也要做好资金使用计划，将资金使用过程透明化。而且，在世界其他国家发展教育时都需要先对教育进行投入，投入的部门通常是与教育结果有很大影响的各方群体，他们希望通过为教育投入资金使教育的结果更符合其实际发展的需要。

　　我国高职学校更新学校内的教学设备、聘用教授级教师和学校内部行政

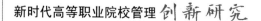

管理的各项开销资金主要来自政府、教育慈善机构的捐款和企业的项目投入，在这几种资金来源中，政府对学校教育的教育投入是占大部分的，但是就国家每年对各种项目的投资总数来说，对学校的投入只是其中的一小部分，因为目前生产领域是能有效提高国家收入和人民生活水平的部分，所以国家的大部分资金会流入生产部门。在这种情况下如果政府投入学校的资金不能得到有效的利用，高职院校不能很好地改进教学方式，便会使得教育不能满足社会对于专业人才的需要。所以，高职院校目前想要发展教育主要可以从两方面入手：一是为自身寻找新的教育改革经费的投入者，二是将有限的资金进行最大限度的使用。目前各国之中只有英国教育资金的使用最有效率，英国建立的资金使用制度具有很高的实用价值，其政府设立两个教育管理机构，针对学校教育类型的不同，投入不同的教育款项，其核心理念就是将涉及资金的项目根据一定标准分配到不同部门去管理，减少过程中的成本。

二、高职院校质量监控体系的构建

（一）我国高职院校教育质量监控存在的问题

1. 高职院校教学质量监控标准存在的问题

我国高职院校的教学质量监控体系还存在着一系列问题，主要有以下三个方面：目标缺乏系统性、标准不一、职责不清。

（1）高职院校教学质量监控的目标缺乏系统性

在分析部分高职院校教学质量监控的目标后发现，许多高职院校设置的监控目标缺乏一定的系统性，主要表现在以下四个方面。第一，总目标与分目标之间没有相关性，关系尚未得到厘清，人力、财力及物力等物质资源没有得到合理的规划，无法统筹各个部门和教学单位开展教学质量监控工作。第二，目标不具体。总体上看，各校的教学质量监控目标都存在形式化现象，监控工作浮于表面、流于形式，只是走过场，并未真正落到实处，获取到的信息无法保证其准确性，执行力不足。第三，目标分散。部分高职院校采取的依旧是传统的教学质量监控体系，注重知识的输入和输出，忽视了教学过程的监控。第四，目标缺乏系统性。由于没有系统的目标，高职院校的教学质量监控体系过分注重教学的监控，忽视了实践环节部分。

（2）高职院校教学质量监控的标准不一

我国部分高职院校实际绩效管理，强调课程的评价体系，通过对教师进行评价，充分发挥评价的鉴定功能，并对评价对象进行量化和排名。这种做法并不符合教学质量监控体系的指导原则，将教学质量监控看作高职院校实施管理的工具，无法实现教学质量监控的诊断功能、激励功能、改进功能和导向功能，在一定程度上异化了高职院校教学质量的监控标准。如此一来，教师的发展也受到了阻碍，无法充分发挥教师的明辨能力，不利于教学质量的提高。

（3）高职院校教学质量监控的岗位职责不清

为切实做好高职院校的教学质量监控工作，有关部门和人员必须按照责任义务严格落实相关工作，更好地开展相关监控活动，不断提高教师的积极性，提升教学质量。但实际情况是，高职院校制定的教学质量监控体系中的各人员岗位职责并未充分明确，没有遵循"全员、全过程、全方位"的基本原则。工作人员没有正确认识到自身的职责，只将教学监控活动局限于师生之间，无法促进教学质量监控的发展。教学质量监控工作本应贯穿于整个教学过程，但由于监控目标不明确，导致信息的搜集和反馈不及时，评教制度、评价制度等都不够完善，没有真正把教学质量监控活动落到实处，并且带有极强的主观性，难以将监控工作贯彻执行。

2. 高职院校教学质量监控运行存在的问题

高职院校教学质量监控在运行过程中主要存在以下三个问题：学生参与度不高、信息运行机制不完善和监控反馈落实不足。

（1）学生参与程度较低

在我国高职院校的教学质量监控过程中，教师受到了足够的重视，但学生群体却一直没有充分参与到监控过程中。许多高职院校都认为，只要有了综合素质过硬的师资队伍，就能够有效提高教学质量。但教学质量的高低，其根本是用学生的全面发展作为衡量标准的。因此，教学质量的监控也应该充分考虑到学生在教学过程中的信息反馈作用。然而，许多高职院校都并未意识到这一点，无法实现高职院校的自查整改，走入了教学质量监控的误区。有部分院校虽然在教学质量监控的过程中融入了教师和学生，但在信息的反馈方面只集中在教师的教学设计和教学的完成程度方面，忽视了学生在教学监控过程中的自主性和积极性。事实上，高职院校教学质量的监控体系并未充分考虑到教师和学生在教学过程中所扮演的重要角色，没有充分调动师生的积极性。在进行相关制度的制定和活动开展时，没有详细规划，没有持续提升教学质量，无法提高教学质量监控的实效，进而无法提升高职院校教学质量。

（2）信息运行机制不完善

在开展教学质量监控相关活动的过程中，由于受到信息不对称的影响，收集到的信息无法保证真实性，没有给予及时的反馈，造成了"监不能控""监而不控"现象频出。此外，教学质量监控收集到的信息覆盖面小、过于片面、不具有代表性，没有对相关信息反馈引起足够重视。由于不完善的信息运行机制，造成了元监控（对教学质量监控的监控）不足。高职院校无法根据这些信息作出合理的判断和及时调整，是否符合自身的发展情况，是否是合理的监控流程，是否能够取得满意的监控效果等一系列问题都会严重阻碍教学质量监控体系的正常运作。

（3）监控的反馈落实不够

教学质量监控是为保证教学质量而开展的，能够更直观、全面地发现教学过程中存在的问题和困难。但部分高职院校的教学质量监控中的诸多反馈信息却流于形式。首先，学生在进行评教时，多数采取分数或者等级的形式，学生提出的一系列整改意见和建议都未真正出现在监控职能部门层级。其次，在进行搜集教学质量监控相关信息时，没有对信息进行分门别类，便将其直接传递给师生。因此，师生在接收到相关信息后，也无法科学地筛选出有用信息，甚至还会产生消极的影响，例如，教师可能会认为评教分数低的学生不认可自己。与此同时，笼统的反馈信息使教师难以找出教学的薄弱环节，也就无法采取针对性较强的改进策略。

（二）我国高职院校教育质量监控体系改革与创新

高职院校教学质量监控体系的优化过程是一项全方位、多层次的系统性工程。要推进高职院校教学质量监控体系的不断发展，只有与时俱进，牢固树立起发展进步的创新意识，形成"全员参与、全程覆盖、全方位育人"的教育模式，由浅入深，循序渐进。

1. 把握教学质量监控核心理念

首先，把握好教学质量监控的核心理念，关键是要树立牢固的质量意识。构建高职院校教学质量监控体系的终极目标是要不断提升人才培养的质量，体系中的各个环节和方面都要根据这个目标展开。在运行高职院校教学质量监控体系时，要对体系中出现的问题和现象不断反思，积累经验和教育，及时发现问题并做出正确调整。此外，构建高职院校教学质量体系也要将人才培养的质量和效益有机结合起来，以学生、家长和企业的就业满意度作为参考，检验教学质量监控体系是否真实可靠。

其次，要明确教学质量监控的目标和标准。在开展高职院校教学质量监控活动时，相关部门的管理人员都要对各自的职责有准确的定位和明确的目标。高职院校可以按照现有的教育相关制度和理念，结合自身的特点有针对性地制定出教学质量监控的总目标和各个分目标，并将各个目标落实到各个职能部门。高职院校要进一步把各部门的工作职责和制度规划清楚，以免引起不必要的资源浪费。此外，高职院校在开展教学质量监控活动时，必须要有清晰的标准，包括动态标准和静态标准。动态标准主要体现在活动开展的过程中，静态标准主要体现在活动的结果上。例如，在对学生进行监控时，目标体系既要涵盖学生对教学的满意度，也要将教学育人的成效包括在内。标准除了要有稳定性之外，也要对其及时调整和完善。在完成一个监控周期后，要根据监控结果所体现出的问题及时地对监控标准做出调整。

最后，要制定规则和不断创新。规则主要是指高职院校在教学质量监控体系的构建过程当中，要按照一定的规则对各项工作的流程和要求提出明确要求。要不断推进教学质量监控活动的开展，在全体教职工人员和学生群体当中牢固树立起规则意识，要求其以规则作为行动引领，所开展的一系列相关工作都要以此规则为前进标准。创新是指高职院校要不断对自身的教学质量监控体系进行创新性的改进，在结合自身特点和借鉴其他高职院校的有效经验的基础上，不断完善自身的监控体系，在校内成立专门的教学质量监督组织。因此，高职院校在构建监控体系时，不能盲目照搬其他高职院校，要充分结合自身的办理理念和实际特点，以问题为导向，在遵守相关规则和发展规律的情况下，对监控体系不断地进行创新和完善。

2. 提升教学质量管理的信息化水平

目前现代信息技术蓬勃发展，给各行各业都带来了实质性的影响。教学质量监控也要充分与现代信息技术有机结合起来，通过相关技术手段对信息进行科学的搜集和分析，不断提高监控成效。因此，高职院校在进行教学质量监控时，也要不断提高教学设施的信息化水平，结合学校特点努力构建人才培养的数据采集和管理平台。数据采集与管理平台是体现高职院校人才培养实效的重要标准，能够将高职院校的办学情况和人才培养效果直观、全面地展示在大众眼前，学校能够更全面地掌握每个学生的就业情况，为高职院校监控教学效果提供了坚实的基础。

促进高职院校的人才培养数据采集与管理平台的建设，充分体现人才培养数据信息对教学质量监控的积极促进作用，主要可以从以下方面进行。其一，高职院校要不断对人才培养信息系统进行调整和完善，及时更新相关数据，确保数据的准确性和时效性，教学主管部门系统的相关数据和校内平台的人才数据需要保持一致。因此，要努力组建一支高水平的信息人才队伍，为学校开发出人才培养数据系统，同时要结合自身的实际情况，不断完善系统功能，及时整理、补充、完善相关数据，构建起科学合理的质量预警体系，将影响人才质量的不利因素减到最少。其二，高职院校要不断优化和完善信息的收集方式，制定科学有效的信息收集制度，努力从数据源头采集第一手数据。构建人才数据库，从原有的走过场的数据采集形式逐渐转变为主动采集并持续完善，从容应对数据的缺陷和不足。此外，要结合实际情况制定出科学有效的数据处理制度，对收集到的数据进行科学正确的分析和整理并不断改进，对各教学单位的人才培养效果做出科学客观的评价，形成"实时、动态、共享"的数据评价体系，不断促进教学质量监控体系的发展，切实提高教学质量。

3. 培育现代高等职业教育质量文化

在实际的教学实践中形成，学校所有成员普遍认同，科学稳定的群体意识、目标、标准和评价体系所形成的集合，称为高等职业教育质量文化。高等职业教育质量文化的发展已经逐渐成为高职院校教学质量监控体系的一个重要方向。高等职业教育的质量文化呈现出"金字塔"结构，从上到下主要是：精神文化、制度文化、行为文化和物质文化。因此，要培养出高质量的高等职业教育文化需要重点从以下四个方面着手。

首先，构建物质文化。高职院校的物质文化层面涵盖范围广，具有职业指向，主要分为校园设施文化和校园环境文化，体现出学校的办学理念和综合水平。校园的设施文化主要指学校的各类建筑、楼宇、装饰等，环境文化是指学校的生态环境、资源以及合格发展等方面文化。校园的设施文化和环境文化都对高职院校的教学质量监控和人才培养起着积极的影响作用。

其次，打造行为文化。高职院校的行为文化主要指各类活动，包括教学活动、课外活动、社会活动等形式。行为文化体现着学校的文化氛围和人文风貌。

再次，凝练制度文化。制度文化能够约束高职院校的管理，使其不断趋于标准和规范。高职院校的制度主要包括各类组织运行机制和管理体系，是文化建设的重要组成部分。

最后，弘扬精神文化。精神文化作为文化建设的核心，具有一定的隐现性，主要是指各种形态观念和心理建设。对于高职院校来说，精神文化的具体化形成了校风，精神文化的核心则是校训。因此，要不断传承和发扬学校的精神文化，明确学校文化建设的根本目标，找准关键，通过文化熏陶不断将人才培养的目标落到实处。

三、高职院校质量保障体系的构建

（一）我国高职院校教育质量保障存在问题

从世界各国改进高职院校教育质量保障的经验中，我们可以发现质量保障的主体永远不可能是一个部门或机构，保障的组织也是多类型的，主要有以下几种：行政性主管部门、专业性评估机构以及社会性相关组织。将组织结构进行分类能够有效地明确各个组织部门的责任和义务，有效监测教评双方在教学活动过程中的行为。因为涉及教学活动中的各个主体其本身的社会义务不一，各个主体的特征和功能作用也不相同，所以要明确各个主体的地位和责任才能推动高职院校教育质量保障体系得到完善，相反，主体内部的角色和责任出现混乱时，高职教育体系就无法运行，各个组织部门不能配合完成相应任务。

1. 行政性主管部门存在的问题

结合世界高职院校教育质量评估体系的发展历史，可以发现政府始终处于评估体系的核心地位。无论其他教育评估机构的评估方法如何，评估标准始终是以政府制定的标准为主，政府权威性地位依然存在。这种评估模式影响政府机构部门的变革，同时也阻碍专业的教育质量评估机构的发展和社会力量参与高职教育发展，使高职院校缺乏自主管理权，具体来看是：

一是政府身上所系权力过多，不仅管理高职院校的发展情况，还要对高职院校教育质量做出评估检测，使其他主体对于高职教育管理的权力下降。自从人们开始重视教育，教育行业开始快速发展，顺应计划经济的影响，政府不仅主管经济，还主管高职教育发展，政府成为真正意义上的高职院校领导者和质量评价者，这种高职教育管理模式阻碍中国教育质量保障体系的改革。加之，政府部门的权利过于集中，行政控制力较强，学校很难真正做到自主办学，学校的权力被弱化，政府权力过大会导致教育体制无法进行改革和创新，阻碍了高职院校与社会的联系和互动，降低了社会专业人士参与教育改革的热情，使高职院校无法全面认识到自身教育模式的问题。这种以政府为主体的评估体系是单一化的，阻碍了市场和社会进入高职院校活动当中，阻碍了高职院校与社会各界各企业间建立联系与合作，阻碍了高职院校内部质量保障体系的建立和完善，不利于社会对高职院校进行监督，削弱了社会和企业帮助高职院校进行建设和交流的积极性。这种政府集权的管理体系既阻碍了高职院校自身的发展和进步，也阻碍了高职院校与社会各界的联系和交流，不利于构建政府、高职院校和社会的新型关系。所以政府要积极推行简政放权政策，不断强化高职院校的自主办学权力，让高职院校对于自身教育情况有一定的发言权，可以不通过其他外设的评估机构就能了解高职院校自身教育活动中存在的问题。

二是政府下属各个部门各司其职，各个机构相互独立，而教育质量评估类型众多，每个部门采取不同标准评价高职院校教育发展情况使学校难以应对。在《高职教育法》中，明确教育质量评估的法律依据，规定唯一的教育质量评估主体是政府，这部法律的出现解决了一部分政府评估机构职能重合的问题。随着我国教育教学理念不断更新，各个学科向更深领域拓展，专业设置更加细化，为了大幅度提升高职院校教育质量的发展，教育部和各级院校设置教学委员会和教学质量检测委员会等，对学科的专业性和教育教学风气进行评估，促进了高职院校教育事业的前进。但由于评估机构设置过多，会出现一定的评估乱的问题。目前对高职院校教育主要进行以下几方面评估：学科专业性、实验室建设条件、校风学风、学校校园环境等，这些评估种类过多且有重复的评估。所谓的"乱"，就是评估的规则和标准没有得到统一，各部门的协调工作不到位。各个教育行政部门都有权力进行评估，但是由于各个部门组织的评估标准不同，评估的结果也会存在冲突，也就会出现基层工作得不到良好的处理。而且一些评估标准和规则都是由行政部门组织专家进行研究来制定的，这些评估标准都带有一定的个人情感和偏好，不一定具备专业的教育培养要求，阻碍高职院校教育走向高质量发展。评估的"随意"是评估主体对评估对象进行检测时没有经历完整的评估流程，没有科学理论作为依托，评估带有个人主观意志，这种评估方式阻碍了政府评估机构的基层分级管理和高职院校的自主教育权利。

三是在法律上政府仍是教育质量评价的唯一主体，由政府组织建立教育评估部门不利于政府改变职能发展方向。政府过度的集权导致评估权力被垄断，评估带有一定的行政管制色彩，评估专业机构和社会其他部门组织在评估中的地位较低、作用较小。而且，政府对评估过程和结果有直接管控的权力，政府对评估的管控直接体现了自身的意志，并且会通过评估标准、规则对高职院校进行一定的管控和制约。政府的评估涉及很多方面，如课程设置是否符合各专业发展要求、学校申办建立的程序是否合法、毕业生是否全部符合就业岗位需要等。这些在评估考核时都会影响评估结果，这些标准过于刚性，就使对高职院校教育质量的评估出现不科学、不合理的问题。所以评估机构也是帮助政府管理高职院校的部门，目前我国以政府为主导的评估方式在相当长的一段时间内不能改变，这就会导致一些高职院校为了达到标准而忽视自身特点和优势，增加了办学压力，事务性工作过多，而且，政府在宏观管控上的管理范围加大了，管理不到位，而微观管理过于繁杂。政府一般只和机构规模较大的评估单位合作，小型的评估机构即使政府将任务派发给这些机构，但其自身能力不足，也很难独立开展评估活动。这就是由于自身能力的不足，阻碍了专业评估机构的发展，自身的评估地位和评估能力无法得到提高。

2. 专业性评估机构存在的问题

尽管我国高职教育评估机构在当前有了良好的发展和进步，但是在总体上这与我国建立健全高职院校教育质量保障评估体系的目标存在着很大的差距。吴启迪认为，评估专业机构存在的问题主要有：第一点，独立性不强。专业性评估的隶属关系、项目委托以及经费来源等问题都会影响到专业评估的标准。现阶段行政部门对评估机构的影响很大，自身缺少独立性。第二点，专业性不强。评估机构自身的管理不足，专业人员较少，专业知识、专业素质较低，评估队伍力量较弱，评估理论、评估技术不完善，对于评估方案、评估标准、评估方法等都会产生影响，而且一些评估机构在评估活动中担任着管理者或服务者，这也是政府部门不能将评估工作完全交给评估机构的原因。第三点，职能发挥不足。在一些评估机构活动中，仍然依据着专家的标准，缺乏自身的专业标准和专业手段，很难制定出一套完整的、科学的评估报告。综上所述，评估机构很难发挥自身的作用，在专业性和不可替代性上存在着一定的问题。

3. 社会性其他组织发展存在的问题

在国家规定的评估体系中，政府始终处于中心地位，政府建立的评估机构在质量保障体系中发挥主要作用。随着政策改革高职院校和市场力量加入评估体系，几方力量一起对高职院校教育质量保障进行系统评估。但在实际的质量评估过程中，社会性的评估机构还存在以下问题。

（1）社会组织的参与度严重不足

随着国家政策对政府的要求逐渐变化，政府开始放权于下层组织部门，使社会力量与政府融合共同建立评估机构。高职院校在自主权力扩大之后，教育发展方向需要结合市场社会的实际需求，提高高职院校办学质量和行业自律管理能力。社会要对高职院校提出自主办学的要求和质量标准，高职院校自主办学也要符合社会经济发展的需求，紧随社会发展进步的脚步，加强高职院校和社会各界的教育互动和教育合作，借鉴国外教育机构的卓越成果。在社会经济持续增长的形势下，我国对社会上的评估组织机构的重视度以及认同度不高，尽管成立了专业的评估机构，但在学术型、行业型、科学型上等知识和能力上存在欠缺，能够做到这些要求的评估机构较少。但事实上，政府组织的评估机构项目中，缺乏社会各个领域和行业的专业评估人才参与到评估项目中。

（2）专业评估和认证处于分散状态

在政府开始将评估权力放给高职院校自身和社会时，出现了各种类型的评估机构，这些评估机构没有统一的办事条例，其评估标准不具备专业性，评估结果还存在一定问题。近几年政府针对这种现象，重新制定专业的评估标准和认证文件，并派遣相关专业学术团队加入各个评估机构开始评估试点，最先采取这种政策的专业是理科机械化技术专业方面，政府新颁布的这些举措将这几个试点专业重新纳入发展正轨。

（3）民间各类大学排行混乱无序

在我国当前教育行列中，人们衡量学校教育质量好坏的重要条件就是每年高职院校的排名，高职院校每年为提升自己的教育质量和排名次序，会邀请社会力量加入教育质量评估和教学过程，在各个方面的大学排名中，比较有公信力的是中国校友网、《中国大学评价》和网大等，对高职院校进行排名是可以激励高职院校办学热情的。随着现代社会经济发展趋势迅猛，社会和市场对人才的需求逐渐多样化，每年不断更新质量评估标准有利于保障高职教育发展质量，保障高职院校每年培育的高质量人才数量，为社会提供有价值、有质量的信息和服务，促进各大高职院校间合理竞争，不断提升自身的教育水平和教学质量。但实际上，大学的排名存在着一些弊端，公平性、公正性还需要加强。一些排行榜的数据来源并不正规，数据来源不可靠，统计的内容方法并不完善，信息的准确性不高，信息的时效性不强。有的还存在着一些暗箱操作和一些名利交易等行为，这些行为的目的都是为了提升自己高职院校的排名，但是这种行为是错误的，很容易引起大众的反感。社会各界对待这种排名的态度褒贬各异，大学排名逐渐走进大众视野，成为热点话题。

（二）我国高职院校教育质量保障体系改革与创新

1. 各类高职教育质量保障机构的行为规范

（1）政府从评估垄断者向规则制定者转变

根据新的教育质量评估体系发展情况来看，政府在评估过程中的社会角

色发生了转变，原来由政府统一进行教育质量评估的方式已经不能适应如今社会对高职院校教育质量的要求，政府由唯一的教育质量评估机构变成了教育质量评估标准的制定者，将评估权力转移给专业的教育质量评估机构，政府选择性行使评估权，这样有利于让高职院校教育质量评估进入专业化行列。

从各国行政管理体制改革来看：第一点是高职院校教育质量保障的高度集权在于国家政府在市场调解中的作用，教育评估机构要听从政府部门领导在多方面对教育行为进行的规定。政府教育部门根据市场就业情况指导高职院校培养人才的方向，做好教育结果的监测工作，在一定程度上给予高职院校办学授课的自主权。强化政府在评估中的作用，实行高职院校教育质量保障高度分权，能够利用行政权力对高职院校教育结果进行评估，政府部门还可以通过法律手段对教育活动中不合法的行为及时制止，保障学生教育权，这是其中的一点。第二点是政府不再以自身为高职教育利益和需求的唯一合理代表，加快政府职能转变和加强质量管理的有效策略的依据是高职院校教育质量保障。各国政府职能转变的实质是：政府集中精力和智慧，能够做好自身的工作，保障权利和义务充分的发挥。因此，政府做到简政放权，将高职教育行政部门的权力转移给高职教育评估中介组织，鼓励高职教育评估中介组织改革和发展。一方面，政府要制定相关的政策和法律法规，明确评估的规则和标准；另一方面，政府要加强对高职教育评估中介组织的引导和规范。

按照我国的发展规律和国情，中介性组织的建立和完善工作要保证政府的指导和扶持，在政府的推动和引导下，中介性评估认证机构才能够存活下去。这些机构的主要经济来源就是政府购买以及财政扶持还有一些培训政策的支持，只有在资金上能够有所支持，才能保障中介性评估认证机构能够发展下去。政府积极地将高职院校教育质量保障中的"错位"与"越位"的职能转移给中介性评估认证机构，通过合同、委托等方式与中介性评估认证机构进行合作和交流，对高职教育进行公共治理，共同对评估结果产生影响。根据实际情况来说，政府应该更多地将目光放在分配教育资源、制定各阶段教育政策和教育结果审查上，明确这种现象会引起的政策导向。政府能够制定符合高职院校实际教育情况的法律文件，稳定评估过程中各行为主体的评估活动。并且，能够依据法规对教育评估机构的评估行为进行检查，增加民众对评估机构的信任度，提高评估机构的专业性。政府也可以完善评估机构的准入条例，对符合评估要求的机构颁发从业许可，减少不正规机构乱评估的现象，能够明确评估工作的范围、责任以及权限等，规范评估行为，平衡好各个评估主体的关系，让政府、高职院校、社会形成权力制约以及平衡，在功能上充分发挥互补的作用，保证评估结果的客观性以及公正性。

（2）中介（第三方）评估机构保持独立并提供专业服务

根据国家最新教育政策要简化政府的教育职权，根据社会的需求组织出一些专业性教育评估机构，这种评估机构能够应用于各种教育评估活动中。现阶段我国的教育中介多数是半官方性的，我国教育中介机构自身带有官方色彩，但事实上评估并不能够满足我们的需求，在社会上的地位不明确。评估的机构不能梳理好政府、学校与社会的关系，自身的主体存在混乱。现阶段，教育评估市场还不能满足社会发展的需要，第三方评估机构运行体制还不健全，评估机构的从业人员还缺乏专业理论知识的培训，社会上对于评估机构的认可度也不高，所以高职院校面对评估业务还会去请教政府教育部。这种情况下，在评估权力上政府占据着主导地位，由于政府虽将监督权力交给评估机构，但目前教育形式发展还跟不上国家政策，相关法律法规制定得还不完善，政府在一段时间内的行为是"委托或代理"而不是"行政授权"。所以，中介性评估机构在委托和代理中很难独立生存下去，不能以自己的名义或独立的法人地位扩大自身职权，而且不能以独立的名义对法律人格作为担保，进而对评估机构的地位和职能产生影响。

目前，想要建立好我国高职院校教育质量评估体系需要明白政府与中介评估机构的关系，政府制定教育质量评估的总体规范，中介机构依据标准进行各专业的教育质量评估，将评估结果反馈给高职院校和政府机构，明确政府领导、中介执行，形成完整的教育评估过程。中介性评估机构是一种社会组织机构，与其他法人组织一样，都需要政府对其进行宏观调控和指导。政府在将评估权力交给第三方评估机构时，也赋予了它一定的行政权力，高职院校会根据评估结果整改自身教育活动，此时，中介评估机构是代替政府行使对高职院校教育的监督权力。在具体的评估过程中中介机构的评估行为也在政府的监控下，评估机构只需要完成政府部门交代的教育评估目标，向上传达高职院校教育质量评估结果，向下监督高职院校教育质量，成为高职院校和政府机构之间好的协调者。在国外关于教育质量评估机构的管理中，给予中介评估机构较大的自主权，它能够对政府产生协调工作，对政府进行制约。这与我国的中介性教育评估机构相反，我国的高职教育评估中介机构的成立需要依靠政府的领导，政府在中介性评估机构中处于主导地位，中介教育评估机构属于政府的下属部门，听从政府部门指挥领导。中介评估机构对待学校和政府的态度和职能并不相同，对于高职院校主要是进行教育质量的监督，而对于政府主要是服务于政府的需要，并不监督政府部门的行为。

中介性评估机构是一个独立的主体，虽然自身的资金和经济基础较差，但是机构内部的能力较强，技术性、专业性较强，在教育行业中得到专业人士的普遍认可同时又具有政府权威，中介性教育评估机构是除了高职院校和政府外的又一个权威性的机构，独立于政府部门和高职院校以外，评估过程不受各个部门干扰，这种中介性的教育评估机构针对高职院校办学的各个专业，每个专业采取不同的质量评估方案，运用专业化的手段和公正的评估态度对高职院校进行理论性和实践性等各方面检验，形成在整个教育质量评估行业的权威性，社会、高职院校和政府对于专业的中介教育评估机构非常信任。除了中介评估机构的检测手段专业，还有其评估过程全公开、全透明的评估方式吸引政府将教育质量评估任务交给它们，中介评估机构在评估过程中会将每一环节的评估标准与评估结果一同公布于信息交流平台，也欢迎社会各方面对其评估过程进行监督，这种公开化的评估也能促进中介机构本身完善评估方式和评估过程。而且，中介性教育评估机构要不断提高自身的专业水平、专业能力，全面提高从业人员的整体素质和能力。

2. 高职教育质量保障治理体系的运行机制

我国为建成专业的高职教育质量评估体系进行了不同方向上的探索，最有效的解决方案还是建立独立的第三方专业评估机构，这个评估机构上连政府下接高校，针对不同专业采取不同的评估机制，在政府统一纲领的领导下，携手高校形成专业的质量评估体系，在这一环节中，每个机构发生变化都影响着整个评估行为。

（1）激励机制——政府购买与市场供给

我国关于教育质量评估提出了新政策，提倡政府简化教育质量评估的权力机构，将质量评估工作以委托和承包合同的方式向社会征集专业的评估机构来进行检测，这样评估机构为了得到政府的评估资格，就会不断提高自身的专业评估能力，同时评估机构的内部改革情况也受教育质量评估市场需求的影响，市场需求适宜，就会激起评估行业的良性竞争，促进整个行业内部的繁荣发展，使我国高职教育质量保障体系充满活力。在加快政府职能转变的同时进行"促进管办评分离"的活动，政府由于自身的原因将专业性评估工作"委托"给其他评估组织机构，整个委托评估过程是以政府部门为引导的，政府会对这种评估机构进行专门的资金扶持，评估机构不再根据评估对象收取额外费用，这种政府参与的评估活动对于评估机构来说具有一定的社会保障，评估机构愿意接受政府委托。在这种情况下，评估机构与政府成为了商业交易中的买卖双方，在各个评估机构的竞争中完成评估行为。但是原来评估机构还是政府的下属部门，与政府具有隶属关系，所以，在接受委托任务上具有较大的优势，可能会出现垄断的现象，不利于其他评估机构的发展，不利于各个评估机构进行公平竞争。

政府作为评估服务的"购买方"这种评估情况是由于社会上专业评估机构层出不穷而产生的，那一时期对政府将质量评估进行委托的这种行为没有制定相应的委托规范，可能存在委托评估都由与政府合作密切的评估机构独揽，两方以私下协商的形式解决委托评估行为。这样使其他的评估机构没有竞争机会，整个行业风气不健康，评估机构的专业能力也不会得到提升。针对这种评估委托的乱象，国家相关部门制定了交易准则，将政府所需要对外承包的评估工作作为招标项目，对评估机构进行职业资格审查，符合评估行业要求的评估机构可参与政府的招标，建立良好的评估市场氛围。同时，专业的评估机构的建立离不开政府，需要政府培养一批专业的评估机构，完善我国教育质量治理体系，能够让教育评估机构有能力承担起对高职教育质量的评估和监测任务，能够满足高校对于自身提高教学质量的要求。

从另一个角度看，想要让教育质量评估行业健康发展不能只依赖政府的努力，教育质量评估的市场前景如何也影响评估机构的运行，社会对于教育评估的需求大才能调动评估机构自身发展壮大。西方国家的高职教育质量发展情况是中高职教育评估市场的基础上逐步形成并发展，而我国要想发展高职教育评估市场，就要结合本国国情和社会经济发展规律，保证评估市场能够符合社会发展的要求，要从多个方面考虑，将高职教育评估市场不断完善

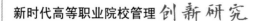

发展进行创新，培养出更多消费主体，激起消费者的消费欲。高校能否受到群众和政府的认可主要在于高校的教育质量，重点高校能够培养出高质量人才是其立足于众多学校的根本，我国采取各种措施如：进行教育质量评估等等，都是为了提高教育质量。我国的各大高校都应该有自身内部的评估体系，进行自身评价，促进教学质量的提升还要产生评估的潜在需求。高校要将内部评估充分的发挥其作用，将需求转化为实际行动，教学生的需求转换为评估的标准。

现阶段我国高职教育评估前景较好，政府能够根据评估结果及时调整高校教育政策，也能根据就业市场的需求增设新的高校专业，同时这种供求关系也会受到政府的宏观调控。在评估市场的初期，政府要制定相关的法律法规来对评估市场的供求关系进行调控，能够让高职院校接受评估，并且能够进行自身评估。高职院校能够根据评估的结果进行自身的调整，提高教学质量，高校内部资源进行合理的优化和分配，设计一些奖惩制度，能够对教学质量、专业知识、教学课程良好的教师进行奖励。能够运用各种手段激发教师工作的积极性，提高课堂上学生学习的效率，满足社会就业市场对于不同种类人才的需求。在我国国情的要求下，我国的市场发展趋势要有自身的特色，不能模仿西方市场的发展模式，要符合我国的国情，符合社会主义的发展趋势，要体现出中国特色主义制度。不断扩大高校的办学自主权，"深入推进管办评分离"，改善高职教育市场评估风气，除政府委托评估的形式外，将高校的评估需要及时公布于评估市场，稳定评估机构的资金来源，让质量评估服务更加的职业化。

（2）规范机制——资格认可与元评价

关于建立质量评估行业的规章制度方面，在国外有不同方面的尝试，他们先对教育质量评估机构是否具有专业的评估技术进行资格审查，审查部门多为政府机构，通过这种初步审查，建立质量评估市场的准入规则。在具体的评估过程中对评估机构进行监督，评估方式和评估准则不符合政府规定的评估机构收回准入资格，这种实时淘汰的政策保障了教育评估行业的评估质量。在我国评估机构有以下几个特征：受政府领导成为为政府服务的单位，独立于政府权力之外，由具有专业知识的人才组成评估机构，这种评估机构的性质属于非官方单位，不属于政府下属部门。这些评估机构的准入资格不由政府部门进行审查，由当地的教育部门进行资格检查，政府对这种民间评估机构没有统一的评估准则。虽然这些机构属于非官方性质，但是也在评估行业中占重要地位，不能只对隶属政府部门的评估机构制定标准，要完善评估行业总体市场评估标准，这一方面可以借鉴国外的评估标准制定方案。我国建立了认证委员会对评估机构各专业制定评估要求和咨询服务，对于职业和行业教育领域也迫切需要从资格认证制度的实施中学习。

对评估机构的日常评估工作做出考核可以提高评估行业的公信力，培养评估机构自我发展完善，为了不断提高评估的专业性，资格认定除了要有一套规范的评估程序、机制外，还应特别关注评估机构的专业素质和专业技术水平。结合国家关于高职教育建立的教育质量评估市场准入规则，定期对教育评估机构的评估资格进行检测，整顿评估市场的风气。随着我国经济发展形式对高职教育提出更高层次的要求，可以将高校培养出的具有行业从业资格的专业强的高质量人才纳入评估机构中，提高整个评估行业评估人员的专业性。这种新的考核评估机构工作的方式，是从两方面同时进行，一手抓机构资格，一手抓人员专业性，有监督才有进步。这样不仅能保证评估结果的可信度，还能建立整个行业的业务权威性。但是，我国高职教育各项评估活动普遍缺乏元评估机制，一方面由于没有专门的部门对评估人员的从业资格进行检测，另一方面是传统的质量评估部门从属于政府机构，由政府进行统一领导管理，而政府在民众心中的信任度极高，人们相信政府机构的评估结果。因此如果评估过程没有监督，评估结果对高职教育的发展没有实际意义，会损坏政府在民众心中的公信力，难以发挥促进高校教育质量发展的作用，所以要建立元评估机制参与评估过程的各个方面。由第一类受试者进行的元评价既有优点也有缺点。优点在于进行元评估的组织部门不受任何其他机构干扰，以自己的监督准则独立评价教育质量评估机构和评估人员，同时邀请来自社会各方面的专业人才加入元评价组织，改变原来由政府部门独立管理教育评估机构的局面，其元评价结果既具备专业性又体现社会公平正义。这样高职教育质量监督体系也不再是束之高阁的评估体系，变成了评估机构和元评价机构双向监督，社会各层次的人均可参与其中，符合公共治理的良好环境条件。高职教育质量保证和评价等社会公共事务部应在多个主题的互动和协商的基础上，对合作、协商和伙伴关系进行评估，以找到解决公众问题的最佳途径。这样就要求政府在教育工作中要有效作为，坚持大方向上的领导，对高校教育进行总体管理。

在"管、办、评分离"后，除了国家颁布的评估机构资格准入制度外，元评价制度为管理评估机构提供了新的方式，可以随时监察评估过程，了解评估机构评估进展状况。元评价的具体内涵是检验评估机构对高校的教育质量评估结果是否真正促进了高校教育模式的革新，其次由于评估机构的评估过程都是在私下完成，无法了解评估过程是否具备行业专业性，所以元评价机构分派相应的人员参与具体评估过程，提出工作意见、总结评估经验。同时，社会也必须认识到教育评估自身的双重性，公开透明体系完整的教育评估能及时发现高校教育模式上的问题，相反，落后的、不健全的评估标准体系就会对高职教育产生消极的影响。在我国，高职教育评估是一项具有权威性、价值性的工作，不对建立评估主体和评估者权力进行制约，就会出现不利于高校发展的现象，甚至出现腐败问题。

所以要弥补过去的教育评估制度的不足，从其他角度对高校和评估机构进行监督，将评估流程规范化、透明化。但事实上，我国对高职教育评估活动没有专业的规范和模式，在评估中缺乏元平价机制，出现这一现象的原因是我国政府对评估的绝对控制，政府的主导性、权威性太强。只有当评价结果受到质疑时，元评价制度才能发挥作用。元评价制度能够提高高职教育质量评估结果的专业性、精准性、科学性，能够对评估组织机构进行监督和管控，保证委托人和被评估者的权利，将政府的监督权力落到实处，切实弥补高校教育方面存在的问题。元评价组织本身就是评价客体，组织者本身可以是社会组织，也可以是中介机构。前三种主体在进行评估活动时有利也有弊，而中介机构包含的社会主体较多，评估的结果更有科学性和综合性，独立于委托者和被评估的主体，有利于做到公平、公正、客观，同时能够监督评估主体，评估结果具有较强的权威性。

（3）制衡机制政府监管与行业自律

教育统筹管理基本上是政府及教育主管部门自觉组织和控制教育活动的工作，必须体现我国当前新的经济政策对高职教育培养人才方向上的指导作用。通过多重体系的建立改革高校传统教育的运作模式，有利于加强学校与市场和社会的联系。控制手段多种多样，但不能过分依赖行政手段。推动教育治理体系现代化，最重要的是完善质量保障和评价的法律体系。法律法规可以约束教育评估部门的行为、保证对高校教育质量评估结果的有效性，同时政府作为教育质量保障体系的领导者，建立完整透明的评估体系方便各部门工作，可以根据每次的教育质量评估结果对高校教育模式不合适的部分作出调整，政府自身也要遵从教育质量评估法规管理高校教育。政府部门可以通过法规监督评估机构，评估机构的行业权威性树立以后，高校自然会重视评估结果，听取政府意见，促进我国高职教育高质量发展，开展监督，促进教育治理能力现代化。政府要利用好行政和法律两种手段，将教育活动过程中各个利益主体的关系协调好，建立行业内的完善体制，让市场再造市场，让行业管理行业，落实政府对高职教育质量保障和评价治理的全面监督系统，结合世界各国发展高职教育的经验，建立好高校教育质量立体评估体系，是对我国高职教育质量的更高要求。通过对国际整体教育环境的了解，世界其他国家本身也形成了相对独立和完整的教育质量评估体系，本国教育环境的发展已经不满足于评估机构的发展情况，各国开始携本国的教育评估方案与世界上其他国家展开广泛交流。在此时这种条件下，我国的评估机构要积极吸取外国教育评估的经验，提高我国高职教育评估行业的标准。

根据我国教育质量评估机构与世界各国评估机构的沟通情况看，各国提高评估机构专业性的手段大多是通过多层次的监督促进评估机构自我发展。其手段可以解读为几个具体步骤：一是从社会各层次的人员中筛选对本专业本行业精通的理论或技术型人才成立质量保障协会，这一组织属于非官方性质，不受政府部门领导，其专业检测标准也由各方面人才共同协商制定，对评估机构的评估人员有培训考核，并且也是要建立元评价组织，不仅要监督评估机构的行为，还要处理外界对评估机构提出的改进意见。二是定期邀请各个评估机构的领导人员进行行业内的业务交流，这些评估机构本身是独立并行的，都处于政府管辖下，讨论内容主要针对本科、研究生、高职等不同类型的学校应该建立怎样的评估标准，根据各个评估机构所评估专业和评估性质的不同分派不同的评估任务，对于社会各方面对评估机构提出的改进意见进行整合，吸取有利意见，满足社会要求完善评估过程。这种交流会议各个机构达成的共识性内容，各机构会严格遵守执行。在国家尚未对散在全国各地的评估机构作出统一的运营规范之前，这种交流形式的讨论有非常重要的作用，有利于整改整个评估行业的风气，促进各评估机构通过比对改进自身评估过程中存在的问题。三是无论建立多少种方式监督评估行为，最终目的都是通过评估机构的自我发展带动行业完善。从评估机构自身来看，要想顺利完成评估工作，先要有完整的评估流程、专业的评估人员，所有评估依据流程进行，因此评估机构要不断完善工作制度，建立机构内部的监督部门来规范评估人员的行为，保障评估结果的可信性。

第六章　新时代高职院校体制与机制管理创新

高职院校管理离不开系统、完善的体制创新改革。多年来，我国高职院校体制和机制在不断的发展中更加系统，并形成了一系列科学的决策。但是，我们也需要承认，随着时代的进步和发展，我国高职院校的管理体制和机制仍旧存在一些不足，需要不断改革创新，以与时代发展相适应。本章就具体分析新时代高职院校体制与机制的管理创新。

第一节　高职院校管理体制

一、我国高职院校教育管理体制的类型

教育管理体制的类型是指教育行政组织的形态，也就是国家干预教育活动的制度安排与组织结构预设的方式。从不同角度出发，我们通常可以得到以下几种关于教育管理体制的分类。

（一）中央集权制与地方分权制

将教育管理体制分成中央集权制和地方分权制，其依据是中央和地方关于教育管理权责的分配关系。从优缺点两方面来看，两种体制各有利弊，很难断言孰优孰劣。不同的价值评价观，对于教育管理领域中的具体问题会产

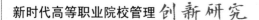

生迥然相异的评判。例如，从中央集权的教育管理体制角度来说，统一各种教育评估标准似乎是天经地义的，这不仅有助于保证教育的质量，也便于教育评估者的具体操作；但从分权制的教育管理体制角度来看，就会发现很多不足：实行统一的标准，全国一刀切，没有照顾到各地千差万别的教育条件与特点。所以，对这两类教育管理体制的利弊，不可偏执一端，不可因为一定时期某些改革的需要，过度推崇某种类型的体制，而极力贬斥另一种类型的体制。从教育管理体制变革的历史过程看，很多国家在该领域时常表现出集权与分权的周期性改革。

（二）从属制和独立制

这种分类的主要依据是教育行政机构与政府之间的关系。教育行政从属制又称完整制，主要指各级教育行政机构是政府的一个职能部门，接受政府首长的领导，不是脱离政府的独立组织。

教育行政管理独立制又称分离制，一般应用于地方教育管理，主要指地方教育管理机关脱离一般行政而独立存在。它不属于地方政府的一个职能部门，也不接受地方政府首长的领导。

（三）专家统治制和非专家统治制

这种分类的依据主要是教育管理决策权是否由教育专家掌握。这种体制的主要特点是，要求教育行政首长必须是从事过教育工作且卓有成效的专家。

二、高职院校体制形成的国外借鉴

在世界范围内，各国都在大力改革自身教育以期借此提高经济竞争力。近几年来也使高层次教育成为各国政府间热议的话题，发展高等教育不仅在于高等院校自身，还要依靠政府、社会三方的共同努力。虽然各国并不都找到了适合自己国情的教育发展方式，但是都认识到以知识型培养为主要的教育发展模式不如技术应用型人才培养模式能够提升经济发展水平。本章从不同高等教育管理体制中，选择英国、美国、新加坡三国的相关机构为例，全面系统地解析各国高等教育质量管理。对国外新高等教育管理方式的借鉴和案例学习，能够帮我国更好的吸收、利用国外高等教育管理的先进经验，从而对我国高等教育管理的发展提供动力。

（一）英国高等教育管理体制

在世界各国都发展高层次教育的环境下，英国始终是高层次教育模式的领跑者。英国从"一战""二战"之后建立殖民地、世界性的征战和掠夺开始，其经济发展水平就处于世界领先位置，直至现在英国教育的发展情况与美国都相差很少。英国经过殖民时期的资本积累建立了一批像牛津大学这样的一流综合大学，其教学水平和发展模式在世界范围内得到广泛认可，其学子获得世界性奖项的人数有百位左右，有效促进了英国各行业的发展。外国的其他优秀人才也陆续被吸引来此学习，学生之间交流能够产生更多的技术层面的提升，使英国的教育方式一直不断更新。

英国高层次学校的管理体制改革是由政府教育部门制定相关教育政策，具体的学校运行由高校内部自己决定。英国政府始终坚持建立系统和机构，促进高校自查自纠自改的教育发展模式。英国为找到适合自身情况的教育方式也进行了许多种不同方向的探索。自上开始在国家教育部门建立了专门制定高等院校教育政策的机构，根据国家要求和英国社会的现实情况改进教育理念，其也负责制定教育过程的各个具体流程。教育的实施是由各个机构自行履行责任，对于教育功能不能及时发挥的相关部门政府会进行教育管理。同时英国政府专门聘用各方面专业人才作为咨询部门，为高校的高层管理人员提供改革的建议，英国政府还建立了专门为教育行业进行资金投入的机构，确保高校想如何发展教育都有雄厚的资金保障，不用因为资金缺乏而在各方力量身上耗费时间去筹措资金。

根据英国发展教育的历史来看，英国的教育政策最终采取的是由国家设立机构统一管理高校，高校内部是由校长主要负责，以校长为领导向下发展管理体系，学校的具体事务就按学校的流程进行，集中决策管理。英国在1992年对国家的高层次教育提出了新的发展理念，因此颁布了相应的法规进行高校教育推进，使英国的高等院校出现了两个发展模式。在这之前建立的高层次院校主要是各专业的人才组成学者团管理内部事务，之后建立的高校

主要是以建立理事会的形式处理内务，前后建立的两种高校在发展大小、收录学生数量和专业设置方面有所不同。

（二）美国高等教育管理体制

在以往的社会法规中，美国高等管理体制对教育过程中出现的问题没有明确规定，到后来新的宪法颁布："凡本宪法未划定而又非各州所禁止的事项，皆归属各州或人民。"从此，国家管理权利下放到地方。本书将从高教行政管理体制和高校管理体制两个方面介绍美国高教管理体制的现状。

1. 高教行政管理体制

高校的行政管理体制就是高校管理的模式、是高等院校运行的规则，各国的院校管理都是由政府设立教育部或教育机构统一管理，各级政府传递中央教育理念，管理好自己地区所属高校。

第一，联邦政府与高等教育。在美国教育发展的历史中，一直由中央的教育总署部门对全国各州的教育进行管理，直到教育发展的问题教育总署无法进行及时处理，专门的政府教育机构才成立。这些教育机构是只负责本区域内的高校教育管理事物。为高校不断的改革筹集资金，了解世界教育发展的大趋势并结合美国中央政府要求颁布教育规定，并不是直接对高校教育不足的地方提出指正，而是对高校进行间接的管理。教育部对于教育方式和教育结构良好的院校会给予资金奖励，用这种方式来启示高等院校该将本校教育带向何种方向，这种管理模式给高校和政府带来了较高的经济利益。

第二，州政府与高等教育。美国也是由地方政府管理本区域内的高校教育，州政府对本州的高等教育具有广泛的权力，州政府通过行使这种权力，对本州高校的管理、教学、财政等方面施加直接影响。尽管各个州对高等教育的管理方式不尽相同，但多数情况是通过州高等教育委员会来行使两项重要的权力：① 在州立院校成立以前，批准建校的必要规章；② 为新建院校发放许可证。高等教育委员会的权力直接规定着美国州立院校办校性质和相对应的教学任务。还有，美国州立院校的教育经费是直接由州政府进行财政拨款的，州立院校没有其他的资金来源，各州会直接授予公立院校办校资格，等等。私立院校为自治机构，但其建立必须得到州政府发放的执照，州政府要明确规定其首届董事会成员名单和董事会成员的选举方式。部分地区政府还会定期审查私立院校的办学课程，针对普遍问题进行立法规定。

第三，监督机构和高等教育。在如何检验高层次院校教育质量的方面，美国政府采取与大多数国家不同的方式，不是由中央政府建立统一的衡量标准而是由各地方自行制定本区域的教育目标，采取民主的形式确立各专业和各等级学生要达到的教育要求。政府部门还可以在民间选取优秀人员组成检验组织，核查高层次院校的教学效果，核验标准由政府部门和专业机构来确定，将合格的院校名单公布并给予奖励，激励教育行业的发展，促进高校进行教育模式改革。

鉴定机构对联邦政府的日常工作至关重要，政府根据鉴定机构的分析结果，确定由州管理的院校和其课程安排可以接受政府投资，也根据分析结果确定政府每年要资助的院校。这类鉴定机构是促进美国高等教育不断向前发展的保障。

2. 高校管理体制

对高校进行管理主要就是检查高校自上而下的政策运行程序是否合理，办学课程适合符合政府社会的发展要求，高等院校的高层领导是否真正有效管理校园内务，就美国来说主要采取的管理方式是董事会领导的集中管理制度。

美国高校的管理主要都依靠董事会这一机构，其职责主要是根据地方州立政府对本区域教育目标的要求制定出本校教育发展的基本轨迹。董事会对于学校内部行政事务的管理十分严格，会定期检查资金使用明细和考核学校工作人员能力，是在外部将美国高校管理好但是不管理教学方面的事物。

美国政府在选拔董事会成员时，对于其人员的要求首先是在社会某一行业有一定的行政影响并且对教育有一定研究，人们对于他本身要有一定的认可度，他才有资格被选入学校董事会。虽然董事会决定校长管理的方向，但是校长也可以成为董事会成员，一起参与教育方针决策，董事会会下设各个具体的部门，每个部门负责一项具体的事务，分工明确。

既然有制定教育政策的机构就必然有辅助机构，美国政府建立评议会来帮助高校内的董事会提供教育建议，有智囊团的作用。因为美国的董事会侧重于管理高校的行政方面的事务，关于管理教学方面还缺乏一定的实践经验，所以将管理教学事务的工作交给专业的评议会，确保高校管理的效率和质量。

近些年来教学的评议会逐渐有非授课类教师加入，让其与授课教师一起了解学校的新政策、最近的教学目标，等等。在美国的教育统计报告中，教育行政管理人员占比逐渐下降，各校的评议会开始邀请学生代表参与会议过程，从学生角度看待教育问题。

还有高校的校长在教育管理方面有着不可替代的作用，学校运行中教学的大小事务名义上都是需要校长来进行处理。校长是董事会和学校之间的连接者，作用主要是上传下达，校长每天处理的日常事务较多，对学校运行过程中遇到的实际问题拥有独立的决定权，校长只需要对董事会负责进行定期的述职工作。校长除了要管理好学校事务外，还要与就业市场和社会企业进行及时交谈，将董事会制定的教育发展理念与社会现实相结合。

在各院校中会分设副校长一职，帮助校长各项工作，院校规模不同，分设的副校长职务内容也不相同。大型院校副校长主要负责学生在学校的一切事物、学校举行的学术交流、各学期教学规划，有时还要兼管学校财政工作，而小型院校没有特别需求可能不设或少设副校长职位。

（三）国外高等教育管理对我国的启示

1. 完善高等教育管理体制，扩大高校办学自主权

综合世界各国发展高等教育的经验来看，在政府完全掌握教育发展的国家中，学校已经成为掌权者巩固权力的工具，领导者在学校大力推行自己的教育思想。所以不能任由学校发展成无意义的附属机构就需要将政府管理和学校自治相融合，政府在整体上掌握好高层次院校发展的总体方向，在高校建立专业开始就提出密切高校与市场就业之间的信息联系。高校如果不能及时了解企业的职位需求，培养出的人才可能出现不对口现象，学生出校园后无法从事本专业相关的工作，就等于专业知识会在日常工作中慢慢流失。但是政府也必须对院校自己制定的发展目标进行审核这就是政府总体领导的意义。

2. 转变管理方式方法，提升高等教育信息化管理手段

院校教育始终是发展院校自身，最终的所有步骤都还是要由院校内部自

己完成，如果高校教育的领导者完全听从政府领导，政府的教育理念不符合其院校自身，管理者也不反映，只是听从命令办事，会导致校园内人们气氛压抑、教学压力大、学生管理混乱等现象。还有学校下层的不参与决策的职工人员应该认清自己在教学过程中的作用，如果还是只听领导安排被管理，学校底层的意见校长永远也不会真正了解到，学校领导在制定相关规范时也不会考虑到员工如何认为的，可能某个学校安排就会损害职工个人利益。

近年来社会上对于新兴起的网络媒体技术都很关注，直到各行业有先驱者将技术应用于具体生产，网络技术开始融入我们的日常生活。尤其是对新兴技术掌握时机较好的新加坡，其现在的教育发展已经不是和同类型国家处于一样的水平了，我国在改进教学模式时可以学习新加坡的教育经验。我国政府在发展教育时不能只注重政府领导也不能将学校的管理权完全交给学校自身，高校不能再沉溺于传统的讲授式课堂教学方式，要在学校内部建立起网络设备，鼓励教师做幻灯片教学。如果学校内部没有统一的教育网络，学校教育政策需要人工传递效率极低、处于接受地位的学生的意见也没有反馈通道，教学与学习、管理与被管理都是双向的活动，二者只有有沟通才有机会共同进步。

3. 创新管理理念，实现教育管理科学化

（1）以人为本的管理理念

政府发展教育事业并不只是为促进企业技术发展进而增加国家的经济收入，一个人接受良好的教育对于其自身来说也能够满足其提高其生活质量的需求，因此发展教育具有多方面的重要意义。教育主要是针对人的活动，要是不考虑人的想法教育是无意义的，如果将教育视为上层领导者所把控的领域，教育就会脱离发展基础，学生接受就会存在一定难度。要想发展好教育，一方面靠领导层制定正确的切合学校情况的教育规范，另一方面需要学生主观意愿积极配合，二者合力才能提高教育水平。

（2）高等教育管理社会化理念

在世界各国的普遍观念中都认为教育是独立于企业之外的第三方行业，教育应该有自己的发展模式，社会和政府都应对教育事业给予帮助，因为教育的成果对社会的各方面都有利的。针对我国目前高层次教育发展的现状，如果没有各种社会教育慈善机构对学校进行资金投入，没有政府定期统计社会就业缺口数据并将信息传递给高校，学校的教育会没有方向，丧失改革的基础。这种政策的变化通过学校建立董事会即可看出，董事会的成员是社会上较有威望和公信力的人员组成，反映的是基层人民的想法和需求，同时，董事会成员一般是有一定社会资产的人，可以为学校投入发展资金。无论采取何种方式来提高学校教育的质量都离不开新兴技术的支持，教学时通过多媒体技术和高科技设备，能够使教育教学更加透明化和规范化，使得高校能够及时接收学生、家长以及教师们的反馈。

（3）高等教育管理市场化理念

传统方式发展教育主要依靠政府和社会慈善机构投入资金来启动改革方案，但是在发达国家还有另一种发展方式，将高校的各个部分包括教师、教学等都采取选择和比较的方法。这种方式我国学校管理也可以借鉴，在高校选取授课教师时采取合同聘用制代替原来的终身制教学等措施。通过在高校内部形成一定的竞争，可以使学校始终拥有教学理念先进的教师和教学设备，提高学校学生学习的热情和创造力的培养。高校既然想改进自己的教学质量，就不要局限改革思路，针对学校学生不愿问津的课程，不能持保守态度，要及时淘汰或合并一些落后于时代的课程，新增学生和社会需要的专业课程，不能只考虑自身学校的文化传承，而忽视学生的实际问题。

4. 强化管理队伍素质，不断提升教育管理者水平

我国发展高层次教育在教育制度和管理流程上已经做出了改变，但是只改变制度不改变人，无法真正的形成教育新模式。如果学校的管理人员依旧不能正确摆放自己的位置，不学习新时期关于新教育方式的相关理念和要求，高层次教育无法得到发展。学校在选拔教师时要充分衡量其综合能力，不能仅依照教师教学方法独特便予以录用，现代社会更需要考虑的是教师能否掌握多媒体技术，如果教师没有一定的计算机基础操作，那课堂时间多半就用来调试设备了。不仅要考察教师的多媒体实践水平还要将计算机课程加入学生所学专业中，培养学生适应新时代要求。另外，如果学校现有教学人员不满足新政策下学校对教师的要求，学校要及时更换授课教师或对其进行技能提升培训，从促进学校改进的各方力量入手发展教育。

第二节 高职院校体制改革与完善

一、我国高职教育管理体制的改革与完善

教育管理体制的变革不仅影响到一个国家教育行政机关的组建形态，也影响到这个国家各级各类高职院校的内部管理形式。实际上，教育管理体制之所以要进行适当改革，目的之一就是要完善高职院校内部的管理体制，激发高职院校的内部活力，从而使高职教育能真正适应社会发展的需要。

（一）聘用合同制：高职院校管理体制改革的关键

实行教职工合同聘任制，是高职院校人事制度的一项重大改革，其目标是在高职院校教职工中形成能上能下、能进能出、人尽其才、任人唯贤、不断优化的竞争机制。教职工可以受聘也可以拒聘，其工作单位和岗位的选择范围大大扩大，这就为自身特长的发挥提供了有利的条件，同时也有利于教育劳动力市场的形成和教师的流动。未被聘任的教职工，则由上级主管部门和高职院校通过多种途径安置或自谋出路。

（二）分配制度：高职院校管理体制改革的保障

要想有效实施教职工聘用合同制，必须以高职院校劳动分配制度作保障，所以教职工的劳动聘用制度与分配制度密切联系在一起。聘用合同制通常也称"全员聘任"，它同教职工工资收入的"全额浮动"紧密联系。高职院校在实施教职工聘用合同制后，作为改革的配套措施，实行主要按岗位职责和工作量计酬的"全额浮动"分配制度，即受聘的教职工根据本校试行的工资福利制度和工资福利标准，按教师授课时数和所任职务、岗位出勤情况以及工龄年限补贴等获得最终的工资收入。每位教职工可根据自己承担的教学任务乃至课时数或完成的工作，知悉自己的工资收入。由于贯彻能者多劳、多劳多得、上不封顶、下不保底、工资全额浮动、合理拉开差距等原则和方

法，把教职工个人劳动的数量和质量同本人收入紧密结合起来，在搬掉"铁饭碗"的同时又防止"大锅饭"的重演，有效地调动了教职工的劳动积极性和自觉性。

二、新公共管理思想下高职院校体制改革与完善

（一）新公共管理运动的内涵

20 世纪 70 年代，凯恩斯主义的一系列政策给西方各国的公共管理带来了毁灭性打击，给社会生活各方面带来了一系列的负担，难以再成为政府管理的主要手段。在社会经济生活中，失业率骤然增高、通货膨胀率暴涨，社会上出现了生产与消费不匹配的现象，经济金融行业无法正常运转；同时政府采取扩张性财政政策，但办事管理机构效率低下，颁布的相关政策没有及时落实，整个政府职能失效，社会上怨声载道，政府已经不再得到民众支持。传统的公共行政管理模式在理论和实践的质疑声中陷入"四面楚歌"的境地。越来越多的人认识到，传统的行政模式已无法承担现代公共服务所需的能力，传统行政模式效率不高，目的只限于控制问题而无法真正有效解决问题，而新的现代公共服务需要即时性的、灵活的政策制定，出现问题及时解决，对常有的问题进行有效预测避免犯错误。

正是在这样的理论和现实背景下，西方国家为了恢复经济平稳运行、解决市场生产过剩的问题、摆脱财政困境和提高政府工作效率，开始针对"效率"和"生产"进行集中研究，这场改革从美英开始，影响范围逐步扩大至整个西方国家，此次改革也是在顺应全球化经济浪潮中进行的。在当时的人们看来，这次行政改革运动被认为是可以真正改变政府部门和公共服务机构的新公共管理（New Public Management）运动①。

传统公共管理是以政府或者政策为导向，公共事物主要被政府管控并被作用于人民群众和市场需要，形成的公共服务和管理都具备政府属性，政府职能监管力度较强。新管理则正好与之相反。新管理更加注重市场的作用，

---

① ［韩］郑俊新，［美］罗伯特·K. 陶可新，［德］乌尔里希·泰希勒. 大学排名理论、方法及其对全球高等教育的影响［M］. 长沙：湖南大学出版社，2018.

突出市场自主发展的能力和前进规律，只有市场主导才能获得更多发展空间和实现管理结构优化。政府开放式管理也就是市场竞争式发展，有利于市场和客户群体，为改变供求关系提供了可能，是供需关系改变市场发展规律的具体体现。这种市场导向制的内在作用调整了政府与市场的关系、社会与市场的关系。政府与社会的关系改变为公共管理效率的发展提供了新机遇。其中心主旨主要体现在以下几个方面。

1. 以市场为取向，重塑政府与公众的关系

传统管理方式中政府是主要的管理部门，行使管理权，具有权威性，与人民群众和市场之间的界限较为分明，对市场开放程度比较低，形成的管理机制比较强大，市场引导和调节作用比较小。新管理方式是以市场调节为主、政府监督为辅的一种管理导向机制，这种导向机制形成的市场性和发展性更加充足，市场空间和发展前瞻性更加广阔，能够进行市场自我调节。政府的监督管理职能更加重要。政府根据群众的新需求提供新供给，调整市场资源导向，形成新的市场产品生命周期，能够为供求关系提供新的发展机会，为市场综合发展提供空间。市场能够更加充分地捕捉到群众需求，与群众之间的关系更加和谐，调节供求关系更加便利，资源配置更加充分。

在市场环境形成良性发展的过程中，政府与公众的矛盾弱化或者被解决，政府公信力不断增加。这种情况下就形成了新的公共管理评价机制和评价体系。以人民群众和市场导向进行数据建模，形成长期有效的综合数据，作为评价参考和评价要素，并通过民意进行管理调整。通过这种改变可以增加公共管理公信力，形成新公共管理信誉度和执行力。公共服务的服务主体是人民群众，满足的也是人民群众的需要，所以发展民意和民力就更加重要，民众导向机制的结合发展能够促进新公共服务管理更加完善。

2. 确立政府有限责任，由"划桨"转为"掌舵"

新公共管理的核心价值是市场导向和群众导向，这就明确了政府的职责，意味着政府从传统的管理职能中解放出来，形成了新的管理范围。政府办事效率提高，监管职能被突出，监督管理方式更加成熟。但是，市场导向不是市场决策，决策权取决于人民。只有当市场调节作用显著，市场供需关系合理，民众才能行使决策权。在传统政府管理中，政府行使了决策权，人民群众参与度低，出现了政府权威性导致民意不能集中，对市场供需关系调

整不到位的问题。这就意味着市场作用力不足，对市场微观调控力不足，形成市场短期机制。新公共管理的市场导向机制对政府责任划分更加清晰，管理职能范围更加明确，管理效率更加高效。

政府作为公信力的代表，协调好各部门之间的关系，形成良性的发展方向，能便于对各部门进行领导，实现管理效益最大化。市场关系改变以后形成了新的关系，对于政策和资金的使用更加合理优化，形成社会综合效益。政府由管理身份转变为协调领导者，实现新的管理形象的转变，为社会提供更多发展空间。

3. 全面引入竞争机制，切实提高工作效率

传统管理方式以政府为主，公共服务主要是政府提供资源和扶持，财政支出成本较大，管理综合成本高，服务质量低和服务效率低，而且政府人员职权使用不明晰，自下而上的服务质量低，对民众需求满足性较少，民众对责任的建立和责任的认同度较低。针对传统管理方式中存在的问题，新管理采用市场导向和群众导向方式。改变评价要素也就改变了管理方式，形成了自下而上的管理观念，社会部门参与度高，市场方向更加明朗，管理效率和管理效益空间增大。

新公共管理要实现市场机制和群众导向，就必须有开放思维。政府通过招标管理等方式选择更优质的服务对象。政府通过验收成果和群众导向机制检验市场成果和公共服务效果。而竞争体系能够择优而选，对公共服务形成更高的效益和作用。所以，竞争机制下的公共管理具体办法有以下三个方面。

（1）实施绩效目标控制

通过调动社会部门的积极性，设置绩效标准能够实现公共服务价值最大化。传统约束方式以制度管理为主，民众参与度低，目标价值低，能够完成的目标仅仅是规定任务，而非择优完成。只有充分涉及每一个人和每一个参与的部门，才能够调动员工的积极性，提高管理和服务质量，所以就需要采用当前广泛使用和接受度较高的绩效管理制度。

（2）更加重视结果

新公共管理方式因采用市场导向和群众导向机制，所以更加注重结果导向，管理灵活度更高，形成的质量更高，增强了公共管理服务质量和效率。所以，新管理方式的结果导向作用也就更加显著和突出，为后续管理提供新

的指导依据。

（3）引入私营部门成功的管理经验

公共管理是综合性管理，比基础管理范围更加广阔，涉及的社会范围更大，形成的管理效果也就要求更高。管理的思维和手段可以借鉴成功企业的管理模式，通过政治、经济、法律等辅助形式，形成社会公共福利和公共利益价值最优化。

新管理要形成良性生态环境，就要充分调动人的主观能动性，不断降低个人的利益需求，加强民众的责任心，增加成长空间，建立社会服务意识，使民众具备良好的道德素质。同时要优化管理环境，为管理形成直接效益，简化程序和手续，提高管理效率，关注管理者的心理发展和情绪变化，通过情绪疏导形成积极情绪，提高绩效管理能力。还需要加大参与者的管理范围，提升其主体意识，发挥管理者的管理效益，最终达到新公共服务管理的目的。

4. 改革公务员制度，创建新型政府

传统制度中存在权责不明确的问题，使得公职人员的责任心不强，管理张力渗透度比较低，形成的管理效力不够充足；还存在行政管理的管理范围较宽，管理方式针对性不强，管理张力输出值较小等问题，加大了管理难度。人的管理是最为直接和关键的，所以打破传统制度，形成新的人员考核机制和合作方式更便于管理效益的产生和作用发挥。

传统管理方式存在缺陷，政策实施程度不高，群众接受程度较低，社会福利制度和社会利益呈现度较低，加剧了公共管理矛盾。为了解决传统管理中的矛盾和管理方式不配套的问题，实现社会管理福利和对利益负责，在人员管理中必须采用新的方式和目标。

传统管理方式中，政府职能部门较少出现过重大危机事件，导致资源利用程度低，不注重结果导向，形成了服务主导，导致应对危机的政策缺失。在日常发展中不会凸显出问题的严重性，但一旦出现危机，必然产生危机管理缺失和危机应对失策的问题。传统管理方式消耗的成本高，对抗危机的能力弱，对制度和服务质量的掌控不足，形成的局面比较被动。而新管理方式针对这种情况和长远发展提出了方案，在服务方案中做出危机预警和危机对策，形成更加丰富的导向和管理效益。这样才能凸显公共事业服务的价值和福利点，为人民群众彻底解决问题和提供优质公共服务奠定基础。

（二）新公共管理思想在高职院校管理体制改革的表现

20 世纪 70 年代的新公共管理运动的兴起丰富了社会管理的方式和理念，对于社会管理中的棘手问题提出了专门的处理范例，为处理公共问题提出了更多解决策略。其中，高职教育管理是公共管理领域的重要组成部分，其教育管理改革也处于新公共管理运动变革之中，高职教育管理也是人们高度关注的方面，因此在对高职教育进行改革时会吸取新公共管理运动中的思想，将高职教育进行新形式化管理，"新公共管理"模式开始走进高职教育领域。

新管理主义思潮对于高职教育的影响领域逐渐扩大，改革从高层行政管理领域到高职院校其他扩展领域，覆盖面广，适用区域大，在大学管理的各个方面都有新公共管理的理念驱动。这种高职教育管理改革的历史是：全民化的高职教育转为全球化高职教育、高职教育市场性扩大、世界性的高职教育发展已普及到全部高校之中、入学人数的上涨远超高职院校预定的教育投入、国家开始制定相关政策将目光转向提升教育质量、学校教育开始不局限于升学和培养高层次人才，而是加大力量培养具有专业性的职业人才，国家政策和市场导向成为高校人才培养的主要依据。

综上所述，新公共管理思想在国内外高校管理体制改革中的主要表现有如下几种。

1. 提倡高校管理权力的多中心，强调分权与授权

传统管理主要是权力高度集中，办事效率低，问题得不到有效解决，而新公共管理创新了管理的组织结构，进行分权，将权力落于实处并减少下属权力部门，这样遇到问题能反馈及时，处理有法，对问题迅速做出反应。这种管理手段就是对政府、市场、高职院校手中的权力进行重新配置，让权力机构灵活运作，不再有一个权力中心的现象，权力掌握在多个机构部门手中。其中最主要的部分是将权力下移交给民众与社会部门，社会有了权力以后，民间机构开始逐步参与运作发挥更大价值，区域间联系性增强，产生了一种"教育民营化"的现象，这就是政府教育观念转变的结果，是社会力量对教育的显著作用。

新公共管理倡导教育分权，结合高职教育实例来说，就是高职领导既要

有权又要授权于人，平衡好二者关系。

（1）集权与分权相互补充，灵活运用

传统的决策方式以自上而下传递控制为主，政策指挥都是高度集中的，而基层人员是执行和被动参与，信息交流程度较低，难以形成高职教育管理体系。为了改善传统管理中的不足就需要统筹兼顾，实现权责划分，集权与分权相互补充，使决策成本降低，获得最优效益，这样才能发挥决策和管理的作用。

（2）强调适度授权

高层领导作为领导先驱力量，具有决策前沿性，这意味着领导能够实现组织结构优化，实现人的权利的优化。这种优化是对权责的分配优化，要在决策中对管理人员明确一定的职权范围，调动其主观能动性，形成管理积极效益，适当的放权能够为执行和完成任务提供精神和物质条件。但是要保证管理张力，不能形成泛滥式管理。泛滥式管理形成的危害性非常大：第一，管理人员执行缺失，权力过大造成权责分配不协调。第二，监管力度加强，导致权力被动收回，无法形成有效的管理机制和执行机制，管理人员陷入传统管理方式中，无法形成科学权责执行方案，导致任务无法完成。

（3）授权不授责，但同时要权责明确

对于权责分配要合理。传统方式中决策过于集中，所以问责制主要针对领导层面，而对下属的权责并不明确。在发展过程中往往出现许多不可挽回的错误，这为新的管理方式敲响了警钟。新的管理方式中，权力分散且集中，形成的管理层级明确，这要求对应层级也要与之相适应。这种权责相匹配的方式能够为领导者和执行者提供积极的情绪，只有权责范围真正明确了才能形成管理的最高层次，实现决策的意义，为实现工作目标而努力。

2. 在教育领域引入市场机制

新管理方式冲击了传统管理方式，释放了政府职能转变信号，为政府转变服务者服务态度提供了契机。市场引入机制在教育领域同样适用，以教育市场为导向作用，形成了新的市场局面，扩大了教育机会。政府在服务中突出服务功能，从管控作用转变为监督作用，更加开放教育市场，为教育市场保驾护航。引入其他社会资源形成新的教育管理机制和评价机制，形成市场引导、服务教育、教育辅助和发展市场的生态环境，为教育发展提供更充分的资源和资金支持，这样新管理机制才能发挥更大的作用，为知识经济发展提供能量。

我们可以借鉴发达国家的成功案例，如学习美国教育改革的成功经验。美国通过教育改革，引入市场机制形成了新的教育局面，改变了市场供应者和供求者关系。原本的供求关系是政府与消费者，而在市场经济条件下，供求关系转变为消费者与提供者。这种转变意味着选择方式多样化，权责分配明确化。消费者选择权利充足，对于市场导向更加敏感，需求释放更多样化。提供者则根据市场需求信息调整发展战略，不再是服从政府导向而导致需求缺失。在市场经济机制下，政府监督职能更加重要。保证市场合理竞争机制、市场引入和发展机制的落实，对市场健康平稳发展非常重要。

市场机制与政府调控不是对立发展，而是相辅相成的。传统方式中政府管理以把控为主，存在权利过于集中在领导人手中，领导拥有决策权，执行人员通过文件进行项目执行，遇到各种问题还需要逐层反馈上级，组织结构冗杂，形成的周期长等问题。政府与消费者之间的矛盾日益突出，消费者可选择范围较小，导致教育失衡现象严重。准市场的介入则缓和了政府与消费者之间的矛盾，转变了政府形象和职能管理方向，这为市场开放提供了空间。准市场机制形成了中间选择机会，市场责任更加突出，消费者不再被动选择和接受，供给者也有自己的选择空间，供给者和消费者承担各自的权利和责任，选择方向与供给程度都有很大的改变，使市场发展更加和谐，教育的市场竞争机制更加高级。

3. 高度关注教育的质量、效益和效率

新公共管理方式更加侧重于对教育领域产生量变和质变，这需要高效配合机制和效益考察机制，最终实现改革目标。

传统管理方式以中央决策为主，决策权利集中，教育局面困顿单一，消费者可选择性和需求性缺失，形成了消费者和政府之间的矛盾。这种矛盾导致很多问题浮出水面，加剧了教育失衡和教育管理缺失。管理者没有一定的权限解决出现的问题，更加剧矛盾点，以至于教育问题日益严重。为了改变这种局面，政府由中央集权转为层级明确的权责制，转变为监督服务者，这样能使教育执行者真正有权限解决矛盾，为教育实现现代化提供保障。高职

院校合理分配权利和责任，能够真正实现对人的管理，实现人的自我价值，为社会进步提供契机。从规章制度约束力转变为自我主观意识约束，让教育管理服务承担起相对应的责任，如此才能更好地行使权力，实现向责任教育的转变。

权责明确更有利于教育扁平化管理的实现，更容易实现管理目标和管理效益。管理的福利是实现人的成就感，也就是归属感呈现，而这种归属感也是主动承担责任的内在动力。正确的分权机制能优化管理结构，书面约定可以保障权责明确规避风险，建立危机管理制度。

传统政府管理比较僵化，形成的管理局面较为狭隘，没有形成成熟的特色教育，换言之即教育可选择性小，很难针对学生的特性因材施教。管理模式的弊端也不断凸显出来，矛盾日益加深。为了顺应时代发展需要和人才需要，就必须从根本上进行教育改革，使教育管理改革呈现出新趋势。传统政府管理即权责分配改革势在必行，而良性局面的形成就必须有危机管理制度——具备法律效力的书面约定形式。这种书面形式，为传统高职院校发展和新局面的形成提供了法律保障。书面约定促进了新管理的发展，使权责分配更加明确，实现目标与教育效益的综合成果转化，因而政府监督和服务就更加重要，书面约定效益也就更大，新管理方式被认可程度也就越高。

权责明确使高校组织管理实现扁平化的组织结构成为可能，这种管理结构更加直接和便利，能够提高高职院校的管理效率和管理福利，不仅为管理者提供福利，更被管理者加以利用。

4. 重视社会和家长对教育的需求，面向社会办学

传统方式中政府管理程度过高，权力过于集中，信息传递不及时，民众的声音很难被采纳到决策中，政府根据宏观调控机制和管理办法做出决策，这导致决策结果不能满足民众需求，造成了政府与消费者之间的矛盾。消费者权益和需求无法得到保证，会导致对政府公共管理支持程度下降，政府公信力下降。新管理方式要避开传统管理方式中的弊端，不断强化权责界限和重视民众需求，增强管理公信力和公信约束感，形成市场导向和顾客导向双重作用下教育需求和供给良性服务关系的新管理局面。新公共管理方向和手段也就更加明确，对管理效益实现也就更具有期待性。

市场机制中的顾客导向准则实际上就是供求关系的改变，从政府主动产

出转变为以销定产，使消费者需求成为主导，掌握市场需求的主导权，生产权力在消费者手中，而这种关系的转变也就是市场导向的变化，是供需关系的根本变化。借鉴到教育中，就是教育供求关系的转变。高职院校通过对学生、家长需求的掌握，转变管理方向和教育目标，以期实现优质教育，形成良性教育关系。教育中最主要的方式是知识传递方式和学生素质形成，这种隐性效益要想成功实现就需要更直接的方式，不体现在传统的考试成绩，而是体现在科研成果等更为直观和直接的效果当中。顾客的愿望和需求要间接或者直接得到满足，消费者的需求由隐性转变为显性，能为教育管理和教育发展提供更好的机会。而这种需求导向也就是教育市场需求，教育质量在这种需求中就更加重要，这促使教育改革，教育管理形成全面调整，实现优质教育和高效管理新局面。新管理方式的福利渗透到消费者和教育机构中来，为新管理方式增加内在动能。要想消费者预期得到满足就需要实现以下三方面的具体需求。

（1）为顾客提供充分、优质、公平的教育机会，满足顾客不同的教育需求

教育机构的主要作用是教书育人，是知识传播和知识发展的重要基地，在这一过程中就必须关注教育主体。学生作为教育主体，要更加注重学生的需求，满足其实现条件，不断提升教育主体的本质和人的价值，所以主体需求也就是教育需要产生的供给点。但是主体的需求点较为分散且不具体，这就需要教育机构仔细分析需求点，然后通过教育方式予以实现和满足，形成知识作用力和教育张力。让管理方式更加亲民和直接，管理福利充分作用其中，为学生发展提供切实保障。

（2）建设服务型院校

传统高职院校通过高职院校规章制度对学生和教师进行约束，这种制度管理方式会僵化管理关系。管理者和被管理者沟通不畅，矛盾日益突出，管理方案实施不畅。新高校公共管理方式要解决这种弊端就要从领导集权管理转为服务管理入手，实行信息多边化管理，对家长、学生、教师和高职院校进行全面关注，为他们提供具体的帮助和服务，满足其各种合理需求，以实现管理最大效益，真正实现服务育人的教育理念。

（3）尊重家长和学生的教育权力

传统教学管理中，高职院校要求和决策是通过教师向学生和家长传递的，他们在被动接受和执行中受到需求压迫和消极情绪的影响，对教育管理认同度低，导致教育管理公信力和公约力缺失。需求被忽视使得他们做出错误选择，教育管理的决策法方案和管理方案得不到认可和落实，教育管理矛盾就越发突出。只有将教育选择权利回归受众群体才能缓解矛盾。知识经济中主要支撑力是知识，但是移动载体是人。所以教育新管理方式就必须顺应人的发展需求，为人提供选择空间和权利，真正实现管理福利福泽到人，满足学生和家长的需求，这样教育管理才能实现优化目的。

随着现代科学技术与教育的紧密结合，高职院校德育教育迎来了新的教育模式，在新的教学模式下，学生的道德与品质水平有了明显的提升。本章主要分析基于幸福教育理念的"生根""生长""生存"教育实践，涉及现代科学技术的发展与教育、高职院校德育理论分析、提升教师的德育素养，以及高职院校、家庭、社会整体教育网络的构建。

第三节　高职院校管理制度的建设

一、高职教学管理制度建设的价值理念

历史制度主义认为，制度属于一种连续结构，社会学制度主义认为，制度属于一种认知结构，一种文化规范，应该对制度框架文本进行理性的选择。

当前，高职教育改革的主要内容是对教学质量进行保证，对教学水平进行提高。教学质量是根据高职院校内部功能定位决定，教学水平是根据人才竞争市场决定。在高职教育改革的过程中，推进教育制度建设是非常重要的，有助于发挥其诊断与管理的作用，解决高职院校中人才培养的各种问题，为高职教育改革创建良好的环境。通过设定制度，对教学思想、方法等进行改变，树立高职教育管理制度建设的新理念，是推进教育制度改革的关键。

（一）坚持立德树人的理念

习近平总书记曾这样说道：培养什么人，是教育首要考虑的问题。人才培养是高职院校需要考虑的重要问题，是最核心的功能。作为高素质人才的培养基地，要明确理解立德树人的要求，实现人才的竞争。人才培养质量的提升需要考虑三个要素：一是观念，二是制度，三是人才。管理理念的来源主要是管理对象的变化，从宗教人到经济人再到知识人与创造人。在新时代，立德树人的内涵非常丰富，不仅是当前时代对人的发展的要求，也是中华民族实现伟大复兴的重要层面。立德树人教育包括了教育目的、教育手段等，将教育当前面临的关键问题呈现出来，为教育的发展指明了方向。

高职教育改革的出发点在于以人为本，落实以德树人，对高职教育的基本规律予以把握。

（二）坚持协调与可持续发展理念

人才的培养是为了促进人才的进步与发展。当前，基础教育的负担过重，但是进入高职院校之后，他们的负担较轻。这就要求，应该提升高职教育的质量，坚持科学发展观，确保教育工作的中心地位。

制度具有普适性，其要求必须对教育进行综合调节，在人才培养的过程中要保证适切，将当前评价的四维倾向予以扭转，建立科学的评价手段。

就现实来说，当前高职院校的效益大多来自于学生学费，一些高职院校采取扩招的形式，这样其实忽视了质量的理性。因此，应该实现规模与质量的结合，在制度上促进质量与规模的协调发展，处理好教学与教研的关系，用科研带动教学的进步，用教学促进教学研究。

二、高职教育管理制度创新路径

为了保证教育管理制度的创新，高职院校应该基于创新理念，推进教育管理制度的改革与变迁，建构完善的制度体系，提高教育管理的合法有效性。

（一）以观念创新为主导

首先，高职院校要建构健全的自主学习制度，增大教学空间。当前，高职院校存在选修课程比例较低、学生自主选课受到限制等问题，为了实现教育管理制度的创新，需要对必修课程的比例加以控制，扩大选修课程的比例，鼓励优秀教师开展丰富的选修课程，保证学生能够自主学习。

其次，对教学管理模式的弹性进行重视与保护。高职院校要从学生的个体差异出发，鼓励教师采用多元方式，重视教学的科学性，为学生创设良好的自主学习条件，为制度塑造良好的环境。

最后，对制度变革与观念变革的范畴予以区分，对教学管理理念加以创新。教学管理制度是某一教学思路与理念的形象化。

（二）建立完善的教育管理制度体系

首先，制度履行的主体应对工作职责、岗位制度有明确的认知。从教学管理制度来说，在设置具体工作制度时，应将其与平行机构与下级机构间的关系加以妥善处理，并明确组织机构内部的关系与职权。

其次，在设置组织制度时，需要明确组织机构的本质特点，为教学管理目标设定制度保障。高职院校作为集合教学工作、组织管理等多重身份为一体的机构，应该充分柔和学科的发展、院校的发展等多个方面的目标。

最后，由于高职院校内部之间具有明显的个性化，因此院校活动不仅需要对各个岗位进行规范，还需要进行奖惩予以辅助。

第七章　新时代高职院校教育管理策略创新

高职教育是在中国经济、科技迅猛发展的背景下产生的，满足当前青年进入高校并掌握就业技能的需求，是我国高等教育的重要动力。校企合作、产教融合、实训基地构建是实现高职院校和企业双赢、全面提升高职教育质量的重要途径和手段，也是高职院校教育价值、经济价值与社会价值的重要体现。本章加来分析新时代高职院校教育管理策略创新。

第一节　校企合作机制及其创新

校企合作是大中专院校谋求自身发展、实现与市场接轨、大力提高育人质量、有针对性地为企业培养一线实用型技术人才的重要举措，也是社会发展的必然产物。当前，虽然校企合作有了一定程度的发展，但是也遇到了发展的瓶颈，因此要不断地纠错和规范。我们需要认清当前形势，拓展思路，对高职院校的校企合作办学加强管理，要认识到校企合作并不是万能的，其只是提供了理论与实践结合的土壤，因此必须从区域经济发展需求出发，结合实际的情况，构建与新形势下我国国情相符合的校企合作模式，这样才能真正地推进高职院校教育的健康发展。

一、校企合作的内涵

实行教育与生产劳动相结合是党的教育方针的重要内容，也是马克思主义教育思想的重要内容。对于高职教育来说，实行教育与生产劳动相结合，具有更加重要的意义，是高职教育改革与发展的必然要求，这是由高职教育的本质特征所决定的。发展有中国特色的高职教育必须研究校企合作，因为校企合作是高职教育的重要特征之一，也是产教结合的重要基础和前提。只有坚持校企合作，才能办出高职教育的特色。

学校与社会用人部门结合、师生与实际劳动者结合、理论与实践结合是人才培养的基本途径。或者说，教学与生产服务、科技工作以及社会实践相结合是培养技术技能性应用型人才的基本途径。这是高职教育人才培养模式的基本特征[①]。

二、校企合作的条件

第一，校企合作中企业应具备的条件如下。

（1）企业具有朝阳产业。

（2）企业热心教育事业。

（3）有投资的实力。

（4）动机纯洁。

（5）有吸纳、引进人才的能力。

（6）专人负责合作事项。

第二，校企合作中院校应具备的条件如下。

（1）满足企业所需的专业设置。

（2）具有进行科研、培训的能力。

（3）具有建立实训基地的场地和办公条件。

（4）完善的教学设施、教学环境、教学手段。

---

① 邢晖. 多角度解析"工学结合""半工半读"［N］. 中国教育报，2006-11-15.

（5）专人负责合作事项。

（6）独立签订合同的法人资格。

三、校企合作的创新模式

（一）基于不同目标导向的模式

王章豹教授根据校企合作目标导向的不同，将校企合作模式分为如下四种[①]。

1. 人才培养型合作模式

这一模式是企业从市场需求与自身特点，同职业院校展开订单式培养模式。在人才培养上，很多校企建立了合作关系。

一方面，职业院校可以利用科研条件，为企业培养定向科技人才与管理人才，这一定程度上可以解决企业人才匮乏的问题。

另一方面，企业可以运用先进的设备，为职业院校提供实习基地，这也成为职业院校培养人才的重要内容。

采用这一模式，职业院校主要是为了提升学生的创新与实践能力，企业则是为了棉量市场与生产开发高素质的创新人才。这一模式的特点在于以合作教育作为手段，通过定向模式为企业培养人才。

2. 研究开发型合作模式

这一模式以校企双方以科研为突破口，促进双方科技与经济的结合，提升各自的企业技术创新能力。一般的形式是职业院校向企业转让科技成果，或为企业提供管理、技术咨询；校企之间联合开发重要科研项目；校企共建联合实验室、工程研究中心等。

3. 生产经营型合作模式

这一模式是校企开发科技含量高、附加值大的产品，用以满足市场的需求，提升企业效益。在这一模式下，职业院校一般以技术入股，参与技术开发，个别职业院校当然也会注入一定的资金，实现双方的共赢，当然也共担风险。

---

① 王章豹，祝义才. 产学合作：模式、走势、问题与对策 [J]. 科技进步与对策，2000（9）：115-117.

4. 主体综合型合作模式

这一模式是校企双方合作的目的具有多向性，即通过深层次的合作，实现培养创新人才的目的，同时还能够获取最佳的利益。这一合作模式不是一对一的合作，而是一对多、多对多的合作，这一模式便于建立较大的产业园、科技园。

（二）基于不同主体作用的模式

李焱焱等根据校企合作的主体作用不同，将校企合作的模式分为以下三种[①]。

1. 企业主导型校企合作模式

这一模式是企业为了与市场需求相符合，一方面要不断提升企业自身的研究能力，另一方面还要寻找高校进行合作。企业占据主导地位，并承担着相应的科研风险，职业院校的技术创新活动围绕着企业的需要展开，其研发形式、研发内容往往是由企业做决定的。

2. 高校主导型合作模式

职业院校凭借自身的技术、人才从事创新工作，成熟之后可以将技术转让，提供给企业尤其是中小企业，实现技术从成果到利益的转化。在这一模式下，职业院校占据主导地位，对研发内容、合作等起着决定作用。

3. 共同主导型合作模式

这一模式中，校企是平等的关系，并不存在谁主导谁的问题。二者以利益作为纽带，以契约作为依据，发挥各自的设备、技术、资金等的优势，共同开发、共担风险、利益共享。由于这一模式减少了技术向市场转化的步骤，因此这一模式是最直接的校企合作模式。

第二节　产教融合平台及其创新

理念、利益、资源、制度共同构成了影响现代高职教育产教融合动力的

---

① 李焱焱等. 产学研合作模式分类及其选择思路［J］. 科技进步与对策，2004（10）：98-99.

分析框架。当前，要想增强现代高职教育产教融合的动力，实现协同育人的目标，必须厘清现代高职教育产教融合的理念，尤其是弄清楚现代高职教育产教融合的背景、意义与理论依据。本章就对这些基础知识展开分析。

一、现代高职教育产教融合存在的问题

（一）合作不稳定，融合渠道不贯通

由于企业与学校在体制、性质等层面存在差异，在初期，校企双方的合作是很难的。公司主要是为了赢得利润，需要创造较高的收益，因此企业缺乏与职业院校之间进行合作的动力。很多校企合作关系的建立大多是依靠人脉产生的。这样的合作关系往往是短期的，很难长久维持下去，并且即便合作，合作的效果也是非常差的。要想对这一问题进行解决，就需要构建以政府为主导的校企合作政策，建立完善的机制，以立法手段制定相关的法律法规，明确政府、企业、高校之间的责任、义务。

在鼓励措施上，目前政府机构出台的政策往往比较宏观，缺乏强制性，因此无法对企业的行为加以规范，因此，很多校企合作教育的开展仅是对经济利益的关注，并不愿意真正地融入职业院校的人才培养工作；校企之间的深层次交流十分缺乏，很难将产教融合发展的意义体现出来。

基于各种制约因素，当前的高职教育产教融合仍旧存在明显的不足，尤其是管理体制、鼓励机制、政策法规上，很难保障完善的产教融合。

（二）校企合作的经费难以保障

校企合作是一个非常复杂的过程，校企双方进行科学研发，共同建设实训平台，都需要人力、财力的注入。但是现实情况是，国家和地方政府对于助推校企合作的机制还不完善，国家深度参与高职教育税费政策、信贷政策还未落实到位，社会缺乏健全的捐助渠道。就企业层面而言，根据校企合作育人的要求，企业应该全程参与其中，对人才培养提供一定的人力资源、物力资源，但是当前，很多校企合作都是以学校教学为中心，未发挥企业的作用，并且也未能保障企业的效益，因此企业参与程度不高。就职业院校而言，

很多经济发达地区的职业院校，经费充足，但是欠发达地区的职业院校，经费匮乏，投入有限，因此这些地区的校企合作很难实现。

二、高职教育产教融合发展的经验借鉴

（一）行业组织是有效进行的关键

通过分析发达国家高职教育产教结合的特点，可以发现，在高职教育和产教结合的发展过程中，行业组织都占据者主导地位，也只有充分发挥行业组织的协调指导作用，才能体现出产教结合的根本特点，产教结合才有可能顺利实施并取得成效。行业与高职教育密不可分，行业对高职教育的参与和支持程度在某种程度上决定了高职教育和产教结合的发展水平。

由此可见，政府应重视行业组织机构的建立，并鼓励行业部门参与到产教结合中来，通过制定政策法规来规范和支持行业组织在促进产教结合方面发挥作用，加强高职院校和行业部门之间的联系与合作。目前，我国行业机构在高职教育和产教结合中的作用还远远没有发挥，只有一些高职教育学术团体这方面发挥了一定的积极作用，如 1985 年成立的中国高等职业技术教育研究会（1988 年前称为中国职业大学研究会）就是一个群众性的学术团体，另外还有 2002 年成立的全国高职高专校长联席会议，是一个在教育部指导下形成的具有半官方半民间性质的教育团体，每年都会召开：一次主题会议。最近一次会议是 2007 年 2 月在南京召开的第七次研讨会一以示范院校建设促高职内涵发展案例研讨会。这些学术团体除了进行高职教育和产教结合的研究工作外，还有向政府提供高职教育发展政策建议和进行服务咨询的功能，促进了政府、学校和社会之间的沟通和对话，为积极推动我国高职教育和产教结合的改革与发展起到了积极作用。

我国高等高职教育建设除了要重视教育学术团体的建设和发展，更需要重视对行业协会和一些跨领域的专业协会的建设和扶持，只有这样才能促进高职教育和产教结合的顺利有效实施，也才能真正解决行业企业在合作中的"一方冷"现象。

（二）加强法规政策建设和政府有效管理是保障

通过立法手段，制定和实施法律法规是政府对高职教育进行调控和管理的重要手段。从某种意义上来说，国外高职教育和产教结合的发展历史就是高职教育法制化的过程。综观发达国家，无一不是通过立法方式来维持和促进高职教育的发展，保障产教结合的开展。

我国高职教育起步较晚，近年来国家对高职教育越来越重视。先后有《中共中央关于教育体制改革的决定》（1985）、《国务院关于大力发展职业教育的决定》（1991）、《中国教育改革和发展纲要》（1993）、《中共中央国务院关于深化教育改革全面推进素质教育的决定》（1999）、《面向 21 世纪教育振兴行动计划》（1999）、《国务院关于大力推进职业教育改革和发展的决定》（2002）、《国务院关于大力发展职业教育的决定》（2005）等重要政策出台，党和国家领导人也纷纷发表了一系列重要讲话。如江泽民同志在 1999 年第三次全国教育工作会议上的重要讲话和 2000 年《关于教育问题的谈话》，温家宝总理在 2005 年 11 月全国职业教育工作会议上发表的有关要《大力发展中国特色的职业教育》的重要讲话。事实上，国家对开展高职教育产教结合的教育政策是明确的，有关高等职业教育和产教结合方面的政策也不可谓不多，但与之相配套的可操作性强的政策法规始终未能出台，尤其是内容详尽、针对性和操作性强的法律法规几乎没有。校企之间的合作多处在一种自愿状态，缺乏相关法规细则的监督。目前，这个问题已经显得相当突出。可操作性强、条例细化的政策法规建设已经远远落后于高职教育和产教结合发展的要求，使得进行合作的院校和企业感觉有心无力，障碍重重。

到目前为止，我国颁布的与高等职业教育有关的法律，主要有《中华人民共和国教育法》（简称《教育法》）、《中华人民共和国职业教育法》（简称《职业教育法》）和《中华人民共和国高等教育法》（简称《高等教育法》），这三个法规对高职教育的描述条款都十分有限，大多是原则上的规定。总体而言，关于职业教育的法律法规建设还仅仅是刚刚起步，针对高职教育的法律法规更是严重不足。我国法律法规建设中依然缺乏系统性和指导性的法规条文，国家和地方政府的作用尚未完全体现。比如，我国 1996 年颁布实施的《职业教育法》是专门针对职业教育颁布的法律，也仅仅是一部大纲式的法规，对高职教育的发展只提供了原则性规定，具体详细的操作和指导基本没有。《职业教育法》中对产教结合有着明确规定：职业学校，职业培训机构实施职业教育应当实行产教结合，为本地区经济建设服务，与企业密切联系，培养实用人才和熟练劳动者。强调了产教结合在职业教育中的重要地位。但如何进行产教结合，涉及具体的"操作实施细则"时依然是无法可依。职业院校与企业进行产教结合的具体操作法规至今未见出台，而产教结合也多处于自发和放任自流的状态，所以需要在《职业教育法》纲要依据的基础上制定一系列相配套的地方法、行业法、部门法和单行法，如《高等职业教育法》《产教结合实施条例》之类的专门性法规，形成一整套完备的职教法规体系是当务之急。同时，要根据社会经济发展的现实情况对法律法规进行适时的修订和完善，如高职教育也是一种高等教育，《高等教育法》也应该进一步明确规定有关高职院校产教结合的内容，对校企之间的权责和基本保障作出规定。根据发达国家高职教育和产教结合的成功经验，政府制定并有效实施鼓励企业参与产教结合的具体法规和政策是很有必要的，而我国需要制定更为具体详细的高职教育和产教结合方面的法律政策，将校企双方合作的责、权、利用法律手段固定下来，以确保产学教结合的开展真正落到实处。

三、高职教育产教融合人才培养创新

随着我国经济不断发展，创新驱动发展战略不断实施，人才供需关系发生了显著的改变。在不断变化中，针对职业院校存在的专业动力不足、教学科研两张皮、产教融合不够深入等一系列问题，职业院校要不断深化对转型的认知，实现综合改革，加强与企业的合作，实现共赢。在我国，产教融合这一模式兴起比较晚，无论是在理论上还是实践上，往往是在借鉴他国经验的基础上建立起来的。因此，如何通过产教融合，为社会培养应用型人才，已经成为当前职业院校发展的一个严重问题。下面就重点分析现代高职教育产教融合人才培养问题。

（一）现代高职教育产教融合人才培养的问题

近些年，我国职业院校产教融合的规模不断扩大，体系建设也不断推进，这为应用型人才素质的提升做出了重要贡献。但是，我们也应该看到一点，当前的产教融合模式还存在一些不足。本节就对这些问题展开分析。

1. 产教融合理念得到深化

在我国，产教融合虽然产生于 20 世纪 90 年代，但是这一时段我们并没有自身的理论制度，只是在一些个别的院校开展了校企合作的模式。近些年，随着产教融合的发展和深化，我国各大职业院校逐渐形成了产教融合培养应用型人才的模式。同时，一些院校为了更好地体现产教融合培养应用型人才的目的，在探索产教融合的过程中还创造出很多变式，这使得产教融合模式在各个职业院校不断深化。

2. 职业院校的发展渠道拓宽

目前，职业院校发展需要以市场需求作为导向，以产教融合发展作为主线，这样才能培养出更多的毕业生。产教融合培养的途径是职业院校不断发展的必由之路，其在不断的发展中逐渐适应职业院校多样化的需求。这是因为区域和产业总是会存在某些差异性，这些差异性恰好为职业院校的同质化发展提供可能。职业院校完全可以依托产教融合模式，对接企业与产业，体现出职业院校的自身发展特色。

3. 人才培养定位与市场需求逐步接轨

如果固定资产等因素会对企业发展空间的下限起着决定作用，员工素质等因素则会对企业发展空间的上限起着决定作用，因此培养出高质量的人才显得非常重要。在办学定位上，职业院校不仅要受到老牌综合性职业院校办学思想的影响，在办学上出现"贪大求全"的情况；另外又没有办法在学校自身的教学模式上探求创新的地方，没有办法从自身优势出发展开恰当的产教融合。

虽然职业院校办学时间比较短，本身具备的经验也不足，但是近些年职业院校在人才培养上逐渐与社会需求相适应，不断培养高质量的职业人才，以适应社会的需要。

4. 人才培养模式陈旧，人才培养路径单一

当前，我国职业院校习惯按照不同的专业、学科等来展开教学，这种模式显然是比较深究的，在课程设置上明显与社会需求、人才培养目标不对称。当前的职业院校中，教师的实践能力本身不足，使得职业院校在人

才培养路径上存在明显的单一性,在上课时,教师们也使用传统的理念教学,这种理念下培养出来的学生也习惯了重视理论,忽视实践,因而很难满足岗位的需求。

5. 社会优质资源不能充分利用与共享

职业院校大多都建立在低级城市,在政府重视程度、社会关注程度上,存在某些的缺陷。因此,很多职业院校对产教融合的教学途径缺乏主动性,长期关门办学,未能将学校发展与服务地方经济相结合,不能将政府、社会的资源充分利用起来,不能享受企业现金的工艺和设备。

在办学中,一些职业院校存在经费不足、师资缺乏、设备落后等情况,这就严重阻碍了职业院校应用型人才培养质量的提升。

(二)现代高职教育产教融合人才培养模式的构建

1. 树立需求导向的教学理念

以需求为导向的教学理念对于职业院校人才培养能够起到助推的作用,要科学定位人才培养目标,牢固树立产教融合人才培养理念,转变教师育人观念和教学观念。

（1）牢固树立产教融合人才培养理念

当前,很多职业院校对于产教融合理念的认知并不充分,他们即便相应了国家的号召,实施产教融合,但是在教学方式上过于依赖教师,并未认识到产教融合的教学要求是要将传统的教学要求上升到与技术能力发展平等的地位。这就严重影响了职业院校产教融合的推进。

职业院校在开展产教融合的过程中,应该不断提升自身对产教融合的认知,实施开放式的办学模式,将产教融合逐渐上升到职业院校的办学特色中。让学校的管理能够与企业发展趋势相符合,开拓出更多的实训基地,让学生即便没有走出职业院校,也能够参与到职业技能训练中,这样他们才能真正地走向社会。

（2）科学定位人才培养目标

当前,职业院校应该考虑当地的经济发展情况,对学生展开合理的培养目标。如今就业形势非常严峻,职业院校只有从地方经济发展的需求出发来培养人才,才能让学生走出学校之后顺利找到工作。总之,职业院校应该努

力培养应用型人才，培养当地需要的人才，这样的人才才不会被社会淘汰。

2. 加强师资队伍建设

在产教融合应用型人才的培养过程中，教师不仅需要具备扎实的理论知识，还需要具备充足的实践能力，也就是说，学校应该从产教融合的发展动向着眼，对"双师型"队伍进行强化建设，打造充满活力的教师队伍。

（1）强化双师型教师队伍建设

职业院校的教育属性决定了师资队伍能力建设上的特殊性。在职业院校中，教师除了要具备教学技能外，还需要具备生产实践能力，这对于教师建立产教融合模式是非常有利的。因此，职业院校应该从师资队伍建设入手，强化双师队伍的建设。

（2）建立充满活力的教师队伍管理体制

当前，我国一些职业院校大规模应用产教融合人才培养模式，职业院校应该努力加强师资队伍建设，从而不断提升师资队伍的质量。在加强教师队伍上，职业院校应该不断采用一些激励机制以及制约手段。在激励机制上，职业院校可以采用物质激励方法与精神激励方法，对教师队伍的教学技能等展开考核，保证教师队伍能够有积极的心态参与到产教融合中。在制约上，职业院校可以通过职称评定的方式，因为在评定过程中，可以将教师的产教融合实践、教学质量等作为标准，对于实践应用能力也应该进行评定。

同时，职业院校应该加强师资队伍建设，完善考核手段与方式，鼓励教师们将教学能力与教学实践活动融合起来，这样才能不断提升职业院校的产教融合能力。

3. 完善与改进教学模式

（1）以市场需求为导向的专业布局

在规划专业时，职业院校应该从学校自身的发展与就业要求出发，并考虑企业的人才需求，合理对专业进行布局、对课程进行布置。

第一，专业的布局要考虑地方经济产业结构。职业院校的人才培养目标要求其在人才培养上，应该考虑专业配置是否符合企业的岗位需求。因此，在专业设置上，可以先进行市场需求调研，从需求出发，对专业进行设置，让职业院校的专业布局与企业结构进行对接，避免出现不协调、不均衡的情况。

第二，专业的布局应该从当地市场出发，并将本校的专业特色挖掘出来，为学生设置特色专业，这样才能培养出具有特色的人才。

（2）突出实践性的教学模式

职业院校还需要对教学模式进行改进，探索出与产教融合人才培养相匹配的模式。这一教学模式应该与企业需求相适应，这样才能保证其生命力。

第一，实践是产教融合实施的有效途径，体现在教学模式上要提升实践课的比重，争取能够学练结合。当然，教学模式的完善也离不开保障机制，这主要体现在教师授课中、课后训练、企业实践等层面。

第二，建构专业的指导组织机构，其主要任务在于对学校的教学模式加以完善，然后针对企业对于人才的要求，对职业院校的教学大纲、培养目标等进行调整。

第三节　实训基地建设及其创新

一、实训基地科学建设遵循的基本规律

实训基地建设承担着社会需求、企业需求、教育需求和政府的愿望等诉求，有自身发展的需求，因此，实训基地建设除了遵循自身的建设发展规律之外，还必须遵循教育规律、经济和人口发展的规律以及自身规律等不同规律。

（一）实训基地建设要遵循教育规律

实训基地说到底是培养人才的场所，因此实训基地的建设和使用必须遵循教育规律和高职教育的规律。所谓教育规律，是指教育现象同其他社会现象或教育现象内部各构成要素之间的固有矛盾，或彼此之间的内在联系。从总的规律层面看，教育规律包括了教育与生产力之间的相互关系、教育与社会经济制度之间的相互关系、教育与人口控制之间的相互关系、教育与社会文化之间的相互关系，教育与部门不同构成要素之间的关系等。

1. 实训基地建设应该遵循基本教育规律

所谓基本教育规律，是相对于高职教育规律而言的。[①] 我们讲的基本教育规律，指的是教育现象内部固有的关系，而实训基地建设必须遵循这些基本教育规律。

第一，实训基地遵循育人规律。教育是指按照一定的要求，有目的、有计划、有组织地向受教育者传授知识和技能、培养思想品德、发展智力和体力的活动。实训基地是为高职教育服务的，因此实训基地必须遵循育人规律，按照社会人才的需求而培养技能人才。

第二，实训基地遵循人的成长规律。实训基地多是为职业院校在校生培训服务的，职业院校在校生正处在成长阶段，这些学生有着年轻人的一切成长特征，因此，实训基地的建设和使用必须遵循人的成长规律，对受教育者加以引导，使之善化，使之不断发展。

第三，实训基地还必须遵循教育的升学规律。我们国家的人才使用有一个独特性，那就是"文凭论"，不少企业聘用员工时仍先看文凭。实训基地的教育还必须为学生获得某些文凭服务，这是一种社会对高职教育的制约。

2. 实训基地建设应该遵循高职教育规律

所谓高职教育规律，是指高职教育现象内部各构成要素之间及与一定时期社会经济发展之间的内在联系[②]。遵循高职教育规律，就是遵循高职教育结构、功能和发展等规律。

第一，实训基地遵循高职教育的结构规律。所谓结构规律，是指揭示实训基地教育要素之间的关系及其组合形式、结构形式的关系。实训基地建设是政府主导、企业以及经济发展需求、职业院校使用的构成形式，这三种构成形式结合的目的就是为了完成职业培养的任务。实训基地的结构规律是较为独特的规律，是实训基地建设中必须遵循的重要规律。

第二，实训基地遵循高职教育的功能规律。"以就业为导向、以服务为宗旨"是高职教育培养人才的方针也是其功能规律。实训基地培养有技能的职业人，必须以职业需求和保证就业为导向，必须以服务经济发展为要求，"就业服务"是实训基地育人的主要功能。

---

① 朱其训. 实训基地科学建设论 ［M］. 徐州：中国矿业大学出版社，2011：25.
② 同上.

第三，实训基地遵循高职教育的发展规律。高职教育实训基地的发展规律指描述实训基地从一种状态向另一种状态转变的规律，高职教育实训基地发展规律的核心问题是从纯教育的形式向工学结合、校企合作的方式发展。实训基地不仅是为了培养学生的技能，还是为了在培养学生技能中实现工学结合和校企合作，让学生学到以后工作中的真本领，并从实训中获得一定的经济收入。

（二）实训基地建设要遵循经济和人口发展的规律

经济的发展与人口是紧密相关的，我国实施的是计划生育政策，即人为地有计划地调节人口生产数量以提高人口素质，使人口的再生产与物质资料的再生产相适应，以保证劳动者充分就业。

1. 实训基地建设要注意遵循人口增长规律

人口增长有其自身的特点：人的生存必需消费各种物质资料，人口数量和质量如果有问题，没有速效的补救措施；人口的增长多是以家庭为单位进行的；人口的生存周期大大高于人口的生育周期；人口再生产有惯性；人口再生产在计划生育条件下有规律性。实训基地建设要注意人口增长的规律性，从而更好地为人们提供培训服务。

第一，实训基地建设为教育分流服务。中国作为发展中国家，把所有人口都培养成受过高等教育的理论研究工作者是不现实的，经济建设需要技能人才，教育必须实现科学分流，使高等教育与高职教育各在其位，培养不同层次的人才。而实训基地建设就是要为分流到高职教育的人口服务，使他们成为掌握技能的人才。

第二，实训基地建设为就业服务。就业因区域不同而有其自身的规律，实训基地建设要为区域人口的就业服务，让分流出来的人学到技能和本领，从而能够就业，能够体面地生存和生活。

第三，实训基地建设为提升人口素质服务。职业院校的学生多是中考、高考的落榜生（中职更为明显），他们普遍有灰暗的心理。要帮助他们从考试失败的阴影中走出来，培养成为社会所需要的技能人才，实训基地的教育形式功莫大焉。实训基地的教育和培训不仅要教会受训者技能，还要教会受训者做人。

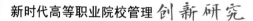
2. 实训基地建设要遵循区域经济发展规律

经济发展有全局性规律，也有区域性规律。中国古话"一方水土养一方人家"和"靠山吃山，靠海吃海"讲的就是一种区域经济的特点。这些经济特点就可以形成区域经济发展的规律，成为实训教育必须遵循的规律。

第一，区域经济中主导产业的引导规律。区域经济的主导产业是区域经济发展的龙头，引领着区域经济的发展走向。高职教育的培训基地正是在主导产业导引下建立和发展的，并且为区域经济发展不断调整自己的专业方向。

第二，经济收入规律。由于发达和欠发达地区有所不同，所以经济收入直接或间接地影响着就业方向。"外来妹"一词就是描述人们向往经济收入较高的地区、向往经济较为发达地区的人口流动现象。实训基地既要为当地就业者培训服务，也要为外来就业者培训服务。

第三，风俗习惯规律。由于区域不同、民族各异，不同区域有不同的风俗习惯。实训基地的建设要注意不同区域的风俗习惯，为培养区域习惯用得上的技能人才。

（三）实训基地建设要遵循自身的规律

实训基地的建设使用和发展有其自身的规律，这些规律是实训基地得以发展的保障。实训基地的主建单位、主管单位必须熟悉这些规律，运用好这些规律，按规律办事，以保证实训基地科学发展。

1. 实训基地的学用统一规律

高职教育的工学结合、校企合作、顶岗实习等方式都是为了学用统一，为了让学生熟练地掌握一门技术。"学用统一"是实训基地培养人才的根本规律。

第一，工学结合的规律。工学结合也是近几年从实践中总结出来的一条可以遵循的并促进人才科学培养的规律及原则。工，就是工作；学，就是学习。工学结合就是在工作中学，在学习中操作，使工作学习结合在一起。这样做的好处，是使学生在学习中掌握了工作需要的技能，在工作中又学到了技能和操作技巧，并把技能理论用到实践中，同时还有部分收入，解决了实践学习中的经济需求。

第二，用学一致的规律。用学一致源自"学用"结合。在实训基地学习，首先是把所学的知识和技能用到实际操作中，当然这种"用"也是一种学，但主要内容是用，是用所学的理论知识和传授的技能，操作完成一个项目或一个课题，"用学一致"也是职业院校实训基地培养人才的基本途径。

第三，校企一体的规律。在一般院校中只提校企合作，"校企一体"作为校企合作的目标是 2009 年才提出来的。校企一体可以从三个层面来理解，首先是学校办工厂，前校后企，实现一体；其次是企业办校、校企一体；最后是实训基地企业化管理，使学校与实训基地融为一体。校企一体是一种方向和理想，真正全部实现校企一体仍需要相当长的时间，需要实践的检验。

2. 实训基地的技能培训规律

实训基地是面向社会、面向人人的教育场所，技能培训应是实训基地的"天职"。技能培训受企业发股和就训者喜好的制约，因此遵循企业需求和引导就训者实训方向成为实训基地的重要任务。

第一，技能为核心的培训规律。实训基地的培训是培养受训者技能的，技能第一，技能为中心应是实训基地教育的特色。无论是社会人员培训还是在校生的培训都应以培训技能为核心。国家大力推行学历证书及职业资格证书"双证书"制度实行"先培训、后就业""先培训、后上岗"的规定，这都是按技能培训规律提出的要求。

第二，奇招绝技的发掘和延续规律。所谓奇招绝技，是指少数人掌握的不易被大多数人学习掌握的特别技能。这些奇招绝技有祖传或师承下来的，实训基地应该遵循技能发掘发展的原则，注意奇招绝技的传承和训练，总结出奇招绝技的延续规律。

第三，科学进行技能鉴定的规律。所谓技能鉴定，是指对受训者或社会掌握技能的人员进行技术能力考核的确定工作。技能鉴定是对受鉴定者一种技能的确认，对他们的再进步和就业有较大的帮助。技能鉴定具有考核性，对受技能鉴定者可以考核和确认；技能鉴定具有引导性，即可以对某项或多项技能进行推广或扩大影响；技能鉴定具有鼓励性，即对受鉴定者的某项技能予以认可认同并加以确认，从而鼓励受训者和其他人继续努力；技能鉴定具有规范性，即可以对技能培训方向和每个人的技能水平加以规范。

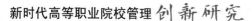

3. 实训基地的市场性规律

所谓市场性，是指实训基地应依据市场经济条件下经济发展的规律而设计和建设，并用市场化管理方式对实训基地加以规范和管理。市场是实训基地发展的导向，这个市场除了经济的大市场之外，还有受训者市场、企业市场、就业市场等。

第一，就业市场规律。就业市场规律指就业过程中技能人才与企业和受训者之间的内在联系。这种规律反映了企业的就业技能导向，受训人员的技能水平和悟性、实训基地的培养能力等关系。就业市场规律是实训基地内在的首要规律。对于受训者来讲，到实训基地学习就是为了学本事，找个饭碗。企业应该提前设立需求岗位，以使实训基地有的放矢地培养人才。

第二，改善民生的原则。所谓民生，是指百姓的生活、生存和生计。加强高职教育，搞好实训基地的技能培训，就是促进就业，就是解决民生。实训基地表面上是培养技能，实质是在解决就业这第一大民生问题。

第三，风险规律。所谓风险，是指实训基地的建设和使用时存在着"无米下锅"的危险，这种危险在公共实训基地表现得更为明显。假如没有人去基地实训，也就没有人去搞鉴定培训，那么，实训基地就不会有效益。因此，实训基地存在着不可用风险、不好用风险，不可维持的风险，这是实训基地科学发展中应该注意的。

二、实训基地的创新建设

所谓科学建设，是指对正在建设的实训基地要科学筹划，具有战略的眼光，跟上企业发展的需求和高职教育发展的实际情况来设置实训基地的专业（工种）方向；对于已经建好并已使用的实训基地要加强内涵建设，要科学管理，及时调整专业（工种）以及实训内容和方法，使之跟上经济发展方式转变和产业结构调整的要求，提升培训的质量和实用度。

（一）科学筹划，合理使用

科学筹划包括了建设和使用中的科学筹谋和规划。由于公共实训基地存在"开工"不足的事实，我们必须尽快找出原因，及时调整管理结构或专业设置结构，使实训基地正常运转。由于学校所有的实训基地多数还是"消耗型"的使用模式，必须尽快搞好企业化的管理，使学校的实训基地发挥更大的作用。

1. 科学管理

所谓科学管理，是指用合理、实际、先进的方式管理实训基地。实训基地是根据区域经济发展的要求，并力求满足受训者学习技能、实现就业的愿望而建设和管理的。

第一，专业（工种）设立要科学。对于公共实训基地来讲，它既要满足企业、学校的人才培养需求，又要满足社会培训和鉴定的需要，因此，要不要建、建什么样的实训基地是科学建设的第一步。在完成建设的第一步之后，对于设立什么样的专业（工种），设哪些专业（工种），以及人们对专业（工种）的需求要有科学的预测。专业（工种）培训之后要有科学的总结，总结之后还要进行科学的调整。实训基地的专业（工种）设置不是一成不变的，它要根据人们对专业（工种）的需求进行科学的、及时地调整。公共实训基地要尽量按"综合"的方式建设和设置，以求尽量满足不同专业（工种）的需要。学校所有的实训基地，要根据自己所设的专业情况，设置自己实训所需求的专业（工种），并力求对社会开放。对于企业设置或校企合作设置的专业（工种），在满足该企业需求的同时，争取对其他学校和企业开放，追求专业（工种）设置效益的最大化。

第二，与区域经济结合要紧密。实训基地的建设和使用一定要紧密结合区域经济，紧密结合社会实情。紧密结合区域经济至少要做到三点。一是紧密结合区域经济的需求，满足区域经济对技能和技能人才的需求。二是紧密结合区域经济的调整。区域经济发展方式和产业结构调整急需新型技能人才，实训基地的培训要尽快满足这种调整之后的需求。三是紧密结合区域经济的未来走向。由于高职教育与企业发展有时并不同步，高职教育有一定的滞后性，因此，实训基地的领导者要具有前瞻性的眼光，跟上区域经济未来的发展走向，及时做好培养新型人才的准备和有目的地为未来培养人才。

第三，实训基地的管理要实现产业化。产业化管理公共实训基地是实训基地科学发展的必由之路。政府出资金建设实训基地，可以作为股份投入，实行股份制的企业管理方式，推动公共实训基地的科学运转。公共实训基地不能成为设备闲置基地，也不能成为新的国有资产"大锅饭"。实训基地产业化管理首先要确立服务与盈利统一的原则。实训基地既要服务受训者，服务企业，又要理直气壮地核算成本。实训基地产业化其次要坚持把实训基地建成企业的原则，这点对公共实训基地尤为重要。把实训基地建成一个企业，这个企业必然会按企业方式去经营，而不会按照事业单位去管理。实训基地产业化再次要坚持经营的原则。所谓经营，就是要按照企业的模式去"运转"实训基地。经营实训基地是学校所有实训基地的建设方向。

2. 科学使用

建设理想的、设备较为先进的实训基地只是完成了实训基地建设的第一步，关键在于如何使用实训基地，发挥实训基地应有的功能作用，使实训基地成为培训技能人才的基地。

第一，科学安排实训时间。作为公共实训基地，既要按企业管理的方式安排受训者实训，又要给学校以及社会受训者一定的实训时间，以保证受训者学到一门技能。科学安排时间，让实训基地有创收的时间，又让实训基地有公益训练的时间。作为学校的实训基地，首先要保证教学任务的完成，其次要保证学生有时间训练，最后还要考虑如何使实训基地成为企业的生产基地。

第二，科学安排实训内容。实训内容是根据课程计划安排的，有些课程是用课题或项目形式完成的，要根据实训基地的实际情况，安排好实训的具体内容。实训内容首先要按教学任务去完成。实训的教学内容是一个系统，有时间长、周期长、反复练习的特点。实训内容要按实训目的进行安排。实训目的有方向性目的和具体的实训目的，实训内容要为完成实训目的而设计。实训内容要突出实训的重点以及难点。实训内容一是包括实训准备诸如机器设备的准备、实训材料的准备等；二是包括实训人员地对号以及对实训人员的实训要求，诸如教学要求安全要求等；三是包括实训老师的示范，实训指导老师要按规程、按计划、按要求进行示范；四是包括个别受训者的实际操作，老师指导和纠正；五是包括所有受训者的实际操作；六是包括老师的实训总结。具体技能训练是十分细致的，以车工技能训练为例，必须按照车工训练的程序逐步推进。要了解车削的基本知识，进行车削实践，包括诸如车外圆柱面，车内圆柱面，车内外圆锥面，表面修饰和车成形面，螺纹加工，车偏心工种，车削复杂工种，车床的调整及故障排除等。要做到前后有序，先易后难，环环相扣，逐步推进。

第三，科学安排"大师工作室"。大师工作室是近几年让有特别专长的技能人才有一个工作和科研的环境而设置的，一般都安排在实训基地。作为公共实训基地，要尽量吸收技能名流来基地工作，以培养更多的绝活人才；作为学校实训基地，更要吸引有技能专长的人才到学校建立工作室，一方面让专长人才继续搞好绝活的技能研究，另一方面可以带动部分学生学习专长，还有一方面可以激励同学的创业精神。

第四，科学安排各类技能大赛。近几年，技能大赛已成为技能人才展示技能的亮丽平台。从国家层面看，有教育部主办的技能大赛以及人力资源和社会保障部主办的技能大赛；从基层层面看，有学校和地级市主办的技能大赛；从行业层面看，有行业举办的技能大赛等。应该说，这些技能大赛对于促进受训者学技能起到了一定的推动作用，但对于推动企业技术进步的作用有多大，仍需要分析。由于教学、培训是有规律可循的教学环节，因此科学安排好技能大赛已成为实训基地的重要任务。安排各类技能大赛要注意设备等物质的可行性。所谓物质可行，是指实训基地的设备、大赛所需的物品，整个教学安排都要为大赛做好准备。安排各类技能大赛要注意人员的可行性。机械调试师、物资保障人员要到位，参赛的受训者要有参赛的意愿和技能准备。对于职业院校来讲，大赛的推动作用是明显的，投入也是很大的，因此，参加技能大赛人、财、物的安排都应体现科学的原则。

3. 校企结合

实训基地建设和使用必须注意校企结合。校企结合的核心在于实训基地用企业化管理的方式把实训基地办成产业化的基地，鼓励职业院校进行前校后厂的试验，强化实训基地的企业化管理。对于公共实训基地的建设，一定要注意使政府、行业、学校三方共同确定实训基地的建设方案，为共享共赢实现科学管理和科学建设打下基础。

第一，资源共享，成本分摊。资源共享指在设备、师资、技术等方面的共享，采用开放的实训方式，既对协作各方"开放"，也对其他职业院校、企业和社会人"开放"。当然这种"开放"需要一定的成本，可以对共享单位和个人收取适当费用，收费标准以实训基地使用成本计算。为了在共享中

合理收费，必须严格各方面的管理，诸如严格教学管理、严格设备管理、严格工具管理、严格材料管理、严格受训者管理、严格财务管理，等等，一句话，用企业化管理的方式管理实训基地，使协作各方和协作者之外的各方也能获益。企业化管理方式的核心在于"经营"实训基地，实现成本核算，成本分摊、利益共享。

第二，企业主导。企业主导即以企业为主组织生产和实训的一种模式。企业主导有企业自办实训基地的形式，对合作院校的师生进行"职业"培训，也有学校提供场地和管理，企业或行业提供设备、师资和技术，以企业为主组织生产和学生实训的方式，还有企业通过公共实训基地对受训者进行培训的方式。企业主导的实训主要由企业亲自培训、订单式培训和企业设备投入的培训构成。从实训基地建设和管理的几种形式分析看，企业主导的实训方式应是最为理想的方式，因此，企业主导原则是最为科学的原则。

第三，前校后厂。前校后厂是近几年实训基地建设中新总结出来的建设模式。前校后厂一般要以区域经济产业链为框架，使"后厂"成为产业链中的一节链条，既直接参与区域经济建设，又为区域经济的发展培养技能人才。学校自建工厂，有利于学生直接参与生产性实训，有利于学校工厂的创收，有利于企业与学校的真实合作，有利于实训基地的科学建设。前校后厂还有利于设备生产化、环境真实化、管理企业化、教师技师化和学生员工化。

（二）科学训练，规范课程

高职教育不同于升学教育，高职教育的课堂正从传统的课堂中走出来，设在了工厂车间、服务场所和田间地头，尤其是设在了实训车间。实训车间已成为高职教育的主要"课堂"，必须注意科学训练、科学地规范课程。

1. 职业院校学生思维方式的科学认定

心理学认为人的思维方式主要有两种，一种是形象思维为主的思维方式，另一种是逻辑思维为主的思维方式。在实际生活中，形象思维和逻辑思维不是对立的而是相互交叉和相辅相成的。职业院校的学生是以形象思维为主的学生；升入大学的学生是以逻辑思维为主的学生。实训基地建设和管理一定要注意学生的思维方式，注意学生特点，因材施教，从而达到培养技能人才的效果。

第一，鼓励和尊重受训者。实训基地培养的技能人才，多是因"应试"而"失败"的学生，在"应试"的压力下，出现了一些值得重视的心理偏向，诸如自卑心理、破坏性心理、玩世不恭心理等。要针对这些特征做好疏导工作，要给学生以鼓励、肯定、表扬、尊重、理解、激励等，在实际教育中通过技能培训，使受训者掌握一门甚至几门技能，从而形成自信、自立、自强、自爱的健康心理，成为受社会欢迎的有用人才。

第二，提倡一专多能。高职教育是一种就业教育，就业必须有一门拿手的技能，在掌握了一门拿手技能之后，还必须注意多项能力的培养，诸如会驾驶、会计算机、会专业（工种）方面的英语、会生活水电常识及维修、懂法律、懂管理等。一专，是必备的，是实训基地教育必须达到的；多能，是应该具有的，便于受训者在以后的工作生活中得心应手，活得更精彩。

第三，提倡创新创造。创新说到底也是创造。我们已经分析过，高职教育多是以形象思维为主的学生，这些学生善动手，实训基地要利用学生善动手的特点，鼓励他们创造；另外，在安排教学中，要注意安排创新的课程，创造学生创新的条件，使学生成为创新型技能人才。

2. 科学指导实训基地的建设和使用

科学指导有学校实训基地上级的指导，有同级职能部门的指导。实训基地建设尤其是公共实训基地的建设使用，相关部门必须科学指导。

第一，职能部门和实训基地上级部门的科学指导。中央政府对公共实训基地建设的指导力度是很大的，有些规范是到位的。但地方政府的职能部门存在缺位现象。政府职能部门缺位，说明了指导的缺失，必须由上级职能部门规范以及实训基地的管理部门去积极争取。

第二，科学地争取指导。中国特色的实训基地建设，确定了实训基地管理部门必须主动争取指导，这对国外实训基地来讲是天方夜谭，而在国内却非常正常。那么多的驻京办事处，"跑部钱进"的潜规则都说明了争取指导的现实存在的必要性。实训基地的管理部门以及职业院校应主动争取上级相关职能部门的领导和引导。把被动接受领导转为主动寻求领导，关系到实训基地的科学、协调发展。主管实训基地的职能部门"手"中不仅掌握着实训基地建设的人、财、物，而且掌握着可以改变实训基地命运的"政策"。争取指导远远不是指导的问题，一位高职教育专家在一次报告中讲职业院校要

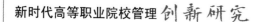

做好"两手拉"和"两手抓"。所谓两手拉，是指一手拉政府，另一手拉市场。拉政府，争取领导，运用好这一特殊"资产"；拉市场，用市场方式管理实训基地，为市场培养人才，争取更大的效益。"两手抓"，一手抓实训基地的科学建设，一手抓实训基地的改革，抓建设、抓改革都离不开上级职能部门的指导和领导。

第三，灵活地运用上级指导等规划。"灵活"既指争取指导中的灵活，"跑部钱进"讲的就是灵活的规则；灵活也包括了实训基地使用和管理中的灵活。不少公共实训基地"开工"不足，有市场原因，也有灵活机动原则运用不够的原因。市场经济由市场调节便造成了某些专业（工种）的时兴时衰，有些新兴专业实训基地又缺少师资，因此，实训基地怎样设置专业（工种），怎样培训市场需求的技能人才等，需要实训基地运用灵活机动原则。同时，要在争取领导的指导中，用好、用足政策。用好、用足政策本身就是灵活机动原则的体现。

3. 科学规范实训课程

实训基地的课程规范不完全等同于职业院校的课程要求，也不完全等同于社会培训的要求。实训基地的课程规范必须遵循自身的规律和自身课程设置的原则，诸如理论够用的原则、设置综合课程的原则、理论与实践相融合的原则、重在技能的原则等。

第一，理论够用的原则。所谓理论够用，是指实训学习中，只对与实训相关的理论进行学习和掌握，其他基础理论以及某些专业理论已经在以往的学习中学习过，不再安排学习。理论够用指在实训过程中和掌握技能之后的工作中，所学的理论能够用得上，对掌握技能有帮助。不再重复设置一些对专业（工种）技能掌握没有任何帮助的基础文化理论，只设置对掌握技能有帮助的文化基础理论和相关的专业基础理论。理论够用是职业院校在多年教育实践中总结出来的经验原则，理论够用没有明文规定，是约定俗成的。

第二，理论与实践相融合的原则。所谓融合，是指理论与实践合成一体。理论与实践的融合是实训教学的最根本方法。理论与实践的融合除了理论与专业技能融合之外，还包括了理论与学习能力、工作能力、交往能力的融合。一是理论与专业技能的融合，这是实训教育的主要融合方面。专业技能指专业技术能力。受训者把所学的专业基础理论、技术操作理论运用到专业技能实训的实际操作中，按照理论规范的步骤、理论标明的操作要求、理论标明的技能操作效果以及理论标明的操作注意事项，按步骤进行实际操作。操作进入实施过程与理论描述和要求还是有区别的，这就要求受训者使理论与技能操作融合起来完成自己的操作课题。二是理论与受训者学习能力的融合。学习能力说到底是受训者选择学习方法的能力。受训者选择学习方法的能力来自理论的指导和对现实的总结，要使受训者对所学的专业信息进行收集，并让受训者对各种技能信息进行评价，再让受训者用理论与实践相结合的方法规划学习技能的计划和目的。三是理论与受训者工作能力相融合。这里的"工作"指在培训过程中做好和做完某项课程的过程以及获得预计的成果。要培养受训者独立完成"工作"的能力，培养受训者独立完成一项"工作"的组织能力，培养受训者在"工作"过程中学习和掌握新技术的能力。四是理论与受训者交往能力的融合。受训者交往能力指社会交往的能力。受训者的交往能力指在"工作"过程中与师傅、同事、企业等人和物的交往水平。要在融合中发展技能应用水平，养成接受被否定的耐力，要在融合中提升协作水平，在融合的"工作"中学会坚持并维护自己的正确意见。

第三，重在技能的原则。温家宝指出：高职教育的"根本目的是让人学会技能和本领"。在实训基地建设中广大教师要深切明白这句话的深刻含义，并转变以往的教育方式和教育手段，转到保证让受训者学会技能方面来。坚持重在技能要有明确和稳固的专业（工种）思想。受训者要学什么样的技能，一般需要选择专业（工种），确定专业（工种）之后，才能够走出学习技能的第一步。重在技能要有先进的培训基础，要有场地、设备、原材料、师资等培训条件，以保证学习技能目标的实现。重在技能要有清晰的职业理念。实训是为了技能的掌握，掌握技能是为了寻找一个合适的职业，职业理念在选择专业（工种）时就应该明确。当然，重技能是说明技能在实训中的重要性，不是说一个受训者掌握了技能就完成了培训任务，其中还要有品德等做人的东西做保证，需要具有一定的市场意识、质量意识、安全意识、群体意识、环境意识、社会意识、经济意识、管理意识、创新意识、法律意识等。

第八章　新时代高职院校校园文化与信息化管理创新

　　随着高职院校办学规模逐渐扩大，对其管理也有了更高的要求，除了上面章节对教育教学、人力资源、学生工作进行管理外，还有一些其他方面的管理，如图书馆管理、校园文化管理、信息化建设等。在当前信息化时代，信息安全问题层出不穷，高职院校师生也面临着因信息意识、信息技能、网络安全及信息化思维、网络道德观缺失而受到危害的风险。如何构建完备的校园文化，是新时代高职院校管理亟待解决的问题，只有解决好这些问题，才能真正地推进"服务育人"，从而完善高职院校的育人体系构架。

第一节　书香校园营造与图书馆管理

一、书香校园的营造

　　笔者认为，书香校园即学校里的主体人物，在一年又一年的时间里，其中的绝大多数共同热爱读书，或者说每位主体人物，每天都会有固定时间进行大量阅读。这样的校园才是书香校园。

　　这里的主体人物包括：校长、管理团队、全体教师、全体学生、全体学生父母。五种人物群，其中一群不读书、不爱读书，这所学校都难以称作书香校园。

如果把大学放进来，我国的确有不少大学是书香校园，因为大学的领导、教授们不读书不行，而高职院校学生无论如何得走进图书馆借一些书来看，否则难以毕业。

可见，书香校园的营造需要校园中每一个人的参与，具体来说，可以从如下几点着眼。

（一）书香校园涵养社会阅读气息

目前，高职学生有充足的课余时间，这些多余的时间他们做什么呢？这是社会、高职院校甚至家长关心的问题。显然，读书是最可行的方式之一，也是高职学生获取知识与技能的重要途径。高职院校学生通过多读书，不仅能够提升自己的知识，还能够营造书香校园的氛围，促进高职院校的校园文化营造。

（二）系统规划培育阅读好习惯

一本好书可以滋润学生的心灵，一个好的书香校园可以不断浸染高职教师与学生的品格，那么如何让校园成为书香校园呢？共读是最好的方式，也是建设书香校园的切入点。简单来说，共读就是以班级作为单位，教师带领学生每月读一本到两本经典，并逐步推进阅读，使他们养成良好的阅读习惯，激发他们的阅读兴趣和积极性，提升阅读的品位。

在阅读的时候，应该有规划、有指导，不能仅将其视作可有可无的一项活动，也不能仅限于形式，因此可以设置一个导读单。这样学生阅读完之后可以做好规划，真正地读有所获。

（三）多元协同激发阅读蝴蝶效应

阅读不仅是与作者思想进行的一种交流，也是进行自我思想的一种碰撞。开展阅读交流课，能够让学生不断对故事情节进行梳理，从而更加深入地了解文章的内涵，体会文章作者所描述的人、情、事。

需要注意的是，阅读需要激励，激发学生能够持续性地进行阅读，养成终身阅读的习惯。可以开展阅读之星、读书达人等活动，使班级阅读落到实处。

二、图书馆管理与服务平台建设

（一）图书馆管理的相关内涵

1. 图书馆管理的含义

我们对图书馆管理重要性的理解是渐进的。通过翻译和引进国外管理理论和方法，制定和改进图书馆管理指南，这个过程引入了许多图书馆学术管理的定义。以下是图书馆界的一些流行语录。

"自动化图书馆管理是图书馆科学管理。"毋庸置疑的是，科学、系统的图书馆管理意味着图书馆现代化的进程走到了成熟的阶段。图书馆管理不是一个苍白、片面的概念，它是一个整体，包括对图书馆员工的管理。"自动化管理"是图书馆管理手段之一，区别在于它所使用的是现代技术。

"图书馆内各个工作环节之间的高度协调一致就是图书馆科学管理。"图书馆管理行之有效的前提是，图书馆内不同部门之间的协作科学合理且亲密无间。然而，值得注意的是，这种部门间的高度协调也并不意味着图书馆最终实现了预期的管理目标。因为管理不能把决策过程排除在外，如果决策一开始就是错误的，那这种协调只可能让管理的结果与预期背道而驰。

"低耗、高效、优质的管理就是图书馆科学管理"，现代企业管理中，相关部门为了衡量员工绩效，会用上"低消耗、高效率、高质量"这三个指标。但对于图书馆管理来说，只用这三个指标去衡量管理结果及员工绩效是不够的。由于图书馆活动属于精神生产范畴，精神生产的社会效益往往是隐蔽的。

"符合图书馆工作规律的管理就是图书馆科学管理。"在这句话中，套用了哲学来概括图书馆管理的定义。所确定的含义是图书馆依法开展工作在一定程度上可以提高图书馆的管理水平。

"图书馆组织管理的系统化就是图书馆科学管理。"这是将系统理论应用于图书馆管理的尝试。系统论是研究系统存在和发展机制的理论。在图书馆管理中实施该理论制度可以强化图书馆管理的理论和方法。但是这个定义太过于宽泛了。

以上许多陈述来自不同的角度，目的是质疑和理解图书馆管理问题。每种观点都在某种程度上是合适的。但它们都有一些局限性。我们应该对这些陈述进行全面分析，使图书馆管理更加全面和精确。

2. 图书馆管理的特征

（1）整体性

图书馆具有一定的整体性特征。图书馆应满足以下条件。第一，需要现代化的管理理念。有效实施现代图书馆管理，不能满足于有限的管理经验。我们应该继续学习，勇于创新，为图书馆工作和图书馆新建设的可能性敞开大门。第二，要有科学的方法。需要根据工作目标和工作关系的解决方案进行配额管理。配额管理的实施至关重要，对于图书馆工作人员来说，实施配额管理可以提高工作效率，高效完成工作。此外，还应辅以行政管理、经济管理等多种管理方式，推动图书馆管理持续发展。第三，必须制订适用且严格的规则。第四，要有统一的业务标准。第五，要有合理的智力结构。图书馆管理员的学科结构应适当，不仅要有专业领域的人，也需要其他领域的人才。此外，人才需要在各个层面都要成正比。

以上五个方面构成了图书馆活动完整性的基础。在管理过程中要注意处理好整体与部分的关系。

（2）关联性

图书馆系统中的所有环节和层次都是相互联系和相互依存的。我们必须注意事物的因果关系。组织文件和目录以及借阅和临时工作需要综合分析各个工作组的具体情况。加强图书馆各部门业务管理任务之间的联系与配合，建立连带责任追究制度。

（3）均衡性

图书馆系统是一个移动系统，图书馆与其外部环境之间的平衡要求所有图书馆活动都具有均衡性。图书馆的发展已经适应了许多社会阶层的需要。图书馆内的平衡要求每个子系统的目标与图书馆系统的总体目标相匹配，以平衡图书馆和外部环境，例如编目和文献收集系统平衡、组织体系之间的平衡、参考文件和流转文件之间的平衡、工程机械与日益复杂的文件类型之间的平衡、人员与各种业务任务需求之间的平衡。总而言之，我们必须努力实现所有互联互通、相互协调、协调平衡的发展。

总之，完整性、相关性和综合平衡是现代图书馆管理的特点。图书馆管

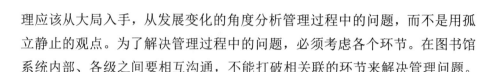

理应该从大局入手，从发展变化的角度分析管理过程中的问题，而不是用孤立静止的观点。为了解决管理过程中的问题，必须考虑各个环节。在图书馆系统内部、各级之间要相互沟通，不能打破相关联的环节来解决管理问题。

3. 图书馆管理的原则

（1）系统原则

图书馆都是一个由多个子系统组成的元系统，同时处于更大的图书馆运营系统中。图书馆运营子系统和信息交换系统有系统功能与外界交换材料、能量和信息的层次结构、完整性和一般属性。

目的性：一个系统的存在具有一定的功能和目的。作为机构或社会服务，图书馆收集、编辑、维护和传输文件，组织和系统地交换文件中的知识或信息。让用户从文档、书目、知识三个层次上获取资源。它的基本功能是收集、组织和部署应用程序。目的是满足读者的知识和信息需求。尽管不同类型的图书馆有特定的目标，这些目标因策略、任务和用户目标而异。

整体性：图书馆的系统原则的整体性体现在两个方面：一是管理本身需要站在整体的视角来统筹全局，要有整体与长远的规划；二是把管理对象的各种因素作为一个整体来看，对各个因素的管理需要符合整体性的发展。

层次性：图书馆管理系统是一个层次分明的整体，有领导层、执行层、监督层等，各层应该明确各自有相对应的权利与职责，每个人各尽其责，各行其是，才能达到有效的管理。

联系性：图书馆由于分工不同而形成了不同的工作部门，但是每个部门并不是绝对独立的，而是存在着重合与交叉，只有处理好各部门的关系，才能形成合力，共同发展。

均衡性：作为一个有机的整体，图书馆各个系统之间关系密切，相互制约、相互促进，只有不偏不倚，保持平衡，才能使图书馆系统均衡发展，实现目标。

（2）动力原则

图书馆每一个活动、每一次发展都必须有宣传的动机。图书馆发展的动力来自用户服务需求和内部员工的活力。

现代图书馆管理的根本动力是：① 物质能源。这是满足图书馆员生理需求的最根本动力。包括工资水平、奖金、福利、生活条件等；② 精神动力。包括职业意识形态、精神鼓励、发展机遇等；③ 信息的力量。信息并不是管理者决策的唯一依据，但这也是事物发展的驱动力。

（3）民主管理

图书馆管理工作的民主性体现在：并不是只有图书馆领导和馆员才能进行管理，用户的需要也应该被满足，用户代表也可以参与图书馆的管理工作。

在图书馆民主管理中有四项任务。

（1）提出适当的意见和建议，以改进图书馆工作。

（2）监督和推动图书馆计划的实施。

（3）对专家管理和部署提出建议。

（4）监督从业者的工作。

（二）高职院校图书馆科学管理的原理与方法

1. 高职院校图书馆科学管理的原理

（1）系统原理

管理作为一个有机的系统，必须考虑整个系统与其要素、要素与要素、系统与环境的关系，以揭示不断变化的管理规律。管理系统是一个涵盖行政和业务任务的系统，作为管理工作的一个总体项目，对业务的性质、政策、职责、管理部门、业务运作、会议和学习等都应有明确的要求，在图书馆管理原理的有机体系中起着统率作用。

（2）人本原理

在整个管理发展过程中，"人"这个词一直是主要的。不同的管理理论取决于人们的观点，不同管理理论之间的差异，主要是由于人们的看法不同。例如，X 理论基于 Y 理论，Y 理论基于"好"人性，Z 理论试图克服人性是否"好"的问题。"好"或"坏"是另一个例子。传统的管理理论倾向于将人视为工具。他们认为人和机器并不是实现目标的唯一工具。现代管理拒绝这种观点，把人视为一切管理活动的首要目标。

（3）动力原理

图书馆管理系统具有以人为本的理念，并根据能量水平进行分工，让每个工作人员的特长与优势得到充分的发挥，但仅仅这样是不足够的，还需要调动每个人的工作积极性和创造力。图书馆管理系统需要坚持动力原理，建立激励机制，充分激发每一个工作人员的工作兴趣与热情，使每个人自动为实现图书馆的目标而努力。

在正常情况下我们认为最根本的力量是物质力量、精神力量和信息力量，这些可以提高图书馆系统的效率，推进图书馆管理行为，实现图书馆的总体目标。

图书馆管理的物质力量是指通过一定的媒介推动图书馆管理活动向一定方向发展的力量。这意味着能够最有效地满足读者的知识和信息需求。物质力量是所有人类活动的第一也是最后的原因，是激励图书馆员、开发人员加快工作速度、提高工作效率的主要方式。实践表明，图书馆系统各个组成部分的物质激励被忽视了。理性、合理的物质激励有利于促进图书馆工作。

精神动机不仅包括世界观，也包括人生观和价值观以及精神上的鼓励（如奖励、信任、关怀、更高的职位等）和思想上的日常任务。精神力量被越来越多的人所接受，是提高图书馆管理效率的重要力量。这是因为精神力量是一种有助于图书馆管理活动的力量，一方面，精神需要物质的激励，具体表现为工作环境和生活水平的改善与提高；另一方面，精神力量需要是积极正向的，正能量才能产生动力，目标方向正确，如果发挥得当，它会承受大量的物质负载。反过来看，精神动机对物质基础也有强大的反作用，精神力量可以改变或者加强物质激励的方向，并且可能扩大物质激励的范围，短长物质激励的时效性，还可以转化为每个个体的内在自信，它将对人们持续产生深刻的影响。每个个体的活动与行为都是受到精神动机的控制与支配。尤其重要的是，精神动机是图书馆管理系统的不可或缺的组成部分，在实际操作中表现为文化建设与思想工作。

图书馆管理系统的整体目标是确保文化与信息资料的收集、整理、保管、文化输出与服务的流程的顺畅。精神动机和物质激励可以最大程度地促进和鼓励图书馆管理活动从特定的角度以某种方式实现特定的目标。信息量迅速增加，科学知识的生命周期每天都在缩短，老化也逐步加快，此类信息变化的趋势对图书馆管理来说既是挑战也是机遇。在原在的管理系统的基础之上，现代图书馆管理系统需要增加信息化管理手段和方式，扩大规模、提高效率，科学合理地优化数据的输入和输出。能够建立在高级管理的基础上，图书馆的存在要求不仅取决于其数据处理能力和科学知识的生命周期，很大程度上也取决于外部环境和市场的需求。图书馆管理系统不但要满足用户的需求，更要引导用户，不仅需要突出有用的信息，还要对信息的质量和数量进行引导与控制。

（4）效益原理

图书馆虽然是非营利性机构，但是也适用于效益原则，图书馆的效益包括社会效益和经济效益。只有遵循效益原理进行管理，图书馆才能发挥其应有的作用，得到长远的发展。

能否实现图书馆的效益取决于图书馆管理系统的目标，只有制定了科学的、符合自身发展的目标，并围绕这个目标进行运营与管理，充分发挥图书管理员的工作积极性，才能实现经济效益与社会效益。

图书馆管理效率有两个含义。一是与时间和周期有关，即实现图书馆管理系统目标的速度，具体表现为完成固定的工作量所需要的时间。二是关于各部门完成业务工作的质量，即工作的难度与复杂性。

2. 高职院校图书馆科学管理的方法

图书馆管理活动的各个层次、过程和环节都有相应的方法。每个方法都有自己的状态、自己的责任和管理活动中的具体信息，同时每种方法都有其局限性。广泛强化和相互强化是领导工作的关键。

管理现代图书馆的方法有很多种，大多数包括规划管理、规章制度、问责制度等。

（1）计划管理

图书馆的计划管理不是一个单独的项目，而是一个包含多个环节的过程，从制定计划开始，在执行阶段可能涉及对计划的调整与审查，再到完成阶段对结果的验收与考评，根据计划目标的实现情况进行反馈，形成一个闭环的流程。图书馆计划必须根据科学原则制定。

制定计划基本上有四个步骤：① 检视现状，提出想法。② 收集数据并进行回顾性分析。③ 预测未来并设定目标。④ 根据最有效的方式进行计划和决策。

规定的计划指标只有通过计划的实施才能转化为绩效，才能达到既定的目标。计划的实施必须达到以下目标：分解计划指标，合理分工，明确职责，反馈控制，协调一致，及时总结。

（2）制度管理

图书馆规章制度是指图书馆工作人员或用户必须遵守的运作规则、规章制度和程序。

第一，图书馆用户之间的关系：应以用户方便为出发点，还要以科学管理为基础。

第二，用户—用户关系：在定义规章制度时应注意满足一般用户对文献和信息的需求，考虑到关键用户的需求。

第三，利用馆藏文献与保管文献的关系：图书馆在制定规章制度时，既要考虑图书馆财产的安全与完整，又要考虑用户利用馆藏文献的便利性因素。

第四，不同部门之间的关系：图书馆应该定义一套规则。包括行政和商业行政规章制度，大多是组织管理制度。

大多数业务系统由以下系统组成：文学材料分类规则、文献收录规则、目录组织规则、文献借阅规则、图书管理系统、自动劳务管理系统等。

（3）计划管理岗位责任制

岗位责任制是一种规章制度，它明确规定了每个员工的职位和应履行的基本要求和职责，并据此进行薪酬和制裁评估。主要内容包括以下几点：科学交流，明确工作范围；明确每个岗位的职责和具体任务；明确每项任务的数量、质量和时限标准；各岗位员工的问题管理任务、权力；控制不同岗位员工的道德操守；使用严格的奖惩。

（4）目标管理

目标管理是下级和上级共同设定具体运营的目标系统，定期检查完成目标的进度。它是一种以结果导向概念为指导的管理方法。在一段时间内共同设定共同目标。

目标管理的重要性应该包括六个基本要素：以结果导向的理念为指导；上司和下属共同确定一段时间内的组织目标；共享目标的实施要跨越部门局限；明确个人责任范围和个人必须达到的目标；每个人都有意识地工作，独立控制和管理自己的目标；根据设定的目标对取得的成果进行审查和评价。

图书馆的目标管理就是利用目标管理的方法进行各种图书馆管理活动。包含以下几个方面：设定总体目标；制订不同层次的目标；确定行动措施；

提供人力物力；实施和控制；影响评估。

目标管理符合图书馆工作的性质和性质。它更好地反映了图书馆目标的完整性。可以让人们的意识和创造力发挥到极致，并能更好地促进专业图书馆事业的发展。因此，目标导向管理成为我国图书馆管理的重要手段。

（三）高职院校图书馆的信息化管理

信息技术应用于图书馆管理和服务后，人类经历了"互联网革命"，网络环境和信息环境发生了翻天覆地的变化。同时，图书馆作为文献信息中心，服务于社会，主要服务于读者。它的基本功能是直接或间接满足读者的需要。

1. 图书馆主要的信息资源及其组织管理

（1）书目信息的数据库建设

无论提供者的数据资源如何，都必须看到并使用其价值。如何提高资源消耗，让读者更容易找到，是我们在组织和管理资源时首先需要考虑的事情之一。

书目数据的处理也是重要之处。实践经验告诉我们，建立书目信息数据库能极大地提高检索效率，帮助我们节省更多时间和精力。想要创建书目信息数据库，可以采取多种渠道和方式，具体可看以下分析：

其一，自己创建；其二，投入一定经济成本，去购买标准书目数据套录；其三，将以上两种方式结合起来，利用购买的标准书目数据套录，去琢磨、创建出一套完整的数据库系统。

购买副本有标准参考书目。一些图书馆现在还"在线"提供书目数据集。这些形式中的每一种在某些应用中都有其自身的优点和缺点。使用复制方法的主要优点是数据中的数据相当标准化，并且可以更方便地搜索。这一优点固然能够提高搭建效率，却也不可避免地拖累了速度。在经过一系列的准备工作后，我们才能投入到细致、具体的搭建工作中去，这无疑是一个漫长的过程，中途可能还会遇到很多困难，唯有逐一攻破，才能创建出一套效果斐然、符合预期的数据库系统。使用自主开发的方法的优点是速度控制的设计更加灵活，但缺点是在施工过程中缺乏严格的标准和方案。因此，输入数据的质量通常难以保证。

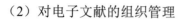

（2）对电子文献的组织管理

随着信息网络的不断发展，电子文档在文化发展中的地位越来越重要

一是明确电子文档的计量标准。电子文档与传统文档的主要区别在于媒体：大多数传统文件都是纸质文件。虽然电子文档具有电、磁和光的形式，但在电子文档的组织和管理中需要解决的问题是计算标准。不管是数据源的提供者作为差异标准还是内容，资源都是差异标准，没有统一的做法。

二是分类编目。电子文档在存储介质上有所不同，但就内容而言，它就像传统文件一样，也必须根据某些特征进行分类和管理。我们在实践中需要特别注意的是文档的完整性，分别存储在多种介质上时，应当按照丛书编册的方式进行。如果存储介质上有多个不同且完整的文档，可以对其进行分编，方便查找。

三是存放管理。电子文档虽然比传统纸质文档更便于携带，但文档保存管理相当严格。

2. 高职院校图书馆信息化管理原则

（1）以需求为导向

高职院校图书馆信息化管理应将需求作为导向，以高职院校学生的图书需求和个性化服务需要、高职院校的图书需求为基础，利用图书信息化实现图书信息资源的高效配置，并充分发挥其服务功能，从而凸显图书馆信息化管理为读者带来的便捷、高效、智慧、创新的感受度，使图书馆信息化管理有益于图书馆、高职院校以及读者三者。

（2）以人为本

以人为本，目前几乎在所有的领域都在提倡这个理念。可是要真正践行这个理念实属不易，服务方需要深刻地了解人的需求，并且按此来制定一揽子服务解决方案，让用户觉得方便，感到贴心、暖心，真正把服务做到人们的需求点上，真正把服务深入到日常的点点滴滴之中。

① 满足人们对信息的需求

在互联网时代，人们可以接收的信息是海量的，但这些信息又都是杂乱的、发散性的、碎片化的。人们可以尽情享受互联网上的信息冲浪，也同时面临信息过量的困境，太多的信息量让人变得无所适从。特别是一些"手机控"，他们耗费了大量的时间和精力接受着很多无意义的信息，并且已经形成了习惯。从长远来看，杂乱的信息正在影响着人们正常获取知识、信息的能力，严重阻碍了人们对信息的消化和吸收。

高职院校图书馆的服务就是要改变这样的状况，让人们明白信息并不全是碎片化的，并不全是杂乱无章的，它可以是有条理的，成体系的。如何让优质资源呈现给用户？第一，要丰富"量"。图书馆要通过各种渠道来丰富数据库平台，做到应收尽收，不能遗漏。第二，要遴选"质"。图书馆必须要建立完善起一整套的价值评估体系，通过同行评议、线上评价、线下评估等手段，让有用的信息置顶，让价值不大的信息沉底。第三，要注重"联"。要将所有有用的信息进行智能化关联，形成体系，让使用者非常方便地利用好这些信息。第四，要善于"用"。就是通过各类专家学者辅以各种高新技术来帮助用户理解、利用好各种信息和知识。

要在信息上最大程度满足用户需求，图书馆系统必须要建立一支文理工融合的专业队伍。这支队伍是跨界的，在采集数据时，需要有数字化技术、网络技术的支撑，涉及版权问题，还需要法律专业知识的配合；在处理信息、知识的过程中，需要有大数据、人工智能技术的支撑，让各类信息分解、重组。还可能会采用互联网众包模式，让更多的网络专业人士加入进来，共同参与信息处理工作；在知识、信息使用时，需要有大数据、人工智能、AR/VR技术、多媒体等技术的支撑，通过对知识、信息的重新解读、诠释，让用户更加容易接受和掌握。

② 满足人们对交流的需求

高职院校图书馆的功能在转型，从某种意义上来说，文献、图书已经不再是稀缺资源了，有了功能强大的图书馆线上终端，人们来到图书馆查资料、阅读图书的意愿越来越弱了，而到图书馆来进行交流、沟通、讨论的愿望却越来越强烈了。图书馆需要为人们的交流搭建人性化的平台。

交流平台应该分层次、分类别，打造线上线下互动式的平台。在互联网环境下，人们的日常交流在很大程度上已经依靠网络，但人还存在着情感诉求，这是网络空间所不具备的。因此，图书馆提供富有特色的线下交流非常有必要。

那么，高职院校图书馆组织线下交流应该注意哪些问题呢？

第一，线下交流应该是线上交流的延伸。图书馆要契合各学科、各专业或者各类爱好群体线上讨论交流的热点话题开展线下讨论会或者讲座，邀请学术造诣高的人士共同参加交流讨论活动，增加参加者的兴趣。第二，提供创客平台。按照各类人群的需求，提供设备和工具，动手又动脑，通过交流讨论，萌发创意的火花。第三，可以结合图书馆丰富的文献数据库，开展一些优秀资源的推介讲座，介绍一些背景知识，还可以组织一些图书馆资源使用方法、技巧的讲座。第四，可以开展图书馆信息资源的线下的价值评估活动，让用户懂得获取更高价值的信息，从而提高大家的信息素养。

图书馆信息化管理应坚持"以人为本"，基于贴近高职院校学生、服务高职院校的理念。在图书工作中利用的智慧技术必须是高职院校学生能够广泛使用的，这样才能为高职院校学生提供更加高效的服务。

（3）开放性原则

图书馆信息化管理的根本目标即建立一个全面感知、广泛互联、开放泛在、深度融合的图书馆。因此，图书馆信息化管理必须要坚持开放性原则，要保持图书馆的资源建设是开放的，图书馆的服务是开放的，图书馆的技术设备是开放的，图书馆员也是开放的。只有保持开放性，与外界交互联系，才能不断吸收其他地区、其他馆的先进经验、先进技术来为我所用。

第二节　校园文化平台搭建与学生社团管理

一、校园文化搭建

（一）校园文化

国内的学校文化研究起源于"校园文化"的提出。20 世纪 80 年代初以来，随着文化热的兴起，校园文化越来越受到人们的关注，逐渐成为一个研究的热点。

基于校园文化急待突破研究视野的现实和组织文化对企业发展重大作用，借鉴组织文化的理论来研究同属社会组织的学校，成为国内校园文化理论研究的新探索，并初步出现了一批理论成果。

随着我国高职教育的发展，关于学校文化的基本理论开始引人高职院校的文化研究中来，近几年有关高职院校文化研究主要有以下三方面的成果。

（1）继续沿用"校园文化"的概念，对高职校园文化的基本问题展开广泛的探讨和研究，包括高职校园文化的概念、现状、结构、内容。其中也包括两个层次：一是将校园文化界定在第二课堂学生各种文化活动和选修课上；二是虽然沿用"校园文化"的概念，但在具体的论述中，实质上已经转变到学校文化的内涵上来。

（2）明确以组织文化的视角，展开对高职院校文化特点的研究，如邓彩耀从高职组织文化、教学文化、知识路径探讨高职院校的文化定位；余祖光、李术蕊从"贴近市场，以就业为导向的趋势""贴近岗位，突显实践性和职业性趋势""贴近企业，产教结合的趋势""贴近百姓，以人为本的平民化趋势"四个方面，揭示了高职院校文化的某些特征。

（3）企业文化和高职校园文化的对比研究，如丁钢认为企业文化和高职文化的交融是校企合作的更高境界，企业文化对学校文化的影响主要表现在两个方面：企业文化对学校管理的影响；企业文化对学生成长的影响。对学生的影响具体表现为活动的规范、团队的训练、吃苦耐劳的体验、纪律的养成教育。

根据以上分析，高职院校文化研究具有以下特点：一是高职院校文化的研究仍然处于以校园文化的视角对一些基本概念和理论作论述的初级阶段上。二是对高职院校文化的特色研究已经展开，尤其是根据高职院校文化的特点，逐渐认识到企业文化和高职院校文化之间的某种必然联系，并对利用企业文化来构建有高职院校特色的校园文化展开初步的研究。但从研究的成果来看，仍然处于初级阶段，缺乏系统和深入的研究。

（二）高职院校校园文化管理层次

一般而言，对学校文化的分层，被大家普遍接受的是"同心圆"说。即大致按照由浅入深分为三个层次：物质层、制度层和精神层。

1. 校园物质文化

这是浅层面的校园文化，它是指人们所创造的、能体现出创造者自身的某种价值或信仰、为人们感观所直接触及的客观存在物。它既是校园文化的物质性载体，也是构建校园文化的物质基础，主要包括学校内的各种建筑物、教学实训设备、图书信息资料、校园景观道路、花草树木、雕塑壁画等。

2. 校园制度文化

这是中间层面的校园文化。一个学校如果仅有优越的环境，没有严格的规章制度来约束和规范师生员工的行为，学校就可能会纪律涣散、秩序混乱，就可能使学生滋长无政府主义、享乐主义与自由主义的错误思想。这便要求我们"软""硬"兼施，在抓好物质文化的同时，加强制度文化建设。

3. 校园精神文化

这是深层面的校园文化。它是校园文化的核心内容，主要包括学院精神、办学理念、文化氛围等内容。校园精神文化既是校园文化建设所要营造的最高目标，也是建设校园文化所必需的根本基础。学校师生员工精神文化丰富健康，思想积极向上，精神风貌良好，就能形成一个影响全体师生员工的优良环境。这种深层次的文化会使师生员工很明显地感受到正确、健康，向上、积极的精神文化的熏陶、影响和教育。一种和谐、宽松的文化精神环境可以通过潜移默化把外在的要求内化为校园文化主体内容和自我要求，激发他们的求知欲望，逐步建立起正确的人生观世界观，塑造优良的个性品格。

二、学生社团管理

（一）高职院校学生社团管理的指导思想

管理思想是管理机制运行的基础。要想高职院校学生社团管理更加有效，就必须建立在正确的指导思想的基础上。因此，对学生社团管理体制进行研究，必须从学生社团管理思想着眼。

1. 树立"管理就是服务"的工作理念

"管理就是服务"，简单来说就是指明了管理的出发点，是人们进行管理的指导方针。就管理的内涵来说，管理就是解决好各种问题，或者对某种状态进行维护，从而使社团成员的某一个体或者群体能够获取利益。换句话说，就是通过管理，能够为他人提供服务，因此管理就是手段，而服务是目的，管理的本质在于更好地服务。

在学生社团工作中，管理与服务居于同等地位，二者是构成社团管理的要件。管理者也就是服务者，被管理者也就是被服务者，工作的目的就是为了提升高职学生的综合素质，使校园文化更加繁荣昌盛，究其本质就在于通过管理服务到位，创设良好的条件，充分发动社团成员，使他们逐渐成为社团的主任，与管理者异同是实现社团组织的长效发展。

2. 具备把握新变化、与时俱进的时代观

当前，高职院校学生在发展过程中出现了各种新的情况，社团种类从之前的单一兴趣爱好型转变成集兴趣、学习、服务等为一体的多样化形态，活动内容也从兴趣型逐渐向实践型转型，活动范围由校内为主转向社会化范畴，社团性质也被赋予了更多的管理职能与教育职能，这些变化为当前的学生社团管理带来了新的契机和挑战，也更突显了学生社团在发展中存在着管理不规范、发展不平衡等问题。基于此，作为社团管理者必须对当前形势进行把握，真正做到与时俱进，制订新的管理方式方法，促进社团健康可持续发展。

（二）高职院校学生社团管理机制创新与实践探索

1. 组织系统的创新与实践探索

当前，各大高职院校已经建设了学生社团联合会，其不仅是学生社团实现自我管理的平台，也是一个重要途径。学生社团联合会最主要的责任在于主持社团变更、指导社团活动、协调各个社团之间的关系等。其机构设置与学生社团类似，根据工作任务进行设立。

2. 管理体系的创新与实践探索

（1）工作监管体系

良好的工作监管体系，除了进行严格的社团成立审批制度、活动审批制度外，还应该设置社团活动监管小组，加强内部监管，如建立特派员制度和财务监管制度。特派员是学生社团联合会的派出人员而不是社团成员，他的任务是参与社团活动、监督社团、联系社团，及时向社团管理指导委员会提交社团开展活动的书面报告，对该活动进行客观全面地评价，没有社团工作的管理权，这项制度保证了监督的全程化和深入性。

（2）文化培育体系

组织文化、组织核心能力是成功实施组织变革的保证。高职院校学生社团文化是指"高职院校学生社团在长期活动中所创造的精神财富、文化心理氛围以及承载这些精神财富、文化心理氛围的活动形式和物质形态，是高职院校学生社团物质财富与精神财富的总和"，它是一种精神力量，是社团的核心竞争力。建设社团文化体系，其实就是要让社团价值观、社团精神被广大会员所认同和接受。首先就是要通过会刊、报纸等大众媒介来营建共同的文化氛围，并打造品牌活动，以促使会员树立共同的核心价值观，使会员的主动性、积极性、创造性最大限度地得以发挥，从而产生归属感，使命感，形成向心力、凝聚力；其次就是进行文化培育的制度培训和浸润，使成员熟悉社团制度，让文化建设成为一种自觉机制和习惯，这一体系在很大程度上决定了组织成员的行为方式，它代表了组织成员所持有的共同理念。

第三节　数字校园创建与信息化管理

一、数字化校园建设

（一）数字化校园的基本概念

1. 空间与维度的扩展

对比传统意义上的校园建设，数字化校园的建设为传统校园在空间维度以及时间维度上都进行了一定的扩展。数字化校园建设能够提升校园内时间的利用率，对于校内时间的安排更加科学化以及人性化。在数字化校园内，学生可以根据自身的学习特点以及实际需求，对校内时间进行合理的安排，这样就实现了时间维度上的扩展。与此同时，数字化校园建设能够支持网上学习，这打破了传统教学过程中空间环境的限制，突破了教室对学生起到的局限作用，将教育教学工作变得无惧空间约束，只需要借助网络设备，便可以在网络空间环境内展开学习，有效地提升了校园教育的整体效率[①]。

2. 教学与生活的扩展

除此之外，数字化校园的建设还实现了教育教学与校内人员生活方面的扩展。通过数字化校园总站平台的管控，教学的方式发生了巨大的变化。传统的教学模式主要是以教师的课堂授课为主。而数字化校园则是借助互联网，实现教师与学生的网上沟通交流，一改传统呆板的教学方式。此过程能够充分地突出网络信息化的特征，也使得教育教学变得简单化、生动化，教学的内容更加多样化，符合新时期教育教学的具体要求。

3. 教育理念的变化和管理体制的提高

众所周知，数字化校园建设，能够有效促进教育理念的变化、管理体制的提高。这是由于传统的教育教学模式被正式打破，教育理念的更新为教育教学注入了新的能量与活力。现代化的数字化校园建设，更加突出信息化教育理念。在实际教学过程中，积极引入更为现代化的教育方式以及评估方式，促进了教育教学的创新和改革。总而言之，数字化校园系统的应用和推广，对于校园管理以及教育教学都起到促进作用，并且能够有效提升办校的整体质量与水平。

（二）数字化校园的建设现状

针对高职院校数字化校园的建设现状，主要可以分为几个阶段。首先，针对校园局域网的建设，需要在校园内部构建一个良好的校内网络环境。此过程主要借助路由器、交换机、服务器等网络设备，这些硬件设施能够为日常的校内教学、办公提供便利的条件。而后，针对下一阶段的数字化校园建设，主要是基于校园内部网络硬件设施的基础上，对校园系统软件进行建设。一方面，需要建设覆盖整个校园的管理信息系统，对校内的各个部门进行管控。例如，包括校内人力信息管理系统、教务信息管理系统等。此阶段软件的应用与推广是其中的主要工作。而后，进入到下一阶段的数字化校园建设。在完成了校内管理信息系统的建设后，还应该进一步细化校园应用软件，从

---

① 张晓. 教育信息化 2.0 与数字校园建设的融合支点和推进杠杆 [J]. 教育与装备研究，2018（11）：3-6.

而满足全部的教育信息化的需求。从而真正地实现数字化校园建设，更好地对这些数据信息进行管理和应用。最后，还需要确保数字化校园网络环境的安全，保证校内信息的安全以及环境安全。提升管理水平，提高管理效率。

（三）数字化校园的建设原则

针对高职院校数字化校园的建设，必须遵从相应的原则，才能够确保数字化校园建设更加科学、合理，在后续的应用中能够发挥出实际的价值以及作用。具体来说，首先必须保证数字化校园建设的安全性原则，只有确保数字化校园系统安全，具有保障，才能够避免校内的数据信息流失或者受到损害，这样既影响学校的利益，同时也威胁到校内人员的信息安全。与此同时，还应遵循系统的实用性原则。在建设过程中，必须实现校园用户页面的统一管控，在登录过程中，统一采用身份验证，确保其安全性以及实用性。另外，数字化校园建设并不是一蹴而就的，为了更好地适应后续的校园管理，还需对软件进行升级。因此，必须遵循技术的先进性原则，并且保证具有一定的可靠性，在后续的使用过程中，可以根据实际需求对其进行软件升级。

另外，在实施过程中，还应重视数字化校园的务板块，通过不断优化系统的性能与配置，提升数字化校园建设的整体质量。最后，还应遵循建设过程中的开放性与扩展性并存这一原则。数字化校园建设内部的模板应能够独立存在，也可以相互联系运行，在使用过程中，可以对任意模块进行更新或者继续开发。为数字化校园建设提供更有力的支持，为后续校园管理提供良好的助益。

（四）数字化校园的建设策略

1. 校园数据规范建设

针对高职院校数字化校园建设规划，首先，必须建设规范化的校园数据。众所周知，数字化校园建设过程中，数据信息的规范化是不可缺少的，也是最为主要的，更是数字化校园建设的基础。只有确保数据规范，才能够保证数字化校园系统的建设顺利。针对数字化校园社交，应按照最新的数据标准，对其进行收集以及管理。针对高职院校阶段的教育教学专业进行分门别类，从而更好地完成数据整理工作，确保系统内数据信息的交互良好，避免形成信息孤岛。与此同时，通过进行规范设计，达到数据的统一标识，便于建立更加完善的校内教育标准数据库。

2. 资源库的共享建设

完成校内资源库的共享建设。众所周知，校园内部共享资源库担负着各个独立的模块系统数据共享，更是整个数字化校园建设的中心枢纽。只有确保信息同步，才能够保证数字化校园建设的高质量，确保数字化校园建设真正发挥出价值。在此过程中，通过将校园内部的基础数据进行整理和搜集，从而组建公共数据库。通过收录校内教职工及本校应届和往届的学生的基本信息，并建立师生信息库。同时，对教师的授课计划、考勤等信息进行录入，建立教学模块。此外，通过对校内的设备、资产、财务金融等信息进行收录，建立校内物资盘点模块。这些模块信息都能够为数字化校园建设提供有效的数据支持。在建设过程中，逐步的确保各个模块之间形成接口，尽可能地运用统一软件开发商，提升不同软件的兼容效果，便于集中管理。

3. 身份认证体系建设

由于高职院校学生都已经成年，可以采用统一身份信息录入的方式，建设健全的校内身份认证体系。根据校内门户网站使用者的身份、部门、职务范围，对其划分成不同角色，并划分其所属的权力权限，这样更简化了管理，提升了数字化校园建设的整体质量以及效率。通常来说，针对高职院校数字化校园建设，常见角色包括学生、各科教师、班主任等。在用户使用身份信息登录后，可以按照自身权限，完成相应的操作以及数据查询。

4. 校园门户平台建设

针对高职院校门户平台的建设，主要基于校内应用系统的基础上，对其服务窗口进行展示。校园门户平台可以提供各类系统的接入，支持用户的自定义功能，突出用户的个人喜好，设置不同的主题以及信息内容检索。校园门户平台的建设是数字化校园的门面以及展示，也是当代数字化校园的综合表现，可以支持多重方式登录，而无需第三方软件的介入，就能够完成操作，从而更好地满足用户的实际需求。

二、高职院校信息化管理

（一）信息化与教育信息化

1. 信息化的概念

信息技术是现代科技的重要组成部分，其从 20 世纪 80 年代开始就给人类的生活方式带来了巨大的影响。我国还未进入完全的工业化时代，但已经迎来了信息化时代，这也是我国现代化发展的重要成果。信息技术进入人们的生活，使人际往来的时空限制被打破，全球各国、各民族、各地区甚至每个角落都因为信息技术的出现而联系得越来越便捷、紧密，也正因为信息技术的出现，全球人民共建"地球村"的美好愿景一步步实现。全球各国借助信息化手段而相互联系，友好往来，各种不同的价值理念、民族文化相互交流、融合。可见，信息技术产生与发展的意义不是简单地停留在传播工具的更替和现代传媒的快捷，它成为人类对网络社会加以构筑的重要基础，它改变了人们的价值观念，也使得人类的思维方式和生活方式都发生了重大的改变。

20 世纪 60 年代是"信息化"概念最早出现的时间，当时由日本科技研究人员提出"Johoka"一词，该词被解释为信息化。最初提出信息化时，人们将其理解为信息产业化，而社会信息化被视作信息产业化的目标。日本学者后来又对"信息化"的含义作了详细的解释，并指出构建社会信息化的宏伟目标，而当信息产业在社会中居于支配地位，产生巨大的社会影响力时，才算真正进入了信息社会。后来有关学者深入研究了信息化的相关概念，如信息革命、信息社会等，这些研究提高了人们对信息化的认识，并对进一步研究信息化概念具有重要启示意义[①]。

上面对信息化概念的研究观点主要是从产业基础、社会意义、技术特征等视角出发而提出的，有的学者认为信息化就是将信息技术利用起来而促进信息经济增值与发展的过程；有的学者认为信息化是一种新的社会格局、经

---

① 高霞. 论信息化时代的青少年信息伦理教育［D］. 济南：山东师范大学，2009.

济格局，它是相对于工业化而言的。总之，信息化使人们的生产生活方式、就业方式、消费方式等发生了翻天覆地的变化，它的意义不仅表现在技术领域、传播领域、经济领域，更在社会生活的各个方面全方位渗透，是社会变革的伟大成果，是人类文明发展的重要成就，我们要高度重视信息化的经济意义、社会意义以及文化意义。

2. 信息化时代的特征

（1）信息传播数量多

全球化时代的到来使得知识、信息的传播不仅数量多而且速度快，而进入信息化时代后，数量变得更多，信息的爆炸与饱和已经成为人们必须面对的客观现实。在信息大量传播中，人们从多个视角理解信息，从而促进了人类价值观念、思维方式的多元化。

（2）信息传播速度更快

信息化时代背景下，信息传播不仅海量，而且速度飞快，信息的飞速传播使得全世界的重要新闻在第一时间被各国人民知晓，人类进入了信息全球化时代。世界各国、各民族的信息在全球范围内加速传播，五花八门的信息在人类共建的"地球村"相互整合、交汇，被世界各地的人传播、分享、评价。人类是生产信息的主体，也是接收和消费信息的受众，现代传播媒介越来越多样化，越来越发达，同一信息可能同时传播到世界各地，被世界人民共享，具有鲜明的即时性特征，而且如此飞快的传播也保留了信息的原貌。人类传播信息、进行信息交流与互动的速度越来越快，大众传播媒体如电视、广播等的发明与流行使人们能够快速掌握世界各地的信息，计算机网络的出现为人们的远程交流与互动提供了良好的平台，人类的时空距离正在被消除。

（3）人类生存空间的网络化

人类的时空距离因为信息技术的出现而不断缩小，互联网的出现使得地理上的距离限制被打破，人们可以随时随地进行远程交流。网络使得人类过上了更加自由的生活，已经成为人们生活中不可缺少的一部分。人类的生存生活空间因网络的出现而得到了拓展。

（4）人类的交往方式多元化、交往空间扩大化

当前，世界经济格局、经济增长方式因信息技术的发展而彻底发生了改

变。网络经济社会正是因为信息技术革命才形成的。人类的交往方式受到了信息化的重要影响。信息技术的革新使人与人之间进行着越来越便捷的交往，基于信息技术而形成的交往方式比传统交往方式更多元化、高效化。信息技术的发展也促进了很多社交软件的产生，如脸书、微博、微信等，这些交往软件有很大的自由性，而且具有即时性，人们时时刻刻都能在第一时间将自己的最新动态分享在平台上。

全球化、电子化、智能化、非群体化等是信息化的重要属性，正因如此，全球性、虚拟性、开放性和交互性等成为人们在信息化时代交往方式的典型特点，人际交往空间也因此而一步步扩大。

3. 教育信息化

信息化给教育带来的影响可以说是革命性的。一个国家教育现代化发展水平是由教育信息化水平所衡量的。教育信息化的重要性已经得到了全世界的认可和关注，教育现代化发展离不开教育信息化的推动，教育信息化的革命是全球性的，这场革命在世界各国被点燃，如火如荼，声势浩大。教育信息化对教育的影响遍及学校教育、家庭教育、社会教育等各个教育领域，对高等教育的影响尤为明显。因此对教育信息化进行研究具有重要意义。

下面从几个方面来理解教育信息化的内涵[①]。

（1）教育信息化的应用与推广主要面向教育教学、教育科研和教育管理等各大教育领域。

（2）教育信息化在教育教学、教育科研和教育管理等领域中的应用与推广包括信息与信息技术两大方面。

（3）教育信息化强调在整个教育领域应用与推广信息与信息技术的同时，必须以教学领域为重点。

（4）现代信息技术的不断发展是教育信息化前进的内驱力。

（5）教育信息化是动态发展的，而非一蹴而就。

4. 教育信息化的特征

互联网技术与课程的整合已经被证明是非常有效的一个促进教学发展的手段，这一手段的特征主要表现为数字化、网络化、多媒体化、智能化和

---

① 赵兰. 教育信息化时代高职院校学生学习文化转型路径研究［D］. 济南：山东师范大学，2015.

人本化等几个方面。在这几个方面，与传统的教学手段相比，其表现出明显的优势。

（1）数字化特征

数字化是互联网技术与课程整合的一个重要特征。互联网技术主要包括硬件设备、软件平台和信息资源的数字化，实现数字化可以促进信息传播，扩大信息资源共享的方式和手段。数字化具有体积小、便于携带存储等特点。如今，数字化技术不仅在各文化课学习中得到了充分的利用，在课上，尤其是理论课上，教师可以充分利用多媒体技术进行视频教学，在各种视频技术的利用下，能很好地激发学生学习的兴趣，从而提高教学的效率，促进教学的发展。

（2）网络化特征

如今整个社会已进入一个网络化信息社会，网络对人们的影响可谓无处不在。以计算机网络技术为支撑，各种设备及资源得到了高度的整合，以往传统的教学从封闭走向了开放，这极大地促进了教学的发展和进步。互联网技术与课程整合，可以实现网上学习。这样就使得学习资源的范围不断扩大，打破了时空界限，数字课程也从课堂内逐渐向课堂外扩展，从校园逐渐向社会与家庭扩展。

另外，网络化的出现还促进了人们习惯和思维的改变，使人们养成了一种主动学习的习惯与模式。互联网技术与课程之间的整合在网络这一大旗下，使得教育得以在学习、欣赏与交流层面进行延伸。

（3）多媒体化特征

多媒体化也是互联网技术与课程整合的一个重要特征。在这一新式的教学手段下，各种教学资源都能得到充分的整合与利用。通过互联网技术，课程教学中能充分运用到图形、影像、声音、动画等各种手段，实现虚拟现实的作用，对学生的视觉、听觉、触觉等感觉都形成一定的刺激，这对于学生知识和技能的获取具有非常大的帮助，这是传统教学手段所不具备的。在多媒体互联网技术下，开展教学活动通常能提高教学效率，促进教学质量的发展。

（4）智能化特征

各种高科技手段都具有一定的智能化特征，因此互联网技术也具有这方面的特征。如今的各种教学设备和软件等都具有一定的智能性，通过各种先进的互联网技术的利用，学生与教师也能探索出具有先进性的学习模式。如最新的智能辅助教学系统对于学生的学习能力、认知特点和当前知识水平等都有一个很好的把握；对学生的学习具有良好的帮助和指导。因此，互联网技术的这一智能化特征对于教学质量的提高具有重要的意义和作用。

（5）人本化特征

伴随着时代的不断发展，各种互联网技术手段得到了充分的利用，体育教学的数字化、媒体化能有效地增强学生学习的效果，提高学生学习的效率。另外，现代互联网技术手段的利用，促使学习者能够自主学习，从而取得发展和进步。各种互联网技术的运用，使得教学资源得到了共享，人机交流更加密切，信息反馈更加及时和有效。学习者可以依据自身的具体实际自由选择自己感兴趣的内容，真正做到"因人施教"。由此可见，互联网技术与课程的整合能充分发挥学习者的个性与潜能，推动其进一步发展。

总之，在教学中，营造一个浓厚的教学人文环境是非常重要的。一般来说，一个良好的人文环境主要包括现代教育思想、现代教育理念、教育技术政策与法规、学习风气与氛围等几个部分。要想加强互联网技术与课程的整合，没有这种良好的现代教育人文环境氛围是难以完成的，在构建这一环境的过程中一定要注重人的作用的发挥，遵循人本主义的基本原则，努力实现发展的目标。

（二）高职院校信息化的内容

对高职院校信息化的理解可以用图 8-1 来表示。

如图 8-1 所示，高职院校信息化的内容可以从纵向和横向两个维度进行描述，其中，环境的网络化、资源的数字化、应用的智能化、表现的多媒体化是高职院校信息化的基石，教学信息化、科研信息化、管理信息化、校园生活信息化是高职院校信息化的主要任务，全面提高办学质量和效率，实现教育现代化是高职院校信息化的总目标。没有高职院校信息化基石的支撑，其各个主要任务无法得以实现，从而总体目标也将无从谈起。

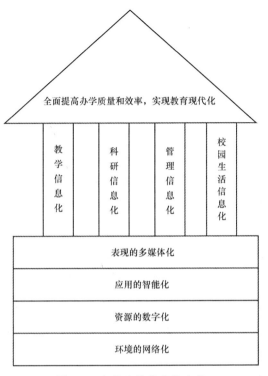

图 8-1　高职院校信息化定义

（三）高职院校信息化的实施框架

　　高职院校信息化的实施是一个漫长的过程，在这个过程中，需要有一个完善的体系进行保障，要从组织上、制度上、人员技能培训上、资金上及信息化标准和管理规范的制定上，来保证信息化工作的顺利开展①。在高职院校信息化建设的整个过程中，信息化保障体系、信息化标准和管理规范的建立起到了贯穿始终的作用，没有健全的保障体系和完备的信息化标准.管理规范做后盾，高职院校信息化建设将很难顺利地推进，从而很难健康地、可持续地发展。我国高职院校信息化工作只有 10 多年的历史，高职院校信息化建设还远没有达到成熟的阶段.还有很长的路要走。如何保证在以后的建设中更加高效、避免低水平重复，从学校战略上、组织上、信息化标准和管理规范上加以保证尤其重要。保障体系、信息化标准和管理规范是高职院校在实施信

---

① 王继新. 信息化教育概论［M］. 武汉：华中师范大学出版社，2006.

息化的过程中所必不可少的内容，因此，高职院校信息化的实施框架可以用图 8-2 来表示。

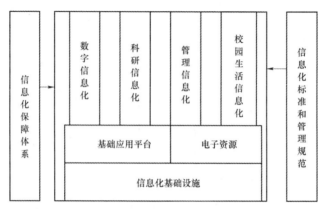

图 8-2　高职院校信息化的实施框架

信息化基础设施的建设、基础应用平台的搭建和电子资源的建设为高职院校的教学、科研、管理、校园社区服务等提供一个良好的信息化环境。在此环境下，高职院校通过教学资源的建设、教学过程的信息化支持环境的建设开展教学信息化工作；通过科研协作交流平台等的建设开展科研信息化工作；通过各种管理系统的建设，实现管理信息化；通过信息化环境，为全校师生提供全面、便捷、高效的社区服务，实现社区服务信息化。

（四）高职院校信息资源建设的基本任务

现代信息资源建设可分为宏观和微观两个不同层次，下面分别进行讨论。

1. 宏观层次的信息资源建设

宏观层面的信息资源创造是一项战略性建设。通常，相关政府部门会使用必要的经济、法律和行政手段，并在宏观层面应用国家相关的指导方针、规则和法规来组织和协调信息的生产、开发和使用，确保信息在符合宏观管理目标、不损害国家信息主权和指导方针的前提下最有意义和最高效地开发。因此，数据安全是宏观层面的主要任务。

（1）研究和开发用于创建高职院校信息源的指南、手册、工作计划和策略，以便可以按照国家的单一方法组织现代信息资源的创建。信息资源可以与社会发展同步开发和利用，以满足人们经济社会发展的普遍需要。

（2）研究制定法律、法规、规章，创建现代信息资源，建立管理体系，保障高职院校信息资源建设。依法依规设计高职院校信息资源建设，使信息的生产和发展得到最充分、快速、高效的利用。

（3）在领域、层次和制度上广泛运用经济、法律和行政手段，明确自己的责任、权益；在平等互利的基础上开发和利用高职院校信息资源，共同创造和共享资源。

（4）建设国家信息网络基础设施，为高职院校信息资源的创建提供特殊的硬件环境。

2. 微观层次的信息资源建设

微观层次的高职院校信息建设一般指的是信息机构、高职院校、政府各部门等基层具体组织负责实施的单位。其主要任务是根据所面向对象的各类人员对信息的需求，合理组织和开发利用现代信息资源，向他们提供有价值针对高职院校门户平台的建设，主要基于校内应用系统的基础上，对其服务窗口进行展示。校园门户平台可以提供各类系统的接入，支持用户的自定义功能，突出用户的个人喜好，设置不同的主题以及信息内容检索。校园门户平台的建设是数字化校园的门面以及展示，也是当代数字化校园的综合表现，可以支持多重方式登录，而无需第三方软件的介入，就能够完成操作，从而更好地满足用户的实际需求。

参考文献

［1］ 鲍玮. 高职教育实践教学体系的建设探索［M］. 天津：天津科学技术出版社，2017.

［2］ 陈德清，涂华锦，邱远. 高职校企合作体制机制改革与实践［M］. 北京：北京理工大学出版社，2016.

［3］ 陈俊兰. 职业教育现代学徒制研究［M］. 长沙：湖南大学出版社，2014.

［4］ 陈玉杰，李长虹. 我国职业技能实训基地建设问题研究［M］. 北京：中国言实出版社，2017.

［5］ 陈增红，杨秀终. 职业教育产教融合人才培养模式研究［M］. 北京：中国社会科学出版社，2020.

［6］ 丛晓峰，刘楠. 高校教学改革与质量管理研究［M］. 北京：中国海洋大学出版社，2008.

［7］ 崔炳建. 河南省第三届职教专家论坛集萃　怎样推进职业教育校企合作［M］. 开封：河南大学出版社，2015.

［8］ 崔岩. 陕西职业教育校企合作典型案例汇编［M］. 北京：北京理工大学出版社，2015.

［9］ 董维佳，宋建军. 高等职业教育教学质量管理概论［M］. 南京：南京大学出版社，2007.

［10］ 方德英，等. 校企合作创新：博弈、演化与对策［M］. 北京：中国经济出版社，2007.

［11］ 高彩霞. 高职院校文化素质教育体系研究［M］. 北京：中国环境科学出版社，2006.

［12］ 关晶. 职业教育现代学徒制的比较与借鉴［M］. 长沙：湖南师范大学出版社，2016.

［13］ 郭杰，朱志坚，陶红. 产教深度融合背景下广东高职教育发展创新与

实践［M］. 长春：北方妇女儿童出版社，2017.

［14］ 和震，李玉珠，魏明，等. 职业教育产教融合制度创新［M］. 北京：科学出版社，2018.

［15］ 贺星岳，等. 现代高职的产教融合范式［M］. 杭州：浙江大学出版社，2015.

［16］ 胡赤弟. 产教融合　制度路径模式 2017 宁波高等教育研究论坛论文集［M］. 杭州：浙江工商大学出版社，2018.

［17］ 胡延华，等. 高职院校机制改革与创新研究［M］. 武汉：湖北科学技术出版社，2006.

［18］ 黄立. 产教融合背景下高职院校"双师型"教师团队建设研究［M］. 长春：吉林人民出版社，2020.

［19］ 黄艳. 产教融合的研究与实践［M］. 北京：北京理工大学出版社，2019.

［20］ 黄莺，贾雪涛. 双师型教师的专业发展研究［M］. 北京：中国书籍出版社，2019.

［21］ 吉敏. 中国南非产教融合式产业合作［M］. 北京：社会科学文献出版社，2020.

［22］ 贾文胜. 职业教育校企合作机制及政策保障研究［M］. 北京：中国商务出版社，2019.

［23］ 金晶. 高职院校素质教育教程［M］. 北京：北京理工大学出版社，2012.

［24］ 李继延. 产教结合　高等职业教育路径、机制与政策研究［M］. 北京：北京出版社，2009.

［25］ 李梦卿，等. 双师型教师队伍建设比较研究［M］. 武汉：华中科技大学出版社，2010.

［26］ 李小妹. 高校科研管理［M］. 天津：天津科学技术出版社，2008.

［27］ 李玉萍. "双师型"视域下高职院校教师在职培养困境研究［M］. 合肥：中国科学技术大学出版社，2018.

［28］ 梁成艾. 职业学校"双师型"教师专业化发展论［M］. 成都：西南交通大学出版社，2014.

［29］ 梁凌洁. 高职院校校企合作办学创新研究［M］. 成都：西南交通大学出版社，2013.

［30］梁其健，姜英．高校科研管理概论［M］．武汉：华中师范大学出版社，1987．

［31］林丽萍．高职院校文化建设创新论［M］．北京：中国商业出版社，2006．

［32］林梅．校企合作与人才培养［M］．长春：吉林人民出版社，2019．

［33］栾永斌，周瑜弘．高职院校大学生职业生涯规划［M］．大连：大连海事大学出版社，2008．

［34］彭建设，彭纯宪．创业教育［M］．北京：高等教育出版社，2000．

［35］彭行荣．创业教育［M］．北京：中国科学技术出版社，2003．

［36］申纪云．高校科研管理创新研究［M］．长沙：湖南师范大学出版社，2008．

［37］申晓伟．校企合作　共筑未来　高职院校校企合作育人理论与实践研究［M］．北京：中国广播影视出版社，2014．

［38］史伟，杨群，陈志国．新时期职业教育校企合作办学模式探索［M］．天津：天津科学技术出版社，2018．

［39］宋作忠，刘兴丽，洪亮．地方应用型本科院校校企合作机制研究［M］．徐州：中国矿业大学出版社，2017．

［40］孙杰，张济荣．高校教学管理创新与探索［M］．开封：河南大学出版社，2003．

［41］王洪龄．高职院校素质教育教程［M］．济南：山东科学技术出版社，2008．

［42］王文槿，林仙福．职业院校校企合作实务［M］．北京：海洋出版社，2010．

［43］吴炳岳．职业院校"双师型"教师专业标准及培养模式研究［M］．北京：教育科学出版社，2014．

［44］吴金秋．中国高校"融入式"创新创业教育［M］．哈尔滨：黑龙江人民出版社，2013．

［45］吴茂昶，陈文．高职院校健康教育教程［M］．广州：广东科技出版社，2007．

［46］吴卫斌，段永田．创业教育［M］．东营：石油大学出版社，2007．

［47］肖秀阳．高职院校图书馆的改革与创新［M］．北京：华艺出版社，2006．

［48］易东. 高职院校科研激励机制构建研究［M］. 北京/西安：世界图书出版公司，2012.

［49］詹先明. 高职院校创业教育与指导［M］. 合肥：合肥工业大学出版社，2009.

［50］詹先明. "双师型"教师发展论［M］. 合肥：合肥工业大学出版社，2010.

［51］张铁岩，吴兴伟. 高职院校师资队伍建设研究［M］. 沈阳：东北大学出版社，2004

［52］张蔚，石晓春. 高职院校大学生心理辅导［M］. 大连：大连海事大学出版社，2007.

［53］张旭，白鸿辉. 高等职业教育实训基地建设概论［M］. 沈阳：白山出版社，2008.

［54］张烨，王本锋，汪玉娇. 高职院校毕业实习与就业指导实务［M］. 武汉：华中科技大学出版社，2012.

［55］郑山明. 地方本科院校教师队伍建设研究［M］. 北京：光明日报出版社，2018.

［56］仲耀黎. 高职院校教育教学管理［M］. 中国科技大学出版社，2010.

［57］周萍，缪宁陵，宋扬. 高职院校内涵建设教学质量保障研究［M］. 苏州：苏州大学出版社，2015.

［58］周兴国，李子华. 高校教学管理机制研究［M］. 合肥：安徽人民出版社，2008.

［59］朱其训. 实训基地科学建设论［M］. 徐州：中国矿业大学出版社，2011.

［60］邹松建. 高职院校教师人力资源管理［M］. 成都：电子科技大学出版社，2009.

［61］黄云鹏. 创业教育［M］. 北京：中国科学技术出版社，2002.

［62］陈黎明. 地方高校研究生教育内部质量保障体系研究［D］. 哈尔滨：黑龙江大学，2019.

［63］陈志军. 地方高校人才培养质量保障体系建构研究［D］. 西安：西北大学，2019.

［64］董立平. 高等教育管理的价值问题研究［D］. 厦门：厦门大学，2009.

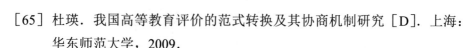
［65］杜瑛．我国高等教育评价的范式转换及其协商机制研究［D］．上海：华东师范大学，2009．

［66］段淑君．双一流视阈下中国高等教育质量评价研究［D］．长春：长春工业大学，2019．

［67］金鑫．中国共产党领导高等教育历史轨迹及发展优势研究［D］．长春：吉林大学，2019．

［68］刘荃美．地方高校全日制硕士研究生教育质量提升对策研究［D］．长春：长春工业大学，2019．

［69］刘天胤．民办高校校企合作项目质量管理研究［D］．大连：大连海事大学，2019．

［70］孙树彪．高等教育内涵式发展的"立德树人"研究［D］．长春：吉林大学，2019．

［71］王娟．高等学校产教融合产权机制研究［D］．南宁：南宁师范大学，2019．

［72］王鹏．高校创业教育生态系统构建研究［D］．哈尔滨：哈尔滨师范大学，2019．

［73］张微雨．澳大利亚高等教育质量保障体系研究［D］．桂林：广西师范大学，2019．

［74］张艳超．生态视角下我国高等学历继续教育可持续发展研究［D］．上海：华东师范大学，2019．

［75］赵晓芳．我国高等教育现代化发展阶段研究［D］．南昌：南昌大学，2019．

［76］朱虹春．高等教育发展对高等教育经费支出结构的影响研究［D］．重庆：重庆邮电大学，2019．

［77］蔡瑜琢．全球化及其对高等教育的影响［J］．高等工程教育研究，2005（1）：23-27．

［78］邓秋蕊，陈善志．教育大数据背景下我国高等教育学的学科建设［J］．宁波广播电视大学学报，2019，17（4）：122-128．

［79］董泽芳，陈文娇．论我国高等教育质量标准的多样性与统一性［J］．高等教育研究，2010（6）：20-24．

［80］ 桂华．浅谈英国高等教育管理体制［J］．贵州大学学报（社会科学版），2008（4）：108-111.

［81］ 侯建国．世界格局变化背景下中国高等教育的创新发展［J］．新远见，2012（10）：8-11.

［82］ 胡寿平．中国高等教育七十年：规模、质量、创新及前景［J］．复旦教育论坛，2019，17（5）：5-8+20.

［83］ 蒋锦健．信息化平台下高校教育信息化建设与教学管理的创新发展［J］．中国成人教育，2017（5）：41-43.

［84］ 赖静，刘理．我国高等教育质量评估的能力限度问题研究［J］．中国高教研究，2009（7）：58-60.

［85］ 李惠芳．重新审视大学创新教育［J］．科技资讯，2016，14（14）：82-83+85.

［86］ 李奇．论我国高等教育质量保障体系的建构［J］．国家教育行政学院学报，2010（11）：25-29.

［87］ 李洋，余克勤，季景玉，余文颖．中国高等教育管理机制创新：以"双一流"建设方案为视角［J］．江苏高教，2018（12）：63-66.

［88］ 李玉顺．教育信息化 2.0 时代的互联网学习［J］．现代教育，2018（6）.

［89］ 刘庆红．中日研究生教育的同与异：与早稻田大学国际部部长黑田一雄教授一席谈［J］．学位与研究生教育，2019（12）：73-77.

［90］ 欧阳康．中国高等教育 30 年的观念变革与实践创新［J］．中国高等教育，2008（17）：14-16+13.

［91］ 潘懋元．规模，速度，质量，特色：中国当前高等教育发展中的若干问题［J］．河北师范大学学报（教育科学版），2007，9（1）：1-4.

［92］ 秦桂芳．我国高等教育质量评估存在的问题、对策与思考［J］．国家教育行政学院学报，2009，143（11）：24-27.

［93］ 田恩舜．我国高等教育质量保证模式的建构策略［J］．高等教育研究，2006（7）：66-72.

［94］ 王丽平．知识经济时代中国高等教育转型的理论与实践［J］．太原大学学报，2013，14（4）：101-103.

［95］ 夏文斌．改革开放以来中国高等教育的新发展［J］．中国高等教育，

2018（19）：20-23.

［96］占德胜．系统论视角下的高职院校专业设置［J］．职教论坛，2009（4）：38-41.

［97］张宏．现代高校教学制度的价值理念与创新原则［J］．高等建筑教育，2018（6）：167-172.

［98］张晓．教育信息化 2.0 与数字校园建设的融合支点和推进杠杆［J］．教育与装备研究，2018（11）：3-5.

［99］张烨．走向高等教育质量公平：基于我国高等教育制度建构轨迹的思考［J］．高等教育研究，2012（10）：8-13.

［100］张镒民．高职创业教育的内在逻辑、体系构建和深化路径［J］．教育发展研究，2013（19）：67-71.

［101］张英杰．共生视域下校企合作战略联盟机制研究［J］．教育与职业，2012（6）：13-15.

［102］赵晓霞．创新教育：新经济时代中国高等教育的战略性决策［J］．当代教育论坛，2006（23）：80-81.

［103］郑秋芳．转型期中国高等教育目的之人的全面发展及举措［J］．教育观察（上旬刊），2015，4（3）：1-4.

［104］周加灿，郑雪琴．影响高等学校教学质量的因素分析与对策研究［J］．教育评论，2017（12）：76-80.